VICTOR GOMES

LE JOURNAL
CORONAVIRUS
DE LIONEL RODRIGUES

novum pro

Ce **livre est** également **disponible** en version **e-book.**

www.novumpublishing.fr

© 2021 novum maison d'édition

ISBN 978-3-99107-345-1
Relecture: Patricia Buzulier
Photographie de couverture:
Victor Gomes, Semisatch, Anastasia Stoma, Ladzha | Dreamstime.com
Création de la jaquette:
novum maison d'édition

www.novumpublishing.fr

"La peur est la projection actuelle d'un futur qui n'existe pas, basée sur un événement du passé qui n'est pas résolu"
Auteur inconnu

"Ce n'est pas le plus fort de l'espèce qui survit, ni le plus intelligent. C'est celui qui sait le mieux s'adapter au changement"
Charles Darwin

"Omnis instabilis et incerta felicitas est" – "Tout bonheur est instable et incertain"
Séneca

"Le papier a plus de patience que les gens"
Anne Franck

Samedi 14 mars : J-1 avant confinement

Passé 14/03/1984, Riom (France) : Lionel Rodrigues est sorti de son cocon amniotique il y a de cela un mois pile. Il y était totalement à son aise, bien au chaud. Les vivres circulaient de façon automatisée pour compléter sa croissance. Cependant, il commençait à ressentir une sensation de claustrophobie venant annoncer un changement encore plus bouleversant. En ce jour du 14 mars, il est déjà habitué à cette nouvelle vie, à cette enveloppe charnelle qu'il travailla tant dans son ancien lieu de captivité et qu'il continuera à dessiner au fil des années avec des cadences bien moins soutenues tout de même. Pour l'instant l'heure est au repos. Il sait que plus tard, il n'aura pas autant de temps pour cette oisiveté. Il est importuné souvent dans sa longue sieste par sa mère María, 35 ans et sa soeur Eva, de seulement 8 ans. María voit en lui un miracle puisqu'il n'a pas été désiré, mais il se moqua éperdument des obstacles physiques à sa conception. Il est bien là, à la surprise de ses parents. Dès le plus jeune âge, il était suivi par un public féminin qui craquait littéralement devant cette bouille adorable. Il faut dire que ce petit être donnait peu de travail, semblant épanoui de pouvoir réaliser ses besoins primaires quotidiens. Son père Luis, 36 ans et son frère Antonio, 5 ans, ne sont pas aussi présents : peut-être cela vient-il de ce caractère bien masculin, trempé du Portugal qui cherche à masquer toute attention d'amour. Peut-être était-il le nouveau favori de ces dames … Ce n'est pas grave, il profite de cette insouciance passagère. Il se réveille tout doucement, sans éclats, et réclame sa denrée alimentaire de tous les jours.

Présent 14/03/2020, Madrid (Espagne) : Les jours annoncèrent des mesures de plus en plus drastiques. Ce fut tout d'abord l'annonce d'un des premiers cent cas diagnostiqués de Coronavirus dans ma propre entreprise à Madrid ! La vie aura bien réservé des surprises à cet homme de 36 ans, comme si elle faisait en sorte que lui, Lionel, ne s'ennuie jamais. Je change mon récit à la première personne, je suis ce Lionel. En effet, le destin en avait décidé autrement, puisque l'ennui m'envahirait pour ces quelques semaines à venir. Ensuite tous les employés de mon entreprise et moi, nous avons tous été expédiés chez nous pour pouvoir réaliser notre travail. En tant que Business Développeur, je réalisai qu'il fallait réinventer ma façon de travailler. Je devais limiter tout contact social pour ne pas collaborer avec ce virus qui faisait des ravages en Chine. Il avait réussi à voyager dans les quatre coins de la planète et déployait d'ores et déjà ses armes de destruction en Italie d'abord et désormais en Espagne.

Comme les réunions sociales étaient encore trop importantes (nous sommes en Espagne quand même !), le gouvernement espagnol annonce le confinement obligatoire pour le lundi 16 mars. Mon partenaire Mateo depuis peu, presque 5 mois, que j'appelle affectueusement "El bichito" ("La petite bête" en français) par son absence de nombril (j'expliquerai plus en détails dans une autre entrée) ou "El niño de algo" ("Le gamin de quelque chose" en français). Exemples : "El niño de los bosques", "el niño follador", "el niño monitor de gym", etc ("Le gamin des bois, le gamin baiseur, le gamin moniteur de gym etc" en français) en fonction des circonstances vécues. Il a 43 ans, même s'il en fait bien moins. Il est légèrement plus petit que moi qui mesure 1.75 m, ce qui me convient parfaitement. J'ai toujours eu des petits amis de ma taille plus ou moins. Peut-être qu'ils m'inspirent plus de sécurité dans cette correspondance des tailles inconsciemment. Au lit c'est d'autant plus pratique car on atteint toutes les parties "intéressantes" sans se contorsionner ! Il a des yeux couleur amande, d'un autre ton légèrement plus clair que moi, qui les possède de couleur marron clair. Tout comme moi, il sait que ces nuances de marron permettent de jouer dans l'intensité. Il a un nez large et des oreilles légèrement décollés. Ce genre de disgrâce me fait souvent flancher, plus qu'une beauté régulière des pieds à la tête. Il a les cheveux courts très fins, hérissés sur la tête et l'âge les a faits se clairsemer un peu plus. Rien de préoccupant par rapport à une future calvitie ! Il a encore de bons jours d'apparence jeune devant lui. Adepte de la salle de gym comme beaucoup de madrilènes gays ou pas (l'apparence compte énormément !), il bénéficie d'une carrure athlétique qui est bien agréable au regard. Mateo habite à Alcorcón, à 10 kms de la capitale. Il s'inquiète de la situation actuelle de contagion et particulièrement de sa mère veuve Eleonora, qui rentre dans un âge délicat de par la conjecture sanitaire actuelle, 70 ans. Il voyage expressément pour me voir dans mon appartement de Madrid. Je viens de fumer de la marihuana qui me perturbe par rapport à la dystopie qui s'annonce.

Les séries dystopiques sont à la mode : nous sommes en plein "Walking Dead" sauf que les êtres n'ont pas l'apparence de zombies et heureusement ils ne se nourrissent pas encore d'autres êtres humains ! Ils se ruent pour l'instant dans les supermarchés, affublés certains de masques et de gants plastiques, et se jettent sur des aliments et certains produits pour le moins incongrus comme le rouleau de papiers-toilettes. Même les fictions n'avaient pas prévu l'irrationalité des gens dans l'acquisition de biens de première nécessité dans ces cas extrêmes ! Une autre série dystopique à la mode est "The handmaid's Tale" décrivant un coup d'état aux États-Unis à la suite de plusieurs catastrophes environnementales provoquant la perte de fécondité des femmes. Celles-ci se retrouvent assujetties à une dictature menée par des hommes qui esclavisent les femmes fécondes, pour pouvoir donner des bébés aux foyers stériles. En quoi pouvons-nous arriver à une situation comparable? Pour l'instant non, mais la réalité a déjà tellement dépassé la fiction …

La marihuana me met ensuite dans un état second. Des désirs sexuels puissants m'envahissent. C'est à vrai dire l'objectif recherché ! Mateo me fait l'amour à trois reprises. La première fois tout particulièrement, je pleure de plaisir, mais pas seulement. C'est quelque chose d'assez habituel avec Mateo et qui ne m'est arrivé qu'avec quelques autres "élus". Cette fusion incroyable des corps sublimant la gestuelle mécanique de simple va-et-vient ! Là le torrent de larmes reflétait aussi l'écoulement d'une vie passée et un cheminement vers une nouvelle vie. Les regards entre Mateo et moi sont plus que jamais expressifs. Je lis ses inquiétudes, comme lui lit dans les miennes. Je suis un livre ouvert à ce moment et me donne complètement à lui. Il me connaît déjà par coeur, peut-être sa facette mystique et intuitive transcrit mon regard, comme le ferait un traducteur simultané durant une conférence pour la compréhension des participants étrangers.

Nous continuons le confinement jusqu'au lendemain, encore dans un état d'insouciance qui vise avant tout à protéger nos âmes. Un monde dystopique n'est pas possible …

Futur : … et pourtant, un monde dystopique s'annonce. Une chose est certaine, le monde ne sera plus jamais comme avant …

Dimanche 15 mars

Passé 15/03/1999, Riom : Mes parents portugais vont très sûrement divorcer. Ce n'est pas officiel mais je sens que bientôt, une maison coquette en banlieue de Clermont-Ferrand (Riom) va être la résidence d'une nouvelle famille car malheureusement, elle n'a pas été finie de payer par ses habitants actuellement confinés dans une crise irrémédiable. Notre nouveau "chez nous" à ma mère María, mon frère Antonio et moi sera probablement un appartement exigu dans la banlieue "chaude", pour ne pas trop changer le cadre de vie.

Rassurez-vous, ce n'est pas la région parisienne ou marseillaise, ces ghettos qui ont accueilli des vagues d'immigrés pour la plupart arabes. Clermont-Ferrand est la ville d'accueil de la communauté portugaise, la plus importante de France seulement derrière la capitale française Paris et avec seulement 200,000 habitants. Elle est le siège de l'entreprise "Michelin" qui, dans les années 70, fit émigrer des ouvriers portugais, comme mon père qui entraîna ma mère dans cette aventure sans connaître la langue française. Cette ville d'un ennui absolu héberge une cathédrale que les gens croient "sale". Ce n'est évidemment pas le cas : elle est vêtue de roche volcanique, pierre noire que l'on rencontre en abondance dans la région. Les volcans d'Auvergne surplombent Clermont-Ferrand. Le plus haut sommet de 1.465 m, le Puy-de-Dôme est un volcan qui a connu une déflagration de nuages cendrés formant son dôme, par-dessus le cratère original. Cette région a de grandes spécialités gastronomiques comme l'aligot et fabrique de très bon fromages comme l'éternel Saint-Nectaire ou bleu d'Auvergne. Bref, une terre magnifique pour ses paysages témoignant d'une activité explosive, mais morne par ses habitants.

Ce 15 mars, ma soeur Eva , bientôt 24 ans et d'apparence bien boulotte, mais avec un charme unique, rehaussé par ses cheveux bruns et ses yeux obscurs, part au Portugal. Forte de sa maîtrise L.E.A Langues Etrangères Appliquées et surtout de la langue portugaise (ce qui est moins le cas de mon frère et encore moins de moi, de par le rejet de mes origines), elle intègre le département commercial d'une entreprise qui vend de la vaisselle. Je maîtrise mes larmes pour masquer les apparences. Ce jour-ci, ma deuxième mère est celle qui part, laissant derrière elle toute inquiète un frère très secret et distant, une mère avec une schizophrénie aiguë provoquée par un père absent, ludopathe et des fois violents et ce même père donc. Et enfin moi, son chouchou adolescent dont elle sut très tôt qu'il avait de grandes capacités intellectuelles à l'école et elle les avait exploitées jusqu'au bout. Le soir-même, une fois tout seul, ce même chouchou ne put retenir les larmes devant le panorama familial désolant qui s'annonçait.

"Tu peux partir Eva , tout ira bien, tout ira parfaitement bien" lui dis-je, en lutte contre la gravité de mes larmes s'entassant dans le coin de mes yeux.

Présent 15/03/2020, Madrid et Alcorcón (Espagne) : Les déplacements sont désormais contrôlés dès aujourd'hui et le confinement devient obligatoire sous peine d'amende. Le dernier plaisir sexuel égoïste ne se fera pas … Le gouvernement vient de précipiter mon cloisonnement. Il est temps de partir à Alcorcón, direction ma nouvelle vie, valise et ordinateur en main. Une photo pleine de sens de ce qui m'attend : la main gauche de mon conjoint et la mienne sur le levier de vitesse de la voiture de fonction que je conduis. Banal, somme toute mais ces deux mains portent des gants en latex : cet habit marque la lutte plastique de tous contre cet ennemi invisible. J'actualise mon Facebook avec le signalement "Refugiado bacteriológico" ("Réfugié bactériologique" en français).

Un air de fin du monde se fait ressentir. Les panneaux de circulation du périphérique annoncent la couleur "Quédate en casa", slogan de la guerre froide à mener contre ce fourbe qui ne se laisse pas entrevoir. Nous abandonnons la voiture bien loin de ma nouvelle résidence, les autres places de stationnement accueillent d'autres automobiles qui ont l'air de pratiquer l'immobilisme depuis quelques temps déjà. Dernier contact avec les rues et les quelques personnes croisées. Les regards en biais manifestent la crainte et une certaine paranoïa. Cet échange ultime avec l'humain ne me satisfait pas, j'aurais voulu dire au revoir à certains de mes amis. Mais aussi adieu à la nature, par exemple le Nord de l'Espagne que j'affectionne particulièrement pour son relief exubérant. Les condamnés à mort ont droit à une dernière volonté avant de rejoindre l'autre monde : ce ne sera pas mon cas.

Nous arrivons dans la rue Espada, celle qui m'hébergera pour de longs jours. Une allée quelconque comme on en voit des milliers à Madrid. Des immeubles de briques, des paraboles sur des balcons avec des stores verts. Je suis déjà habitué à ce genre d'esthétique qui me rappelait en 2006, lors de mon arrivée à Madrid, un aspect communiste de l'ex R.D.A, même si je n'ai jamais réellement vu de mes propres yeux ce territoire, ni en tant que R.D.A, ni postérieurement en tant que l'Est de l'Allemagne. Arrivé dans l'appartement centrique de la banlieue madrilène, très proche du salon de coiffure récemment monté par Mateo, je découvre les lieux. Un appartement comme il en existe des milliers en Espagne, où vit au moins une personne d'âge avancé. La salle à manger abonde de bibelots, la bonne surprise vient de la quasi absence de croix catholiques. En effet mon petit ami et sa mère Eleonora appartiennent à cette confession. Le logement semble donc accueillant avec un air vieillot, témoin des événements familiaux comme la mort du père, il y a de cela une dizaine d'années, pour une erreur d'intervention chirurgicale. Il est adouci par la présence de Mateo. Celui-ci est retourné chez sa mère récemment pour se faire une santé au niveau financier pour lancer son propre négoce. C'est une situation très fréquente en Espagne. En France les voisins lui donneraient immédiatement le sobriquet de "Tanguy" comme le film comique mettant en scène ce personnage qui n'avait, je crois, qu'une trentaine d'années. Dans la chambre, se trouve un lit une place et des lits superposés. Et là j'imagine ce que dut être cet appartement lorsque Mateo me dit que toute la famille vivait ensemble, non seulement la famille proche mais aussi les grands-parents, père et mère et les cinq frères et soeurs. Il n'y a guère que deux chambres, nous pouvons en imaginer à l'époque trois, puisqu'il y a deux pièces type salon et salle à manger. Une des deux pouvait faire office de chambre. Le petit salon sera mon Quartier Général, mon lieu de travail pour les semaines à venir. La chambre de Mateo lui est réservée, je comprends, dans un premier temps et la salle à manger au fond et la chambre d'Eleonora le sont pour ses propres activités. Il ne reste que la cuisine et les couloirs qui seront l'espace de discussions, voire disputes plus ou moins fondées, mais tellement typiques entre mère et fils.

Parce que Mateo se préoccupe du petit embonpoint de sa mère et la cuisine est le lieu de création artistique de la maison. Elle cuisine à merveille. Eleonora me paraît d'apparence rigolote, des cheveux colorés d'une teinte cuivrée, un regard et sourire malicieux mais de cette malice qui ne fait justement aucun mal, sinon la rend bien touchante. Cette ségrégation des pièces est totalement indispensable pour avoir tout un chacun son espace. Il l'est d'autant plus pour moi qui affectionne particulièrement mon indépendance. Je cultiverai mon jardin secret jusqu'au bout de cette épreuve. Il est grand temps d'aller au lit, comme le sommeil me gagne de ses émotions fantastiques bordant même les plus grands scénarios de science-fiction ! Demain je digérerai mieux cette nouvelle aventure.

Futur : Le Coronavirus n'a jamais été totalement contrôlé. Le vaccin n'a pas encore été trouvé. La force de contagion du virus l'a fait voyager dans tous les continents dès la première vague. Les populations pauvres en ont énormément subi les conséquences, même si dans les premiers temps, il semblait que les pays développés étaient les plus affectés. Nous ne sommes pas en mesure d'en finir complètement par la grande disparité des mesures prises par les différents pays. Certaines nations ferment les frontières à des pays bien déterminés qui n'ont pas réussi à enrayer l'épidémie. Des exodes massifs ont lieu dans les quatre coins de la planète. Le Coronavirus a tout le loisir de voyager mais en plus, il peut aussi exiler toute une population de réfugiés bactériologiques désirant fuir des hordes de gens contaminés.

Lundi 16 mars

Passé 16/03/2008, Madrid : Quelle gueule de bois! Quelle heure est-il ? J'arrive à peine à ouvrir les yeux. Que s'est-il passé ? Le gros trou noir … Je sais simplement que j'ai fini ma nuit à Chueca, le quartier gay par excellence de la capitale espagnole. Je suis allé au Delirio, la petite discothèque de prédilection. Madrid est remplie de ses boîtes de nuit qui portent bien leur nom de "boîtes" par leur taille XS. Elles sont très différentes de ma région natale française, l'Auvergne où le concept de discothèque est totalement différent. Je n'ai jamais connu la vie gay de Clermont-Ferrand mais apparemment, elle se limite à un sauna et des endroits que je définirais comme des "coupe-gorges", remplis de personnes âgées munies de verres de whisky comme seul accompagnement. Sont-ils heureux de contempler les quelques minets, les "folles" qui se déhanchent sur le podium ? Constatent-ils un échec dans le déroulement de leurs vies ? Et si c'est le cas, à quel moment ont-elles basculé ?

Des fois, je me demande pourquoi je vais autant au Delirio. C'est un local des plus exigus où la piste de danse se trouve en bas d'une rampe d'escaliers. Le moment de la descente constitue souvent le moment d'adrénaline "J'arrive ! Regardez-moi ! Je veux tout donner.", effet comparable à la montée des marches du festival de Cannes, mais en sens contraire et sans paparazzi à l'affût du moindre mouvement irrégulier. Quel dommage ! Comme d'habitude, je n'avais quasiment rien mangé à midi pour façonner une image de sveltesse qui peut commencer à être préoccupante. Dès les derniers pas avant d'arriver sur la plateforme de danse, un immense nuage de fumée envahit les poumons et comme tout le monde, j'allume une clope tel un mouton qui se met en rang dans le troupeau. Mais pour moi c'était un outil d'affirmation, "Je fume donc j'existe !". Je lève ma main finie par cette cigarette, car l'endroit est déjà bondé dès une heure et nous n'avons guère la place pour nos membres supérieurs. Et moi qui adore danser ! Je n'ai pas de place … ce n'est pas si grave car les verres de rhum coca bien remplis s'enchaînent et me désinhibent petit à petit. Je piétine les autres sans trop de gêne car tout le monde lutte pour avoir son propre espace dans cette piste de danse. Je porte bien évidemment des baskets déjà usés. On ne m'y reprendra pas ! Je me suis toujours dit que cet endroit ne devait pas respecter les normes de sécurité : de simples étincelles pourraient provoquer des ravages, un incendie mortel où tous les gens courraient les uns sur les autres pour outrepasser les flammes qui gagneraient déjà les escaliers. Peu importe, l'heure est à la fête, la célébration sans jugement pour notre minorité, quand même en grande proportion à Madrid. C'est après tout ce qui compte, cette insouciance de vivre, ces débordements condamnés par les différentes professions religieuses, cette sexualité exacerbée que j'ai tellement réprimée tout au long de ma vie ! C'est bien pour cela que je suis resté à Madrid depuis mon arrivée il y a bientôt deux ans. Demain sera un autre jour, profitons du moment présent comme si c'était le tout dernier !

Présent 16/03/2020, Alcorcón : Le réveil est difficile, pourtant j'ai le droit à au moins une heure en plus que d'habitude lorsque je dois aller au travail en voiture. Le lit une place comporte un matelas peu confortable et les pieds dépassent, donc je donne des fois des coups sur la porte de l'armoire qui abrite les lits superposés. Je suppose qu'il faut un temps d'adaptation. Ou bien est-ce la préoccupation de cette nouvelle vie imposée par la force de la nature ?

La journée se déroule très lentement. Le télétravail est ma bouée de sauvetage mais comment réaliser mon travail qui se base sur la visite de nouveaux clients ? Je suis pour l'instant les projets vivants qui permettent de m'occuper et ne pas penser à cette redéfinition nécessaire de mon activité.

Les gens de la rue Espada d'Alcorcón s'assoment aux balcons depuis hier à vingt heures pour remercier le travail harassant du personnel sanitaire dans cette lutte contre le Coronavirus. Ce moment m'émeut particulièrement, je fonds en larmes. Je sens que cette épreuve va donner lieu à des moments de solidarité énormes. Nous sommes tous dans cette galère et nous vaincrons nécessairement en joignant nos forces tous ensemble !

Futur : En semaine, le réveil est comparable à la situation avant le Coronavirus à quelques détails près. Le petit déjeuner apporte des compléments vitaminiques D nécessaires pour que l'organisme puisse lutter contre le Coronavirus. Nous avons tous des montres digitales incluant réseaux sociaux mais aussi une application "No Touch Face" qui sonne à chaque fois que la main vient toucher le visage. Les premiers temps, l'application sonnait de partout. Cela se fait de plus en plus rare car la population est bien consciente du risque de contagion d'avoir laissé traîner les mains sur une quelconque superficie. Je prends ma voiture mais avec des gants et masque en plus. Le chantier de notre lieu de travail, déjà prévu avant la crise du Coronavirus, a pris en compte ces nouvelles mesures de distance sociale. Les postes sont à deux mètres de distance les uns des autres et séparés par une cloison haute. Ils ne sont plus nominatifs non plus. Si nous revenons de vacances, en aucun cas saluer avec la main et encore moins faire la bise à ces dames. Un service de nettoyage vient à la pause de midi pour désinfecter toutes les surfaces en contact. Les salles de réunion sont réduites au strict minimum. Les réunions se font virtuellement en privilégiant les outils de vidéoconférence tels que Skype, Google Meet etc.

Mardi 17 mars

Passé 17/03/1998, Riom : Trois heures du matin, un énorme coup et un cri strident s'ensuivent, rompant le silence pourtant presque toujours impérial. Je suis glacé par ces deux sons qui me resteront ancrés à vie dans la mémoire. Le cri venait de ma mère María, suite à ce qui j'imagine devrait être un coup porté par mon père. Nous avons affaire ces derniers temps à des grandes crises de paranoïa de ma mère que mon père ne supporte plus. Là c'était le "pompon". Mon frère saute directement du lit superposé du haut et j'entends ma soeur aussitôt faire de même depuis son lit juste posé dans la chambre d'à côté. Mes deux parents sortent de leur pièce commune en trombe, ils dévalent les escaliers comme si l'un allait tuer l'autre. Je reste paralysé dans mon lit, mais je m'arme de courage. Je ne descends pas rapidement comme l'ont fait tous les membres de ma famille proche juste avant. Je sais que je vais vers quelque chose de dangereux, qui me marquera à vie, mais je dois en être témoin. Les cris fusent, je crois entendre d'autres coups. Eva proclame "Je te jure, tu fais ça, on t'envoie en prison ou je te tue !". Je reçois un seau d'eau immatériel. "Ce n'est pas possible Lionel, c'est un cauchemar et tu vas te réveiller !" Pourtant il s'agit bien de la réalité la plus abjecte que j'ai pue connaître jusqu'à présent. J'arrive au début du couloir et je vois que mon père donne un coup de poing sur ce qui serait la figure de ma mère. Je ferme les yeux, je prie qui que ce soit de me sauver, de me télétransporter ailleurs : un sentiment bien égoïste de salvation, lorsque réellement tous les membres de ma famille sont en danger devant la fureur de mon père. Et la vie de ma mère peut basculer à ce dixième de seconde où le poing de mon père fracasse son nez. Du moins, c'est ce que j'imagine. J'ouvre les yeux de façon tremblotante et peureuse et m'approche tout doucement, presque à hauteur de mon frère et ma soeur. Le poing s'est enfoncé dans le plâtre du mur et le visage de ma mère se retrouve à côté de ce bras surpuissant tel un

Goliath voulant conserver sa suprématie sur ce minuscule David. La morphologie de ses avants-bras et poings a été conservée chez moi, comme si la génétique voulait que je reproduise cet acte de violence inouï, insensé, dans le futur. Je hais cet inconnu qu'est mon père depuis pourtant quatorze ans que je vis avec et pourtant je l'en disculpe quasiment, tellement ma mère n'est plus ce qu'elle était. L'absence prolongée de mon père dans le foyer familial a fait perdre toute raison intérieure et donc tout rayonnement extérieur à ma mère. Nous avons failli l'interner en hôpital psychiatrique, il y a peu de temps, mais elle refuse de penser qu'elle puisse être folle, ce terme que lui répète si souvent mon père. Et des fois je m'en veux tellement de justifier un tel acte barbare de la part de mon père … Le sang de la partie masculine familiale est un liquide rempli d'orgueil et de dévastation, alors que celui de la partie féminine est de toute bonté et fragilité. Je suis le produit de ces deux liquides, tels l'eau et l'huile paraissant se mélanger en une fraction de seconde mais revenant immédiatement à leurs phases respectives.

Présent 17/03/2020, Alcorcón : Il semble déjà bien loin le jour où je suis parti de mon appartement de Madrid et pourtant il n'y a que deux jours … Les heures passent lentement, même celles de travail semblent éternelles, puisque je n'arrive toujours pas à me réorganiser dans cette conjecture temporaire.

Le moment de la gym que nous avons instauré avec Mateo me remet d'aplomb. Les étirements des élastiques peuvent être de vraies tortures. Mais cela libère le mental !

Je replonge dans l'émotion, lorsque j'appelle ma mère María qui est confinée toute seule à Riom dans son appartement. Ma mère brune avec un petit nez, un regard pétillant, a toujours eu beaucoup de dynamisme, ce qui la rend toujours forte devant une quelconque adversité, du moins c'est ce qu'elle croit. Elle était splendide, toute jeune physiquement et je pouvais m'imaginer qu'elle pouvait avoir à l'époque certains prétendants au Portugal, à Lisbonne particulièrement où elle travaillait comme domestique d'une famille riche depuis l'âge de 13 ans. Mais je pense aussi que très vite, elle jetterait son dévolu sur Luis, quand elle reviendrait à son village natal près de Mogadouro, au nord du Portugal et à environ une heure de la frontière espagnole. Sans retour possible, du fait que le frère de Luis lui-même se marierait avec la soeur de María. Les quatre frères et soeurs seraient à tout jamais liés et ils donneraient des enfants qui se ressembleraient tous les uns des autres, en tant que cousins partageant un sang identique.

L'appel a dû être réalisé vers vingt heures moins dix minutes. Je dis à ma mère combien il est important de rester confiné à la maison, je ne lui décris pas l'ampleur des dégâts ici dans la Comunidad de Madrid. Je la préviens comme je le fais avec tous mes amis virtuellement via Facebook : en général ce qui se passe à Madrid, est déjà arrivé à Milan cinq jours auparavant et débarque trois jours plus tard pour la France. Elle me dit que oui, elle ne sort que pour faire les courses. Elle me rassure grandement, lorsque j'entends les applaudissements pour remercier le personnel sanitaire dans cette lutte acharnée. Je bloque mon téléphone entre ma tête et mon épaule, ma mère assiste aux ovations depuis son téléphone et je pleure sous le regard complice de Mateo. Je ne crois pas que ma mère l'ait entendu. Je ne peux pas lui montrer une quelconque inquiétude, elle qui a 71 ans et doit affronter cette épreuve toute seule. Nous avons eu nos différends sur bien des sujets dans le passé et son état mental dégradé au fil des années m'a fait ériger un enclos préservant mon coeur. Mais là je me rends compte combien je dois le libérer. Je l'appellerai fréquemment pour savoir comment elle va et l'accompagner, autant que faire se peut dans cette épreuve.

Futur : María Da Silva ressort de son confinement. Elle peine à croire ce par quoi elle vient de passer. Pourtant les choses avaient été tellement difficiles pour elle dans le passé. Une femme de ménage née dans une famille nombreuse ouvrière au Portugal, un mariage avec un mari absent, trop peu attentif et même violent physiquement et mentalement, un départ pour la France où son pouvoir d'achat serait tout de même agréablement augmenté. Elle est devenue accroc aux médicaments pour oublier ces péripéties trop lourdes, même si elle ne le reconnaîtra jamais. Avant le Coronavirus, elle s'était faite tout un tas d'amis, de tous genres. Elle s'intégrait dans toutes les couches sociales ayant néanmoins un penchant vers les gens d'origine humble et en difficultés sociales et / ou financières. Elle ne disposait pas de critères précis à l'heure de rencontrer les gens.

Ce cloisonnement imposé lui a été insupportable maintenant qu'elle était libre de plaire aux hommes de son âge. Elle revient voir son petit ami laissé avant la crise Rui, bien évidemment portugais. Il a son verre de whisky en main. Cela ne la choque pas : l'alcool est réservé aux hommes. Elle ne se rappelle pas quand elle a pris une gorgée d'alcool. Sûrement un Porto. Mais elle déteste tellement l'image que renvoie l'alcool chez une femme. Rui ne semble pas heureux de la voir. Peu importe ce qui compte c'est qu'elle puisse de nouveau sociabiliser …

Mercredi 18 mars

Passé 18/03/2007, Madrid : Une autre "borrachera" (ivresse en français, même si ce mot reste bien trop soutenu pour décrire cet état, je préfèrerais "bourrage de gueule") comme j'en ai eu tant depuis que je suis arrivé à Madrid, il y a de cela bientôt un an ! Je sors avec mon nouveau groupe d'amis : la sud africaine Kendra et les espagnols basques Markel et Victoria. Je crois que pour une fois nous ne sommes pas allés à Chueca ou peut-être plus tard dans la nuit. Je crois … car les souvenirs sont très flous malheureusement, alors qu'allait se produire une conversation dont je me souviendrais toute ma vie.

Nous devions être dans un bar de Malasaña : mon quartier de prédilection de Madrid où les nuits vont jusqu'à très tard ou tôt le matin, cela dépend le référentiel temporel que nous considérons. Malasaña est le quartier frontalier de Chueca. Avec le temps il supplantera le quartier gay pour devenir mon favori, celui où les nuits sont encore plus incroyables par son caractère alternatif. Les gens l'opposent souvent à la Latina, le quartier où il faut être le dimanche après-midi surtout lorsque le ciel est clément (ce qui arrive plus ou moins 300 jours par an !). La Latina est remplie de terrasses, Malasaña n'en a pas autant, ce qui lui confère le statut de quartier idéal pour les soirées d'hiver.

Ce soir-là, peut-être nous étions à la Via Láctea, endroit à deux étages avec un billard en bas. A cette époque, comme dans bien des endroits de la capitale madrilène, le lieu est rempli d'un nuage de fumée qui ajoute d'autant plus à l'inconscience des esprits gagnée à chaque gorgée d'alcool ingurgitée. Comment retrouver Kendra, Victoria et Markel s'ils sont au fond de la salle avec des dizaines de groupes de personnes me séparant jusqu'à eux, tous autant plus ivres les uns que les autres et qui plus est avec les repères parasités par la piqueur et l'odeur de cigarettes ? Je garde de très bons souvenirs du groupe que l'on formait. Cette union sera malheureusement très brève.

Kendra a l'âge de ma soeur, même si elle en paraît bien moins et comme sud africaine, elle a le rythme dans le sang. Pour elle, il faut cependant de la musique rap, R&B, pas de "pachangueo" espagnol qu'elle insupporte, tout comme moi d'ailleurs. Bientôt je découvrirai qu'elle souffre d'un délire de persécution, un homme la poursuivrait depuis de nombreuses années, même quand elle est partie vivre à Londres au début des années 2000. Cela nous amènera à rompre toute relation début 2019, du moins elle me prierait de ne plus jamais la contacter, par le biais de Whatsapp.

Victoria paraît elle aussi plus jeune que son âge, elle est la version blanche de Kendra. Bien différente tout de même, brune, plutôt mince et assez jolie. Elle lutte à cette époque contre vents et marées pour avancer sur sa thèse doctorale bénéficiant d'une bourse de quatre ans, période non suffisante pour atteindre le sommet que constitue la présentation devant un jury d'experts. J'en ferais les frais aussi, mais de façon bien plus légère ! C'est dans tout le groupe la personne qui ressemble le plus à moi, venant d'une "famille déstructurée" comme nous aimons dire. Il n'empêche, ce fait est ce qui nous a très vite rapproché et elle restera une de mes meilleures amies avec un grand accroc tout de même en 2012 suite à notre cohabitation dans un appartement. J'aime son côté scientifique, cette soif d'apprendre et cette capacité à comprendre de grands problèmes internes chez les gens. Je crois lui avoir raconté des tas d'événements qui me sont arrivés, à l'état de secrets pour les autres. Je suis toujours un mystère qui n'est pas totalement percé par les gens. Je laisse entrevoir certaines facettes à des amis déterminés et pas toujours les mêmes. Elle, elle a de quoi "me peindre" presque entièrement, tel un Monet français ou un Sorolla espagnol qui donnent un détail maximum à son public, avec un simple trait de pinceau. Je sais aussi qu'elle me fournit autant de détails dans sa propre peinture impressionniste.

Markel est un "autre" gay. C'est peu commun de trouver deux gays dans les séries et films mais bon là nous sommes à Madrid, je dirais un des endroits les plus gays au monde. Nous formons tout de même un groupe éclectique : une noire de peau, plusieurs origines, plusieurs gays, des hétérosexuelles, il nous manque peut-être la représentation masculine hétérosexuelle, rôle que conservera l'ancien mari de Kendra mais durant un temps extrêmement limité. Markel est l'informaticien qui se cherchera pendant bien des années. Il est très drastique dans ses décisions de changement de vie même s'il ne le reconnaît pas. Il a arrêté complètement l'alcool, enfin pas tout à fait. Il a été vegan, enfin pas tout à fait, même pas du tout, je dirais ! Il s'est éloigné ces dernières années à cause des multiples "borracheras" qui affectaient souvent son mental.

Revenons-en à cette soirée. Enfin rejoint mon groupe d'amis, derrière moi se trouve un nain, je crois me rappeler, avec un certain poids. Je ne saurais le décrire, c'est même, je doute énormément de ce moment qui reste pourtant gravé à vie. Une hallucination provoquée par des drogues ? Non, pas à cette époque, enfin je veux dire pas consciemment ! Abus d'alcool qui amène au fameux delirium tremens ? Je ne crois pas non plus mais qui sait ? J'ai senti à plusieurs reprises me trouver à la frontière de la maladie mentale … Donc je me suis mis à parler avec ce nain et il me dit quelque chose comme "Ne t'inquiète pas, tout ira bien, tout ira parfaitement bien !". Je ne sais pas à quoi il faisait référence, contre quoi il me mettait en garde. Je restais un moment interloqué et finalement je repris mes conversations avec mon groupe d'amis. Il avait immédiatement disparu, je ne le revis pas de toute la soirée … ni de ma vie.

Le lendemain, je me réveille avec une énorme gueule de bois et sans être sûr encore des différents événements de la veille. Tel un puzzle je rassemble les pièces de mon cerveau, la boisson endommageant les bords et les trous pour y trouver une quelconque cohérence. Je garde dans un coin de ma mémoire ce moment qui résonne tellement dans ma tête, au fur et à mesure que j'avance dans cette vie imprévisible et remplie de tragédies.

Présent 18/03/2020 : Le télétravail est toujours aussi difficile à réaliser. Je reste encore abasourdi, quasiment impuissant devant mon ordinateur. Comment est-ce que je peux dénicher de nouveaux projets alors que je ne peux pas visiter les clients ? Je sais exactement ce que je dois faire : compiler toutes les entrées des responsables commerciaux de zones pour voir tous les clients qui étaient prévus pour une visite et compléter par mes suggestions. Je reste pourtant paralysé …

Mateo fait des études de cartes de Tarot. Il est tellement porté par le mysticisme, les énergies et la méditation. Une de ses phrases favorites est : "Mi madre, esta mujer me baja la vibración" ("Ma mère, cette femme me fait baisser la vibration" en français) ce qui est totalement incorrect scientifiquement, en conviendrait aussi mon amie professeur de physique-chimie Victoria. Cela supposerait que notre état d'âme pourrait avoir un comportement parfaitement sinusoïdal qui pourrait être perturbé ponctuellement dans son parcours régulier. Or si c'était ainsi, nous aurions à faire à une personne totalement bipolaire avec changements de personnalité constants correspondant à une période T analogue. De là à déduire une fréquence f équivalente à 1/T. Mes études scientifiques composées d'une École d'Ingénieur en Génie Civil et Environnement à Nantes, en France, suivies d'une thèse doctorale à Madrid et mon travail actuel de Business Développement dans le domaine de l'énergie s'opposent à ses approximations que Mateo veut rationaliser de façon scientifique.

Je lui dis toujours que quelques années auparavant notre relation n'aurait pas fonctionné car je reste dubitatif à quelconque pseudo-science, comme dirait Victoria, telle que l'astrologie, la numérologie etc. Ici Mateo me touche par sa façon de me voir, de faire des compliments à longueur de journée. Je mettais un frein à mes sentiments au cas où je doive faire marche arrière si cela ne fonctionne pas. J'ai su après mon opération de fistule en février 2020 que je n'étais plus capable de contrôler mes sentiments. L'opération s'est bien passée, à peine quinze minutes suite à quoi j'ai eu le droit à un congé maladie de dix jours durant lesquels je devais asseoir mon postérieur dans une bassine d'eau à chaque défécation. Aucun problème en soi ! Et la sodomie anale reprit de plus belle cinq ou six jours après ! J'aime tellement me faire posséder par lui !

Sauf que là, la distance s'impose. Je n'ose m'approcher de son lit et n'y suis pas invité de toute façon. Il a besoin d'espace et n'a pas envie de faire du sport. Je me mets à courir, à faire du sur place dans le petit salon tout seul. Demain tout sera rentré dans l'ordre, enfin je l'espère.

Futur : Les sectes ont profité aussi de la crise du Coronavirus, bien sûr pas pendant la crise-même puisque nous étions tous enfermés. Après la sortie de nos enclos, de nombreux gourous se sont mis à l'affût de victimes fragiles de cette tragédie. Ils ont bien entendu premièrement exploité la souffrance des gens de par leurs pertes humaines. Ensuite la tranquillité mentale perpétuelle, maîtrise de son calme et donc des matérialisations physiques de son corps sont mis en avant par ces organisations sans scrupules, moyennant bien sûr des rétributions mensuelles conséquentes.

Vendredi 20 mars

Passé 20/03/2014, Madrid : Cela fait trois ans que je sors avec mon petit copain David. Cela était un coup de foudre de "borrachera" dans une discothèque appelée "Long Play" où tous les minets gays de la capitale se retrouvaient, autre que mon bien aimé "Delirio". Je revenais des toilettes et je voulais rejoindre la piste de danse lorsque je le vis. Ouah ! A sa hauteur, nous nous sommes regardés si intensément que quelques pas plus tard, je me sentis obligé de me retourner. Il continuait à me regarder. Il fallait que je lui parle, chose que je fis de suite. Le reste de la nuit, nous nous sommes tripotés sur le canapé. Nous nous sommes avoués que les deux nous étions des passifs ... Peu importe ce n'est pas cela qui sera un frein pour vivre notre passion. Nous continuâmes nos attouchements indécents seulement interrompus par un couple qui proposait une orgie. Hors de question, jamais de la vie !

Les six premiers mois de la relation, nous nous touchions, sucions les parties accessibles pour les "succions" sans trop de préoccupation. Il est vraiment trop excitant. Il fume des joints et je me suis pris à en fumer un peu ce qui me met dans un état second. Encore aujourd'hui, même si la coutume est vraiment plus rare et en tout cas jamais en public, depuis le moment où je me suis évanoui. Ma pauvre colocataire de l'époque Victoria en aura fait les frais : des gémissements qui pouvaient aller jusque tard dans la nuit. Six mois après, nous arrivions à l'inconcevable pour moi et mes problèmes sexuels : je le pénétrais, maladroitement certes mais elle était dedans ! Qu'est-ce que c'est bon ! Comment avais-je pu me passer de cela pendant autant de temps ? Un tout autre monde s'ouvre à moi, celui de posséder quelqu'un, de lui provoquer du plaisir uniquement guidé par mes mouvements. Je sais, cette conception est erronée : le plaisir est le fruit du travail de deux, du mélange des fluides concocté par les deux partenaires, mais il est vrai que l'actif maîtrise en général le rythme des étreintes dans bien des positions. Le passif peut aussi élever la cadence de lui-même mais si c'est bien au goût de l'actif. Et que dire de l'acte final ? La fécondation bien sûr frustrée entre deux personnes du même sexe. Quelle excitation de voir du sperme chaud dans un orifice quel qu'il soit de toute façon ! Depuis bien petit, j'ai adoré tous les liquides aussi visqueux soient-ils, tant qu'ils sont blancs que ce soit du lait, des crèmes, de la béchamel, de la mayonnaise, du sperme etc. Cela a sûrement un lien avec ma famille déstructurée, le lait représente l'affection materno-filiale et constitue en soi l'alimentation du petit rejeton. Comment est-ce que je peux avancer dans cette vie tumultueuse sans mon lait ?

Malheureusement tout s'estompe et les fantasmes de passif me reviennent avec force, un an et quelques mois après avoir été vivre avec David et une suggestion de ma part change à tout jamais la nature de notre relation. "Et si on faisait des trios ?". David le prend très mal et je le rassure immédiatement qu'il faut que nous en parlions, mais pour l'instant nous enterrons l'idée. Le samedi suivant cette conversation, nous partageons notre lit avec le premier "fortuné", un jeune de 19 ans svelte mais avec un membre viril en forme de trompe d'éléphant. Impossible de se l'introduire dans les fesses sans mener à des hémorroïdes, fistules ou fissures (je suis un expert dans deux de ces catégories !). Peut-être possible maintenant que j'y repense, parce que nous nous en sommes mis tellement de sexes et de toutes les tailles, races et formes ! En conséquence l'heureux élu n'a eu le droit qu'à des coups de langues bien complices.

Présent 20/03/2020 : Mateo et moi continuons à nous éviter. Moi je regarde de temps à autres des applications de rencontres gays et poste des photos torse nu dans des chats privés français gays. C'est une occupation en plus dans cette période de confinement interminable. Je ferai comme hier le sport du jour tout seul sautillant sur place plus qu'autre chose, mais bon cela fait du bien pour le mental. Le soir je me connecte à Skype pour y voir mon groupe d'amis, depuis mon lit superposé et provoque la curiosité de mes interlocuteurs virtuels. Je montre le chat noir de Mateo, Max sur l'autre lit qui passe tout son temps à ne rien faire et est bien content de voir son maître 24h sur 24. Je vais dans le salon pour continuer la conversation en privé, Mateo ne désirant pas y participer. Nous parlons du Coronavirus bien souvent. Nous essayons de changer de conversation mais cela reste le sujet de prédilection. Normal ! Nous sommes tous affectés et tout le monde a sa propre idée de comment nous ressortirons de cette épreuve et en quoi notre vie va changer. Nous réussissons à parler d'autres choses. Un sujet universel surtout pour moi : le sexe. Ils me demandent comment se passe l'activité sexuelle avec la belle-mère dans l'appartement. Je leur dis que c'est très compliqué, nous l'avions fait debout parce que le lit grince et la chambre d'Eleonora se trouve à côté.

Tout à coup Mateo débarque en trombe, il se met à crier à mes amis que c'est n'importe quoi ce que nous disons sur le Coronavirus et émet une opinion sur le sujet dont je ne me rappelle pas. Il a l'occasion de voir ma fenêtre ouverte avec l'application gay. Et il continue en vociférant que c'est la maison de sa mère, qu'il s'agit du domaine privé et encore plus de commenter ses performances sexuelles. Je coupe Skype et m'excuserai par Whatsapp à mes amis plus tard.

Je reste coi quelques secondes, alors que Mateo est retourné dans la chambre. J'ai tellement eu envie de faire "pause" à ce moment, arrêter le temps et partir chez moi. Je hais particulièrement ces réactions dignes de films de Pedro Almodovar qui font éclat devant tout le monde. Je suis plus du genre à prendre tout pour moi et bougonner. Certes cette rancoeur me fait exploser un jour ou l'autre. Je vais dans la chambre et lui dis que je veux mettre le matelas dans le salon, que je ne veux pas dormir avec lui. Il me dit que non. Il vient dans le salon où nous allumons des cigarettes pour calmer nos nerfs. Il me demande s'il est suffisant pour moi, je lui adresse un "oui" timide qui se veut rassurant mais ne l'est pas par ce chevronnement de voix. Je m'excuse pour les entrées dans les applications en lui expliquant que cela reste un loisir, une échappatoire. Je lui dis qu'il m'a fait peur et lui me rétorque "Tampoco es para tanto" ("Ce n'est pas si mal non plus" en français). Pour lui ce n'est rien mais pour moi, il arrive en trombe comme cela et crée une scène devant tous mes amis ! Je ne suis pas prêt pour cela, je suis déjà passé par là avec mon ex slovaque Pavel et je m'étais promis de ne jamais revivre cette situation. Je commence à ranger mon ordinateur dans l'idée de revenir à mon appartement. Il me résonne et essaye de m'embrasser. Je l'esquive. Je réitère que je ne veux pas dormir dans la même pièce que lui. Il refuse cette proposition qu'il voit comme un affront. Je reviens dans le salon, ferme la porte et m'allonge à même le sol. Là il vient à moi et me relève et encore une tentative de réconciliation. Je réussirais à m'endormir vers 4h, le lendemain me fera entendre raison et je déciderai si rester ici ou revenir chez moi avec le risque de ramasser une prune par la police.

Futur : Effectivement, le lendemain me fait comprendre que je ne serais pas mieux reclus chez moi tout seul et je me déciderai à rester à Alcorcón tout au long de cette journée éternelle.

Samedi 21 mars

Passé 21/03/2013, Madrid : Cela fait un peu plus de deux ans que je sors avec David et nous vivons ensemble depuis à peu près un an. Non pas par amour, lui avais-je dit à ce moment-là très franchement, mais par obligation. Ne me méprenez pas, les sentiments sont toujours là et le sexe aussi passionné, sûrement parce que nous nous voyions tous les deux ou trois jours quand il venait dormir chez moi et Victoria. Mais voilà la situation s'était très envenimée avec ma colocataire. Il faut dire que les bruits de gémissement sont difficiles à supporter, elle qui est en plein master et toujours sur sa thèse doctorale qui lui prennent tout son temps, tout son souffle et toute son énergie en somme. Mais ce ne fut pas le problème principal : j'avais été prendre un chat dans la banlieue Nord de Madrid, à Brunete, comme cadeau pour Victoria. L'heureuse élue était une femelle parmi la portée de chats. Quel a été le critère du choix de David et moi ? Je pense que ce fut son beau pelage noir et blanc, cette frimousse qui associait le noir prédominant et une tâche blanche sur son museau, mais peut-être aussi ses longues moustaches. Elle avait un léger avantage sur son frère physiquement qui était tout aussi adorable. Mais c'est le commentaire de la gérante de la grange qui finit par clore notre décision, elle était apparemment plus sociale que son frère de portée. La venue à la maison a été très émotive. J'en ai eu les larmes aux yeux, de voir Victoria avec sa nouvelle colocataire de poils dénommée Sookie, comme la bien portante de "Gilmore Girls", série qu'on détestait tous les deux au plus haut point et donc sujette à nos moqueries. Mais voilà les animaux grandissent comme les humains et le temps des chaleurs est arrivé. Et pour moi, c'est devenu insupportable : Victoria caressait l'idée de pouvoir être un jour en campagne et qu'elle puisse avoir sa propre portée mais là nous étions en plein Madrid. Je me focalisais sur cet aspect dégradé de la féline qui paraissait souffrir tant de ne pas se faire posséder, à mon image des fois ! Et oui, il fallait bien qu'elle ait ses propres questions existentielles sexuelles à l'instar de ses maîtres ! Les cris de Sookie perçaient la quiétude de la nuit et la fatigue me prend jour après jour. Comment fait Victoria avec le master, la thèse ? Je voulais tenir bon mais deux ou trois semaines plus tard, je craquais. Ce fut un énorme clash dans notre relation car elle me reprocha de l'avoir abandonnée dans un moment aussi délicat de sa vie. Quelques mois plus tard, elle reviendra vers moi. Malheureusement je suis très rancunier et je dois avouer que pour moi ce fut une question d'années et pourtant elle me démontrerait à quel point je suis important pour elle !

Revenons-en au présent ! Entre David et moi s'installe un peu plus de lassitude, après avoir emménagé ensemble. La découverte intense des corps du début d'une histoire a fait place à une complicité qui a ses failles, mais bon j'imagine comme beaucoup de couples. David est tout de même extrêmement patient avec moi et mes crises en soirée. Là nous partons chez un de ses amis, Gerardo que je n'apprécie pas beaucoup. C'est une soirée où nous ne sortirons pas, du moins pas dans des bars ni discothèque. Ce genre de soirées est tellement dangereux pour moi qui me mets à boire tous les alcools forts pour désinhiber la parole. Cela n'a pas loupé cette fois-ci. Mais en plus, Gerardo a fait un space cake. Moi j'avoue que je n'ai pas d'expérience en la matière, mais ce n'est pas grave. Il s'agit d'un brownie qui est agréablement parfumé de marihuana ! Victoria est présente et cela reste cordial entre nous, de par les circonstances arrivées il y a un an et surtout le rejet que j'avais alimenté envers elle.

Là David et ses multiples amis se mettent à voir des tonnes de vidéos et à rire de tout et de rien. Je suis complètement choqué ! Ils peuvent rire de la chose la plus anodine à des faits divers de filles assassinées. Là je sens que l'effet de la marihuana monte d'une façon incontrôlable. Je reste seul dans la cuisine mais bientôt des amis de David viennent s'abreuver en bières, rhums coca-cola et autres boissons du moment. Le Gin Tonic n'est pas encore à la mode ! Je baisse les yeux et m'enferme dans la chambre de

Gerardo. Mon coeur se met à battre à un rythme tel qu'il me semblerait qu'il pourrait transpercer ma poitrine. Quelques minutes plus tard, Victoria me rejoint dans la chambre préoccupée. Je lui dis que cela ne va pas du tout, que je dois rompre avec David. Elle me dit que je ne suis pas dans mon état normal et me rassure. Sauf que les effets ne baissent pas et les idées dans ma tête s'obscurcirent. Je vois un lampadaire depuis la chambre et m'imagine que le saut depuis le balcon pourrait être assez haut pour en finir. Je me mets à pleurer dans les bras de Victoria jusqu'à ce que je me calme enfin. Demain sera un autre jour et le réveil me fera voir les choses en clair.

Présent 21/03/2020 : Je me réveille avec une attitude très froide et Mateo vient vers moi comme il peut. Je suis vraiment fatigué, je suis un peu aigri, mais considère que la nuit m'a porté conseil, comme on dit. Au milieu de tout cela, Eleonora se réveille toute guillerette et nous sommes priés de nous vêtir et ne plus traîner en pyjama. Cela fait beaucoup de bien de la voir comme ça donc nous nous prêtons au jeu. Nous jouons au "parchis" en espagnol ("Les petits chevaux" en français). Je fais une énorme sieste, je signale à Mateo de façon très distante qu'il faut que nous parlions, ne serait-ce que pour ne pas laisser la situation s'enliser. Enfin Mateo et moi avons cette discussion vers 18h dans sa chambre, face à face mais chacun sur son lit, comme pour maintenir la distance réglementaire de ce foutu Coronavirus. Je lui dis que dorénavant je me ferais tout petit et qu'il me dise ce que je peux et ne peux pas faire. Il me dit qu'il ne s'agit pas de cela. Je lui signale qu'il y a eu un double affront : un de ma part pour parler de choses dont je ne devrais pas parler à mes amis (sincèrement j'ai du mal à croire qu'il ne parle pas de sexe à ses multiples amis gays ... mais bon passons) et l'autre de sa part pour avoir crié, déboulé furieux devant mes amis. Mateo me dit qu'il avait désespérément besoin de mon contact et moi je n'osais pas aller le rejoindre dans son lit d'une place. Je n'y ai pas été invité donc j'interprétais cette soudaine froideur comme nécessaire pour lui dans ce nouvel environnement pandémique. Il m'a vu traîner dans une application gay et je m'en excuse. Je garde en tête cependant ce moment d'emballement qui a failli faire basculer ma vie pour les mois à venir. J'ai quand même eu quelques exemples de changements d'humeur soudains et je ne suis vraiment pas à l'aise. Une de ses soeurs Carmen qui vit à Saint-Sébastien ainsi que sa mère m'expliquent qu'il est comme ça : "un trozo de pan" ("un morceau de pain" = un amour en français) mais qu'il a des "coups de gueule" fulgurants. C'est le moins qu'on puisse dire !

Futur : C'est enfin la liberté depuis quelques jours ! Enfin une demie-liberté puisque le gouvernement annonce des mesures d'alternance de confinement pour les travailleurs et les personnes âgées doivent faire un dernier effort de deux semaines supplémentaires équivalentes à l'incubation de ce satané virus qui aura bouleversé et même détruit des millions de vie. Mateo reste encore avec Eleonora pour l'accompagner dans ces quelques jours de plus qui sont pour elles, une vraie torture. Déjà quelques jours que je retourne à mon travail dans cette grande entreprise nationale de l'énergie. Nous nous appelons tous les jours Mateo et moi mais nous avons besoin cruellement de décrocher l'un de l'autre dans un premier temps.

Le week-end, non je n'ai pas envie de faire la fête, qui de toute façon est encore interdite. Je pars le week-end pour les Oscos en Asturies. J'arrive avec la Renault Mégane dans ses routes sinueuses et avec des musiques douces cette fois-ci pour ne pas altérer les sensations que me procurent le vert des feuilles, les quelques rayons de soleil réussissant à s'infiltrer dans le manteau vert recouvrant les arbres, l'air purifié entrant dans mes poumons. Je reste au même endroit qu'il y a un an et demi, ce chalet si coquet et je pars faire exactement les mêmes randonnées. Je m'arrête plus que d'habitude pour contempler l'infinie beauté de ce paysage, cette quiétude que ne peut altérer l'être humain, ni quelconque espèce vivante étrangère à ce décor vert paradisiaque. Je m'arrête net par le frisson qui me parcourt. Je suis au bord de l'évanouissement devant la peinture qui m'est donnée d'admirer. Je m'effondre sur moi comme pour être plus proche de l'énergie que renvoie cette nature verdoyante. Des images se déroulent dans ma tête à toute vitesse : ma famille, mes amis, Mateo, le virus, ce satané virus et ma vie à jamais ébranlée. Je reste là immobile à pleurer pendant des minutes …

Dimanche 22 mars

Passé 22/03/1997, Riom : Du haut de mes 13 ans, cette année est totalement charnière dans mon évolution vers l'âge adulte. Tout d'abord parce que je prends conscience qu'il n'est peut-être pas autant normal de rester autant accroché à sa maman. Cela tourne limite à l'inceste. Donc mon sevrage passe par des prises de lait, de vache bien sûr, de plus en plus importante. Qu'est-ce que j'aime le lait ! Je vous l'ai déjà dit non ?

Je sens aussi que mon corps connaît des changements brusques. Je sens une chaleur interne méconnue jusqu'ici. Ce changement morphologique vient aussi d'un certain regard changé sur pas mal de choses. Il y a les revues des bureaux de tabac qui commencent à attirer mon regard vers le haut. Toutes ces couvertures de gens nus, plus de filles que d'hommes. C'est quand même intrigant tout ce déballage des corps !

Puis il y a les films de Jean-Claude Van Damme qui sont une vraie passion pour mon frère Antonio. C'est un vrai petit homme de maintenant 18 ans. Du haut de ses 1.70 m, il a abandonné son radio cassette jaune qu'il traînait partout pour enregistrer toutes les conversations de famille, dans la porte entrebâillée. Comme moi, il a toujours été discret. Encore plus que moi, il cultivait un jardin secret presque impénétrable. Là il commençait à s'affirmer à travers les jeux vidéos de Super Nintendo, les combats de Street Fighter toujours sur cette même console ou le film navet éponyme où apparaît Jean-Claude Van Damme. Il collectionne aussi les images d'une actrice aux atouts plus que généreux Vanessa Demouy : des seins bien ronds et grands (refaits ?, peut –être pas) et un petit fessier mais rebondi.

Je visionne avec lui ces films d'action de Jean-Claude Van Damme sans trop savoir pourquoi. "Double Impact" est un des plus remarquables, avec ceci dit un scénario des plus improbables et pauvres. Des jumeaux séparés à la naissance et qui se retrouvent bien des années plus tard à l'âge adulte. Un Jean-Claude Van Damme tout à fait gentil, bien peigné, célibataire et aux muscles enviables et un autre Jean-Claude Van Damme tout à fait canaille, blouson en cuir, cheveux longs peignés en arrière, en couple avec une blonde toute fine, et aux muscles tout aussi enviables. Contre un méchant dont je ne me souviens pas. Peut-être chinois, souvent c'est des chinois les méchants (!). Il se trouve que la petite copine toute blonde se retrouve dans un bateau avec le frère de la canaille, le gentil. Et la canaille se fait des films de son côté : il s'imagine que le gentil se tape la blonde dans un fond chromatique violet putón ("Criard" en français) debout. Il la soulève et la prend debout. Elle n'est pas contre puisqu'elle tord sa tête vers l'arrière convulsée de plaisir. Le gentil prend vraiment son pied et c'est le moment d'admirer ses beaux muscles accentués par la sueur de la scène. Et la caméra plonge en bas où on voit les fesses du gentil tout à fait bombées et fermes … Stop ! Et je me retrouve à penser : "Qu'est-ce que c'est beau, dis donc !".

Quelques jours plus tard, je vais dans la salle de bains et ressent une grosse chaleur en revivant les images dans mon cerveau. Je me déshabille, mon zizi se raidit. Cela m'est déjà arrivé, sauf que là j'ai besoin de mettre quelque chose en contact avec, de jouer avec cette érection. Je ne trouve pas mieux que de m'étaler sur le sol blanc en carrelage, donc extrêmement froid. C'est le remède à cette chaleur inconnue. Puis je me mets à faire comme des pompes sur le carrelage, les deux mains supportant mon corps. Le bassin bouge d'avant en arrière. Je laisse m'étendre de nouveau contre le sol sans m'enlever de cette froideur. Et je continue mes mouvements de fessier de plus en plus fort. J'adore cette sensation inouïe et je continue quelques minutes. Mon sexe est tellement raide que j'en suis tout à fait surpris. Les balancements se font plus forts et intenses, alors que justement j'ai en horreur toute sorte d'activité sportive. Et là il y a un point d'inflexion qui se crée : mon souffle est de plus en plus entrecoupé et j'atteins une zone privilégiée, où un simple contact léger du prépuce avec le sol fait monter en moi de façon exponentielle le nirvana. Je veux crier mais je ne peux pas, puisque je ne suis pas tout seul à la maison. Trente secondes de paradis, un court instant qui sera le meilleur moment jamais vécu. Je me redresse petit à petit avec une certaine honte de ce qui venait de m'arriver et je vois sur le carrelage une substance laiteuse et visqueuse. "Qu'est-ce donc ?", me demandé-je, interloqué.

Présent 22/03/2020 : Nos corps se sont enfin rejoints. Les préliminaires me font déjà pleurer. Comme tu m'as manqué Mateo … Il y aura trois sessions de sexe, je dirais même d'amour, sans forcément de pénétration. Qu'est-ce que nous aimerions être chez moi dans mon grand lit, pour pouvoir profiter de chaque centimètre carré de peau de l'autre ! Il répète à tout va combien il m'aime "Me gustas mucho" et que je suis bien beau à ses yeux "¡Qué hermosura!" ("Quelle beauté !" en français). ¡Ah el niño!

Futur : Les relations sexuelles furtives par le biais des applications sont extrêmement conditionnées par le virus. Il y a des annonces publicitaires demandant de contrôler les constantes de son partenaire avant de passer à l'acte, de la même manière que nous devons nous protéger avec des préservatifs pour écarter toute transmission des Maladies Sexuellement Transmissibles.

Des applications se développent pour mettre à jour les bilans sanguins qu'on a réalisés, mais aussi l'historique par rapport au Coronavirus. Il y en a une qui s'appelle "Co Check Up", trois mots claquants qui désignent la vérification de toutes les constantes du Coronavirus dans une initiative collective. Beaucoup de "CO" en somme. Dans un premier temps, quand l'épidémie n'est pas enrayée, les tests rapides se font très régulièrement, ainsi que les prises de sang. Les personnes atteintes du VIH sont très vite marginalisées, encore plus qu'elle ne pouvaient l'être par le passé, car l'application révèle leur état. Cela a provoqué d'énormes manifestations mondiales de la part des homosexuels, les porteurs du

Sida mais aussi ceux qui sont sains, estimant que cette application exposant le bilan de santé complet est une atteinte pour les libertés. Elle sera plus tard changée, en fonction de ce que veut faire apparaître la personne. Evidemment le mal n'est pas totalement corrigé car si la personne ne fait pas voir ses résultats de bilan hépatique, c'est qu'il a sûrement quelque chose à cacher.

Jeudi 26 mars

Passé 26/03/2016, Madrid : Ce monde devient complètement fou … J'ai peur, je peux le proclamer bien haut, du moins en moi-même. Je ne suis pas du genre à faire des scandales en public, du moins sans être bourré ! Cela fait quelques années que je sens que le monde est très volatile. Totalement VUCA ("Volatility Uncertainty Complexity and Ambiguity", "Volatilité, Incertitude, Complexité et Ambiguïté" en français) comme les milieux corporationnistes décrivent l'instabilité du marché. Les montées des nationalismes, des partis d'extrême-droite se font très préoccupantes. Puis il y a eu aussi le printemps arabe qui a entraîné la chute de certaines dictatures comme celles de Gaddafi en Libye. Cela a malheureusement débouché sur des émeutes et des instabilités des fois plus flagrantes comme en Syrie. Daesch a alors profité de cette énorme instabilité comme un parasite, un virus (!) qui se propage à grande vitesse. Je pense que ce mouvement est réellement né le 11 septembre 2001 avec les attaques terroristes aux Etats-Unis. La guerre en Irak totalement injustifiée, mais justifiée par Georges Bush Jr (Il n'avait rien de Junior dans ses pensées d'abruti celui-là …), qui s'ensuivit, fit s'amonceler dans les prisons des combattants irakiens qui se sont très vite radicalisés. Ils profitèrent alors de la rancune laissée après la guerre et aussi de l'instabilité dans les régimes adjacents comme en Syrie. Al Qaeda n'est que du "pipi de chat "en comparaison, comme j'aime dire. Des vidéos du monstre servent sa propagande où toute la barbarie de l'homme y est dépeinte : des cages dans lesquels des journalistes sont emprisonnés et auxquelles ils mettent feu. Rien n'est assez macabre pour eux : les enfants complètement endoctrinés sont d'autant plus cruels et prennent un malin plaisir à réaliser par eux-mêmes les exécutions d'occidentaux.

Le plus inquiétant c'est qu'ils ont une force de propagation jusqu'en Europe. La France est un vivier parfait, de par l'immigration massive des arabes dans les années 70 et sa ghettoïsation, son entassement dans les banlieues des grandes villes. Je n'éprouve pas de pitié pour nous, européens. Ne me méprenez pas mais les européens et américains se sont toujours cru les maîtres du monde et ont pillé pendant des décennies les pays pauvres comme l'Afrique. Je le sais bien moi qui travaille comme Business Développeur pour des centrales électriques et autres infrastructures industrielles pour le continent africain. Pourquoi venons-nous mettre le nez dans ces pays de façon si insidieuse ? Sauf que la donne a changé par rapport aux années 1990 ! Le pauvre irakien ou congolais a aussi en général un téléphone portable dernière génération et un africain peut avoir plus facilement accès à Internet qu'à de l'eau potable ! Incongruence du continent africain … Donc il sait comment vit un européen. Et là je me mets à sa place, je vois que ma famille n'a pas de quoi survivre, je vois que les terres riches en minerais sont spoliées par tous ces blancs. Je meurs de faim. Que fais-je ? J'essaye tant bien que mal de fuir, prendre la première embarcation de fortune direction les côtes européennes, au péril de ma vie. Je n'ai de toute façon plus rien à perdre. Et oui, je peux alimenter une haine exacerbée envers ces pâles de peau qui se sont toujours crus une instance supérieure depuis des siècles.

Les attentats terroristes se sont enchaînés avec la France comme pays particulièrement visé. Ce fut Charlie Hebdo le 7 janvier 2015 puis les attentats de Paris le 13 septembre de la même année. De vraies scènes de carnage, de guerre, comme le gouvernement aime dire lorsqu'une infamie menace l'intégrité entière de la population. Il y a quatre jours un attentat en Belgique aussi fait des dizaines de morts dans le métro entre autres.

Quand sera le tour de l'Espagne ? Madrid n'a pas beaucoup de population arabe mais plutôt une immigration venant de tous les pays d'Amérique du Sud. C'est d'ailleurs là la fascination que j'ai pour cette ville puisque personne n'est un "gato" ("Un chat" en français), c'est-à-dire un madrilène "pure souche" avec les quatre grands-parents originaires de la Comunidad. Ce métissage qui n'a rien à voir avec celui de Paris quand même, fait vivre conjointement des gens aisés de droite qui ne renieront jamais clairement le dictateur Franco et son successeur directement mis en place par le propre Caudillo, le Roi Juan Carlos. De l'autre côté, ce sont les "Rojos" ("les Rouges" en français) qui prennent de plus en plus de place dans l'échiquier politique n'oubliant pas les blessures de la guerre civile de 1936–1939. Il faut dire que l'Espagne est quasiment l'unique pays au monde où il est possible de voir le tombeau du dictateur dans ce monument en forme de croix érigé devant les montagnes à quelques trente kilomètres de la capitale. C'est ça l'Espagne, un État fédéral sans l'être qui n'a toujours pas compris que les différences de ses habitants font sa force. A la fougue andalouse animée par la fureur qu'inspire le flamenco et très accueillants s'opposent les basques au caractère trempé dans un décor vert paradisiaque qui ne font pas des amitiés facilement. Je préfère de plus en plus la deuxième catégorie de gens, même si la première paraît comme cela plus abordable. Les andalous sont passionnels mais je sens une certaine superficialité qui me lasse. Alors que la rudesse des basques est … trop sexy ! J'aime tellement cette obscurité en eux, ces cous surdéveloppés, ce sont des vikings, des bûcherons en chemises à carreaux. Madrid est plus ou moins au centre de ce pays passionnant. On sent déjà l'Espagne, la vraie, cette marque d'intransigeance. Même le climat en est le reflet de cette mixité. L'hiver peut être rigoureux comme au Nord, alors que l'été c'est un vrai enfer. Le dicton pour décrire le climat de Madrid est : "Nueve meses de invierno, tres meses de infierno" ("Neuf mois d'hiver, trois mois d'enfer" en français). Et ce qui m'a toujours surpris, c'est que cela n'explose pas : les espagnols sont "grandes gueules" mais au final ils en viennent très peu aux mains. Madrid est pour moi l'une des villes les plus sûres au monde, du moins maintenant qu'elle est libérée du terrorisme basque ETA. Bien sûr les pickpockets sont des champions, mais je ne me suis jamais fait agresser physiquement. Madrid fait vivre ensemble ces "fascistes", ces "communistes", ces "étrangers", ces "aristocrates", ces "bohèmes" etc, en paix. J'ai pu parler à toute sorte de gens vraiment aux antipodes de moi au niveau social, économique ou vision politique dans mes sorties de nuit et c'est vraiment cet aspect qui m'a conquis.

Là je prends le métro et je ne me sens pas du tout tranquille. Je dévisage les gens surtout basanés, enfin plus que moi. Je déteste d'être comme ça, de tomber dans ce délit de faciès. Non, ce n'est pas moi ! Cette période me rend particulièrement peureux envers les personnes méconnues. Il m'arrive de plus en plus de penser dans une discothèque que ce serait le lieu parfait pour des terroristes de faire "carton plein", si je peux me permettre l'expression. Puis une sensation de manque d'air vient diminuer ma capacité pulmonaire, une boule à la gorge se ferme comme si je venais d'avaler un couteau, comme si une pneumonie paralysait soudainement mes voies respiratoires. Je sors en courant à la prochaine station pour engorger d'air ma cage thoracique de façon urgente.

Présent 26/03/2020 : Une lueur d'espoir comme le nombre de morts a diminué en Espagne (655 morts par rapport aux 738 d'hier). Est-on arrivé au pic de propagation du virus ?

Le sommet européen sur la crise sanitaire a vu s'affronter les pays en faveur d'un plan "Marshall", dirigé par le président espagnol Pedro Sánchez et des partenaires réticents à une intervention massive comme l'Allemagne et les Pays-Bas. L'objectif était de prévoir des mesures de relance économiques, une fois la pandémie contrôlée comme une mutualisation des dettes entre les pays. Cependant, devant le refus allemand et hollandais, ces propositions n'ont donc pu être concrétisées.

A quoi sert donc cette Union Européenne ? Elle a été le fruit d'une initiative intelligente pour surmonter les douleurs des deux guerres mondiales. Il s'agissait de mettre de côté les rancoeurs passées pour trouver des intérêts communs. Les pays européens sont depuis longtemps faibles devant l'hégémonie américaine ou la montée en puissance japonaise. Bien loin le prestige des temps passés : l'Empire Romain, le passé colonialiste espagnol et portugais ou le rayonnement de Louis XIV et les victoires militaires de Napoléon plus tard en France. L'Allemagne d'Hitler montre que l'aliénation des foules a un pouvoir d'anéantissement énorme. L'alliance des pays européens était la seule solution pour avoir encore une place dans la scène politique et économique mondiale. Seulement tous ces pays sont tellement différents entre eux … une seule chose paraît nous unir, nos "valeurs" occidentales dictées par le colosse américain, qui ne reposent que sur l'appât du gain. Nous voyons où cela nous mène … Beaucoup de pays comme l'Espagne ont renoncé à renflouer les caisses des hôpitaux après la crise économique de 2008. Quelle erreur monstrueuse ! Puis il y a le Brexit voté par ces anglais, qui ont toujours joué en solitaire dans la communauté européenne. J'ai bien peur que cette crise mène à la destruction définitive de l'Union Européenne !

Futur : Une crise économique sans précédents (peut-être celle de 1929 …) frappe le monde entier. L'Europe est exsangue : après la débâcle sanitaire, c'est le fléau économique qui s'ensuit. La perte du Produit Intérieur Brut se fait par unités voire dizaine en pourcentage. Elle a déjà un précédent en 2008, mais là rien ne semble contrôler l'hémorragie. Des mesures comparables à 2008 sont d'abord envisagées. L'Union Européenne mobilise le FMI qui ne mise que par la sauvegarde de la banque. Mais rien ne peut sauver le chaos économique dont sont confrontés tous les pays européens avec tout un chacun ses particularités nationales.

L'Espagne, un des pays les plus durement et premièrement touchés, a vu disparaître de nombreux locaux, tellement chers pour leur sociabilité. De nombreux bars, restaurants et discothèques ont fermé, ne pouvant faire face à une absence de recettes pendant la crise du Coronavirus. Même les quelques mois qui ont suivi, les mesures de distance sociale font que ces espaces ne sont plus adaptés. Beaucoup d'emplois ont été perdus provoquant un chômage déjà très important mais atteignant maintenant un tiers de la population. Des initiatives d'entraide inédites sont instaurées, notamment de la part du Portugal qui a été un des pays les moins touchés et très expérimentés par leur extrême obéissance lors de la précédente crise. L'Ibérie est unie comme jamais elle ne l'a été dans le passé. De même les relations s'intensifient avec le pays en forme de bottes, l'Italie.

Les pays nordiques montrent un égoïsme sans faille, faisant prévaloir leurs intérêts nationaux. L'Union Européenne est donc au bord de l'éclatement et s'éclipse devant la montée en puissance chinoise. L'extrême droite a une montée fulgurante, déterminant la population immigrante comme des boucs émissaires. Les produits chinois sont de plus en plus boycottés. Les asiatiques font face de plus en plus à une hostilité manifeste, mettant quasiment au second plan le rejet envers les musulmans. Cela fait le jeu de nouvelles cellules terroristes islamistes qui apparaissent …

Vendredi 27 mars

Passé 27/03/1993, Riom : Je me réveille et un formidable manteau de neige recouvre Riom. Je crois n'avoir jamais vu autant de neige de ma vie. Loin de déplaire aux gens, nous voyons passer des enfants en bonnet et gants jouant dans leurs jardins, des adolescents fougueux se catapultant des boules glacées. Les adultes ne sont pas aussi nombreux, certains guettent par la fenêtre que leurs rejetons se tiennent à carreaux, retenant leurs accès d'adrénaline par ce paysage d'hiver. Beaucoup d'autres préparent un feu de cheminée. Il n'y a pas de sensation plus confortable : les flammes semblent détruire le mal invisible qui est aux aguets ainsi que les douleurs du passé, et nous réchauffent les coeurs, passant outre le froid hivernal qui pouvait arriver en ce début de printemps. Je ne savais pas à l'époque que ce genre de jour se ferait de plus en plus rare au point de presque disparaître certaines années, du fait de nos émissions de gaz à effet de serre exponentielles.

Présent 27/03/2020 : Il s'est mis à neiger de bon matin ... la nature a pris la relève et les vents frais ont remplacé le "béret" ("Boina" en espagnol) de pollution habituellement présente sur Madrid. Malheureusement le nombre de morts reprend de plus belle (769 morts). Je commence mon journal aujourd'hui même devant récupérer les entrées des deux semaines passées. Un travail colossal m'attend mais sait-on jamais, je peux en retirer quelque chose de grand ! Cette neige est propice pour ma nostalgie et par conséquent mon écriture.

Futur : Me voici reparti pour l'une de mes destinations favorites en montagne, l'Islande ! J'y étais allé en été 2019 et ce voyage m'avait complètement réparé et redonné les forces nécessaires pour affronter la vie. Un tout plein d'énergie positive. Là je pars en novembre dans l'espoir d'entrevoir des aurores boréales. Le voyage se fera en sens inverse : de Reykjavik à Gullfoss, de Gullfoss à

Jokulsarlon, de Jokulsarlon à Akureyri, Akureyri à Snaefellsnes et de Snaefellsnes à Reykjavik.

L'imposante cascade de Gullfoss a complètement changé d'apparence : c'est un triangle blanc de neige avec les coulées d'eau qui ont réussi à vaincre la solidification. C'est un énorme cône de glace vanille qui coule par endroits ! Quelle merveille de la nature ! Je comprends pourquoi cette cascade est souvent considérée comme le symbole de ce pays.

Le lendemain j'arrive à Jökulsárlón avec le regret de ne pas pouvoir faire escale à Landmannalaugar. Bien dedans les terres, pour arriver à Landmannalaugar, il faut que les chemins de terre soient praticables et surtout pouvoir traverser les lacs. Déjà en été, il faut se la jouer Indiana Jones avec son 4x4 pour croiser les lacs. En hiver, ce n'est tout simplement pas possible. J'avais été tellement impacté par les couleurs de cette région montagneuse isolée ! Et encore mes photographies étaient bien pâles. Apparemment ces couleurs qui alliaient le noir, le rouge et le jaune volcaniques au vert de la végétation luxuriante, mais aussi le bleu de l'eau, pouvaient prendre des tons presque fluorescents !

Pas de Landmannalaugar cette fois-ci, mais un Jökulsárlón cristallisé, bleu, blanc, gris et noir. Le temps est exécrable avec de grosses giboulées et des vents glaciaux, donc il est difficile de visualiser ces palettes de couleurs. La vue était meilleure en été, même si elle était déjà embuée. Mais je suis à la recherche dans cet endroit précis, d'une chose bien précise qui n'appartient pas à la flore mais à une faune locale … Et bingo, à quelques mètres du bord de la plage, un phoque fait le tour de son domaine ! En été 2019, le phoque était plus loin et nageait en toute quiétude quand il m'aperçut. Il se figea longtemps, très longtemps. Un phoque même à des dizaines de mètres, c'est très impressionnant. Au-delà de leurs corps graisseux préparés aux conditions hostiles de l'hiver, ils ont une tête imposante avec leurs moustaches abondantes, mais surtout des yeux noirs aux reflets métalliques, limite rouge. Lorsque ce phoque s'était arrêté à me regarder fixement, j'avais eu l'impression qu'il voulait me dire quelque chose, qu'il me prévenait des aléas de la vie. Ne riez pas cher lecteur ! Oui un phoque annonciateur de crises, je l'ai ressenti comme cela, moi le scientifique chevronné ! Mon phoque actuel est moins disponible pour moi, il nage, à peine me regarde-t-il. Veut-il me dire alors que tout ira bien, que le pire est arrivé ? Veut-il me signifier que l'espèce humaine a enfin compris qu'elle n'était qu'un grain de sable dans l'univers, somme toute insignifiante à l'échelle de la biodiversité ?

La ville d'Akureyri et le système volcanique de Mývatn sont très beaux vêtus de blanc mais j'ai une préférence encore pour ces mêmes paysages estivaux.

Mon voyage vient à sa fin et il me reste la zone de Snaefellsnes. Là encore Snaefellsnes gagne de splendeur en été avec le pré jaune et noir de la roche volcanique, le vert du volcan et le blanc de la neige au sommet. Je me rappelle que je portais une chemise noire et verte que je laissai malencontreusement à Paris lors d'un voyage de travail. Dommage ! J'ai les photographies avec ces vêtements et le bronzage obtenu dans les plages espagnoles au préalable et sincèrement je me trouve très beau dans ce fond, mes yeux marrons prennent une couleur amande épurée ressortant les traits prononcés de mon nez et ma barbe. Tout est blanc dans cette période, sans aucune altération dans cette pureté immaculée.

Je passe la nuit près de Kirkjufell qui est aussi un panorama habituel de vitrine pour l'Islande. Ce sont trois ou quatre cascades surmontées d'un bloc rocheux tout droit sorti des entrailles de la terre, rompant un relief plutôt plat. Je n'ai pas eu de chance pendant tout le voyage, pas d'aurores boréales … Je m'apprête à renoncer et repartir le lendemain sans avoir été chanceux. Quand soudain, vers quatre heures, un éclair dans la nuit. Va-t-il faire orage ? Cet éclair de lumière paraît différent que celui caractéristique de la foudre. Un autre éclair apparaît et disparaît immédiatement.

Tout à coup, une mini-vague se profile dans le ciel noir avec une teinte bleutée. Une aurore boréale ! Très vite le ciel est envahi par ses ondes lumineuses d'une radiation verte, cette danse des mouvements d'une infinie perfection. Ils semblent incontrôlés, saccadés dans la fréquence d'apparition mais continus dans une improvisation de possession de tout l'espace. Comme elles gagnent les extrémités de ma vision, je ne peux pas m'empêcher de m'émouvoir devant ce spectacle nonchalant, mais finalement chronométré à la seconde près par cette force de la nature exubérante, extraordinaire, quasiment extraterrestre. Les aurores boréales disparaissent assez vite. Peu importe. Je suis ravi et mon regard se perd dans l'horizon où la scène m'a été projetée. Le rideau s'est refermé, me laissant avec des réflexions métaphysiques et je dirais même, quantiques !

Samedi 28 mars

Passé 28/03/1994, Riom : Je rentre de l'école et comme d'habitude, je me rue dans le placard où se trouvent la pâte à tartiner et le pain. Je me fais un bon bol de cacao puis quatre tartines avec bien de la pâte à tartiner à dessus. On n'entrevoit plus le banc du pain à vrai dire, tellement la couche est abondante. Le cacao est en poudre, dans le lait froid donc il n'est pas dissous. Après avoir la langue marron pleine de pâte à tartiner, je me retrouve avec la langue toujours marron, plus terreuse par les bulles de cacao qui ont éclaté.

Une heure plus tard, ma voisine, ma meilleure amie, Marjorie, de deux ans plus grande que moi donc déjà au collège, vient me chercher et sonne à la porte. J'adore cette fille. J'apprécie beaucoup qu'elle soit ma voisine. Elle a des cheveux couleur châtain clair, des yeux verts et est quand même très enrobée tout comme ma soeur Eva, qui commence à avoir un poids très préoccupant. Ce que j'aime bien chez elle, c'est que les garçons ne semblent pas l'intéresser. Je ne comprends toujours pas que les garçons et filles commencent à un certain âge à s'intéresser à l'autre sexe. Dans les films, pourquoi pas ? Ce sont des adultes. C'est avant tout pour donner des bouleversements de situation à une histoire déterminée. J'imagine qu'à vingt ans à peu près, tu choisis une fille et tu te maries, tu as des enfants et puis voilà, ta vie est bien heureuse ! Il n'y a pas de complication romanesque à ajouter. Marjorie a une soeur Sabine très belle, je dois dire. Un an de plus que mon frère Antonio de 15 ans, il en est raide dingue d'elle. Elle pour l'instant non. Elle a plus d'atomes crochus avec ma soeur Eva, de deux ans de plus qu'elle. Ma soeur n'essaye pas de la caser avec mon frère, parce qu'elle sait parfaitement que Sabine ne veut pas d'Antonio. Et puis ma soeur est déjà avec un italien du quartier depuis quelques années, Danilo. Officiellement depuis très peu de temps, mais moi je sais qu'ils sont ensemble depuis plus longtemps. Je ne partagerais ce secret qu'avec Marjorie.

J'ouvre la porte et Marjorie est en pleurs. Je lui demande ce qu'il se passe. Elle me dit entre deux souffles saccadés avec une voix meurtrie que ses parents vont déménager … à Lyon. Mon monde s'écroule ! Non pas toi ! J'ai trop besoin d'elle ! Je me mets à pleurer mais ensuite ma sœur vient me réconforter en me disant que Lyon n'est qu'à deux heures et demie de Clermont-Ferrand. Je reprends mes esprits et Marjorie propose qu'on aille à la boulangerie pour effectuer notre dernier festin sucré. Cinq Francs de bonbons et barres chocolatées ! C'est trop bon ! Il n'y a rien de meilleur pour remonter le moral ! Marjorie est bien d'accord avec moi, en énumérant ce qu'elle préfère parmi toutes les sucreries que nous dégustons. Je fais de même et je lui dis que pour moi c'est les barres chocolatées, parce qu'elles ont du lait.

Présent 28/03/2020 : Les décès reprennent de plus belle (832 morts) et le président Pedro Sánchez annonce que le travail non indispensable devra être automatiquement réalisé depuis la maison à partir de lundi. La journée commence à merveille : mon journal commencé hier me prend quelques heures le matin pour rattraper le retard de ces deux semaines sans écrire. Je me mets ensuite à astiquer toutes les portes de l'appartement et sols en bois de mon QG. Une grosse sieste de deux heures et demie l'après-midi au bout de laquelle je sors sans beaucoup d'énergie. Eleonora et Mateo se disputent parce qu'elle se ressert et veut me gaver de feuilles de choux gratinées comme toujours succulentes, alors qu'a priori ce pourrait être l'un des pires plats au niveau gustatif. Mateo s'emporte et lui somme de ne plus la revoir pendant au moins deux heures du fait qu'elle ne pense qu'à nourrir la "bête" ("El bicho" en espagnol) devant signifier sa panse prominente. Je lui fais remarquer que ces façons de parler n'aident en rien, ni sa mère ni pour lui qui se laisse inonder par des pensées négatives. Le sport permet de se décontracter des tensions accumulées.

Futur : Les supermarchés ont été mis à rude épreuve pendant le Coronavirus, surtout les premières semaines. Ensuite les choses se sont arrangées, avec les mesures de distance sociale (deux mètres de séparation entre deux personnes) et le rationnement de l'entrée des gens. A la fin de la crise, les règles draconiennes d'espacement ont suivi. Allez, il est temps pour moi de m'y coller et j'ai très vite l'impression d'avoir fait un bond dans le temps, en avant, en arrière, je ne saurais le dire ou d'avoir pris une des deux pilules de "Matrix" : la bleue ou la rouge.

Le choc est grand pour moi qui n'ai jamais remis les pieds dehors depuis le dimanche 14 mars. On se croirait dans le film E.T lorsque les scientifiques réalisent son autopsie. Les masques ont pu enfin être délivrés à toute la population, il est désormais interdit de rentrer dans les supermarchés sans masque ni gants, sous peines de sanctions. Les caisses ont des vitres qui protègent les travailleurs, eux-mêmes dans cet accoutrement plastique. La monnaie tend à disparaître comme il a été déterminé que ce sont des pièces et des billets que plusieurs mains manipulent, donc un facteur de propagation du Coronavirus. Sinon c'est la même besogne que d'antan. Certains produits absurdes sont toujours cotisés à la hausse comme le papier-toilettes mais aussi les produits ménagers surtout à base de Javel. Il faut tout désinfecter, absolument tout ! Enfin mes tomates, je n'ai pas tellement envie d'y passer de l'hypochlorite de sodium (formule de l'eau de Javel), ayant peur que cela ne détruise le goût de la pizza que je compte faire, en hommage à nos amis italiens qui ont tant souffert et en premier du virus en Europe ! C'est mon propre sens gustatif que je risque de perdre d'y ajouter de la Javel, en veux-tu en voilà sur tout. Tiens, notre fameux Coronavirus aussi a comme effet de faire perdre le goût des aliments. A-t-il fait perdre le goût du patient zéro à Wuhan mangeant sa chauve-souris velue dans une soupe ou un pangolin ? Peut-être qu'il vaut mieux dans ce cas renoncer au plaisir de manger !

Une scène des plus misérables se passe dans la section fruits et légumes à un rayon et quelques mètres de moi. Deux femmes d'âge moyen, d'appartenance à une catégorie ouvrière par leur vêtement bon marché, se précipitent sur les quelques pommes qui restent. Une de ces pommes paraît beaucoup plus appétissante que tout le reste et à deux mètres l'une de l'autre, elles se jettent littéralement sur le fruit défendu. Cela me rappelle le péché originel, sauf qu'il est doublé par ces deux côtes d'Adam ! Puis une des deux crie "C'est ma pomme !", crache dessus en disant qu'elle est atteinte du Coronavirus. Les gens se mettent à courir comme des bêtes promises à une mort certaine, à l'instant même où leur prédateur amorce sa course puissante vers elles. Je restais immobile devant cet accrochage irréel plein de bêtise, en pensant que cette crise nous a rendus à tout jamais complètement fous.

Dimanche 29 mars

Passé 29/03/1996, Riom : Je rentre du collège et comme d'habitude, je me jette sur ma mère pour lui donner des gros bisous avant de me mettre à faire mes devoirs. Je suis en Cinquième et les cours me passionnent, tous sans exception. Bon à peu près, le sport n'est vraiment pas ma tasse de thé et le dessin et la musique limite. Mais quel bonheur d'être à l'école, pouvoir apprendre sur tout. La vie ne peut être que merveilleuse dans cette soif de connaissance qui ne sera jamais réellement épuisée !

Je fais mes devoirs en un quart de temps. J'ai vraiment beaucoup de facilités en tout. Les matières littéraires ont ma préférence : l'anglais c'est tout simplement super ! Il faut dire que c'est ma soeur qui chantait autant de chansons en anglais par jour (quasiment jusqu'à nous casser les oreilles), qui me donna le goût pour cette langue. Je me suis très vite demandé ce qu'elle braillait. Puis avec elle, nous nous sommes mis à regarder les paroles dans la revue pour adolescents "Star Club", pour que je puisse comprendre ce que tous ces chanteurs anglais ou américains pouvaient dire. Très vite je fis des progrès énormes et mon vocabulaire était de plus en plus riche, surpassant haut la main le niveau des cours d'anglais du collège. Du haut de ses 20 ans et de son cursus universitaire en Langues Etrangères Appliquées, Eva se mit à donner des cours d'anglais à deux élèves de Seconde en difficultés et je me surpris à n'être pas trop dépassé par ces cours. Je les surpassais même. Pour en savoir encore plus, je partais toujours avec mon livre dans les booms organisés avec les amis de mon frère et ma soeur, provoquant des fois la risée de ces personnes somme toute, peu matures. J'ai hâte de commencer l'espagnol au collège, j'en faisais déjà avec une amie de ma soeur. Je suis fasciné par le changement du masculin au féminin, passant de la lettre "O" à "A" mais aussi le pluriel en mettant un "S" après. C'est pareil en portugais mais je n'éprouve pas autant de joie bizarrement …

Mon frère commence à sortir de plus en plus et à commettre des petits délits sans grande importance pour l'instant. Je pense qu'il a toujours été jaloux de notre complicité avec ma soeur, de nos réussites pour les études, surtout la mienne. Ce petit rejeton est un modèle, un exemple à suivre, il ne fera jamais rien de mal de sa vie. Que lui-même ne réussisse pas, ce n'est pas bien grave, puisque notre famille pouvait toujours avoir l'excuse de nos origines immigrées. Mais là un deuxième exemplaire mâle arrive et est l'excellence-même ! Antonio est en plus celui du milieu. Le plus grand et le plus petit sont spéciaux par leur situation extrême dans la "généalogie". On ne trouve jamais rien de particulier à celui qui se trouve au milieu. On ne dit pas, tu sais c'est généralement celui du milieu qui fait ci ou cela d'intrigant. S'il fait quelque chose de remarquable dans cette période intermédiaire, c'est connoté péjorativement ! Il n'en peut plus des études, lui arrivé en Première filière Scientifique et très sûrement abandonnera l'année prochaine pour une filière professionnelle, ne pouvant pas soutenir les efforts infinis de ses deux autres frangins.

Le père Luis est là, sur son fauteuil à côté de la cheminée, lisant son journal. Il a une moustache abondante, des yeux verts foncés. Nous n'avons pas hérité de la couleur de ses yeux, mes deux frère et soeur ont la couleur sombre des yeux de ma mère. Moi j'ai une teinte marron claire donc je suis une copie obscure de ses yeux. C'est un homme sûr de lui, très cultivé, toujours agréable avec les voisins et ses amis. Cela devait être un vrai séducteur à l'époque. Comme j'avais de bonnes notes à l'école, il n'avait très souvent rien à redire. En fait c'est bien simple il ne me disait rien, il ne nous disait rien. Qui est-il ? Un vrai mystère vivant parmi nous …

Le soir je me vautre sur le lit de ma mère pour lui faire des câlins et des bisous. Mes frère et soeur n'arrivent toujours pas à croire que je suis encore dans ses basques, à cet âge-là. Je suis l'objet de grandes railleries, permettant ainsi à mes aînés de partager des moments de complicité éphémères entre eux.

Présent 29/03/2020 : Je me lève encore bien tôt vers sept heures du matin mais reste au lit jusqu'à neuf heures. Nous sommes passés à l'heure d'été donc a priori nous aurions une heure en moins à supporter dans cette situation. Qu'est-ce donc une heure parmi ces milliers de réclusion forcée ? Tout est question d'échelle : un grain de sable n'est rien dans une dune de désert mais il contribue à un tout, multiplié par des millions de milliards. Nous créons l'infini à partir de l'infime.

Mateo ne veut toujours rien savoir de sa mère et moi, je me retrouve au milieu. Je dis à Eleonora qu'elle soit patiente avec son fils dont les accès de colère peuvent être terribles mais très ponctuels. Elle le connaît bien et le laisse dans son coin. Je lui fais savoir dans l'après-midi qu'il doit trouver une création artistique avec la place limitée qui lui est offerte pour pouvoir rompre avec cette routine de siestes à répétitions. Il a déjà vécu avec tant de personnes de sa famille dans cet appartement et il me dit justement que ce n'est pas sa place, qu'il aimerait avoir sa propre chambre pour pouvoir peindre, s'adonner à toutes sortes d'activités manuelles.

Futur : Mateo González déménage de chez sa mère. Il s'est trouvé un appartement à Getafe, autre ville située dans la banlieue de l'immense Madrid. Eleonora est peinée. Des cinq enfants qu'elle a engendrés, ce n'était pas le premier à partir de chez lui mais il suivit très vite le chemin de son aîné. Il reviendrait des années plus tard pour se redonner une santé financière.

Il a vécu dans plusieurs appartements notamment à Benidorm dans la côte du Levant, haut lieu de tourisme artificiel où des énormes gratte-ciels en bord de mer se sont érigés. Benidorm accueillait deux types de tourisme totalement opposés : les personnes âgées venant en groupe lors de voyages de l'Imserso ("Instituto de Mayores y Servicios Sociales", "Institut des Gens Âgés et Services Sociaux" en français) et les jeunes touristes britanniques et allemands avides de fête, alcool et drogues. Maintenant les voyages de l'Imserso sont interdits du fait que les réunions entre plus de dix personnes âgées donc dites à hauts risques de contraction de maladie, sont punies par la loi. Les touristes viennent encore mais avec leurs certificats de bilan de santé établis par un médecin dans les cinq jours avant le départ. Benidorm n'est plus ce qu'il était, la moitié des hôtels ayant fermé. Le tourisme revient mais très lentement, dans un contexte économique implosé.

Getafe est une des plus grandes banlieues dortoir de la capitale espagnole. Sa population s'est vue croître de façon galopante de par la crise économique qui a touché le pays. Les madrilènes "pure souche" partent de la capitale, à la recherche de loyers plus abordables, tout comme Mateo. Il pourra donner libre cours à son art ou plutôt à ses multiples arts, car ce qui a toujours caractérisé Mateo c'est ses divers intérêts et sa conséquente dispersion. Il voit l'avenir s'ouvrir à lui alors qu'il referme la page de sa relation tumultueuse et passionnée avec sa mère. Pour lui, elle a toujours été plutôt une autre soeur et sa grand-mère qui n'est plus de ce monde rafflerait la palme d'or. Il est satisfait de son rôle d'ange-gardien auprès de sa mère. Elle peut voler de ses propres ailes, elle qui a mis tant de temps à enterrer son père dans son coeur. Ne nous y méprenons pas. Ce père a toujours été et sera éternellement l'élu de son coeur. Mateo l'a aidé à perdre des kilos qui la faisaient paraître de plus en plus obèse et cette diminution de poids fut son trampoline pour décoller vers un autre destin libre de toute famille proche. Mateo revoit son regard malicieux et sourire de chipie qui semble vouloir cacher ses pensées remplies de sottises d'enfant. Il en a les larmes aux yeux, comme elle lorsqu'elle lui dit au revoir depuis le balcon. Il essuie ses larmes avec ses gants de latex, direction sa nouvelle vie.

Lundi 30 mars

Passé 30/03/1996, Riom : Je revois encore une fois "Retour vers le futur" et "Retour vers le futur 2". J'adore cette trilogie, un peu moins le troisième opus parce qu'il retourne peut-être un peu trop loin dans le temps. Je suis fasciné par ces interactions entre des périodes séparées de seulement trente ans. En 1955, la mère de Marty Mc Fly tombe littéralement amoureuse de son fils qui est venu de 1985. Il met en danger la relation de sa mère avec son père et par conséquent sa propre naissance. Il vient à disparaître carrément des photos de famille ! Quel film ! …

Représentant ces merveilleuses années 1980, pour moi et beaucoup d'autres la meilleure décennie ! Je les aurais tellement vécu en ayant 20 ans mais si cela avait été le cas, j'ai le pressentiment que je n'aurais pas survécu les ravages des drogues ou du Sida, le virus mortel apparu dans cette décennie et communément pensée comme "le virus des homosexuels".

Je me dis lors de mon énième visionnage des deux premiers "Retour vers le futur" que les Américains domineront toujours le monde. Ils offrent du divertissement tellement bien fait. Personne ne pourra les contrer … Je me dis aussi que cela implique quelque chose de malsain, ayant déjà commencé à réfléchir du haut de mes 12 ans sur les effets dévastateurs du capitalisme.

Comme chaque soir, je fais un câlin à ma mère, les deux étendus dans son lit. Comme chaque nuit, je me réveillerai en plein milieu pour faire une tartine de beurre et / ou pâte à tartiner trempée dans du lait chaud.

Présent 30/03/2020 : 813 morts. C'est un peu moins qu'hier. Sommes-nous arrivés à un aplanissement de la courbe tant attendu ? Les activités industrielles qui ne sont pas obligatoires doivent fermer. Comme l'annonce a été faite ce week-end, elle prendra effet le plus tôt possible, dès demain pour celles qui n'ont pas pu le faire aujourd'hui.

Les Etats-Unis "gagnent" haut-la-main dans la course contagieuse du virus. La zone de New-York regroupe un tiers des cas. Une catastrophe s'annonce outre-atlantique, comme la population ne bénéficie pas d'une couverture sanitaire. Facebook relaye le prix d'un traitement de Coronavirus de 35,000 \$. Lorsque les grands riches peuvent s'offrir le luxe de guérir et les pauvres d'en pâtir par la même dictature de l'argent.

Futur : Je ne sais pas quand et où j'ai lu que l'histoire des derniers siècles décrit la domination cyclique d'une seule nation toute-puissante bien loin devant les autres pendant une période d'environ cent-vingt ans. Les Etats-Unis ont commencé leur ère de suprématie en 1900 et ils ont été propulsés sur l'avant de la scène avec les deux guerres mondiales mortifères où les Américains ont été les sauveurs de la planète, comme le traduisent autant de productions hollywoodiennes qui sont sorties pendant de longues décennies.

Et bien déjà avant le Coronavirus la poussée démographique des chinois se faisait déjà sentir. Le Coronavirus était chinois, sorti d'un marché de consommation d'animaux sauvages, probablement la chauve-souris ou le pangolin. Ils étaient les premiers à souffrir cette plaie et étaient les premiers à s'en sortir avec environ 3.500 morts officiels. Sûrement c'était plus, peu importe. La Chine communiste a remporté le jeu du capitalisme instauré par le précédent roi du monde. Rien n'a pu faire barrière. C'est une force de travail implacable avec des douzaines d'heures de travail par jour et pas de vacances. Comment l'Europe pouvait-elle résister ? Et les Etats-Unis ?

Les américains continuent à souffrir de nombreuses pertes. L'économie devait passer avant tout, disait Donald Trump au début de la crise. Le magnat de la finance avait surpris par sa prise de décisions trop peu extrêmes pour le Coronavirus en tant qu'impitoyable homme d'affaires. Cela causerait sa perte malheureusement. Nous nous attendions très vite à être embarqués dans une troisième guerre mondiale, puisque la Chine vainquit grâce au Coronavirus en rompant un modèle de capitalisme prédateur, forgé pourtant depuis plus de quatre-vingt ans ou plutôt en caressant ce même modèle … Il n'y a pas eu de troisième guerre mondiale, mais les américains sont pris au piège de leurs propre stratégie séculaire. Les pauvres meurent dans des conditions dignes du Tiers Monde, lesquels ont été pourtant humiliés par le passé. Tout un pays ravagé par les opiacés connaissant une augmentation exponentielle après le Coronavirus. Le trafic de ce genre de substances a créé un marché noir, tel celui érigé par Walter White pour le cristal dans "Breaking Bad", série populaire des années 2010. Les riches s'en sortent encore mais doivent se blinder face aux émeutes fréquentes initiées par les catégories plus défavorisées. La Chine commence sa colonisation et délocalise sa main d'oeuvre titanesque sur le territoire américain dans les domaines du textile, énergétique et industriel.

Mardi 31 mars

Passé 31/03/2019, Los Oscos (Asturies, Espagne) : Me voilà partir pour mon énième week-end en solo en Asturies. Mon métier de Business Développeur m'a énormément fait voyager à travers toute l'Espagne. Beaucoup de coins sont accessibles en AVE (le TGV espagnol) ou en avion. Malheureusement pour ce dernier mode de transport, en général comme le trajet doit se faire le même jour, il s'agit de se réveiller à cinq heures du matin et ne pas revenir à la maison avant neuf heures du soir. Et nous avons une politique absurde dans l'entreprise qui consiste à se faire autoriser le voyage par le Directeur si les billets n'ont pas été réservés avant deux semaines de la date de visite prévue. Pour moi c'était l'excuse idéale de prendre la voiture et m'arranger de bons petits week-ends. Ce fut le cas dans cette région de l'extrême Ouest des Asturies, quasiment en Galice. Pour y arriver, il y a de longs kilomètres de routes sinueuses ombragées par des arbres. La sinuosité des routes est souvent proportionnelle à la magie que proportionne l'endroit visité. La musique techno de Avicii "Hey Brother" sonne et je prends les tournants serrés. Je me régale, c'est l'une des plus grandes sensations de liberté que j'ai pues expérimenter. Je découvre Taramundi le vendredi après-midi, le plus grand village qui doit avoir à tout casser mille habitants. Ce village de toiture noire surplombe des collines et le soleil joue avec les nuages pour projeter un jeu de lumière et d'ombre sur la nature exubérante qui se dresse sous mes yeux. Je prends la voiture ensuite pour m'éloigner encore plus, puisque j'adore être éloigné de toute civilisation. Et là je vois des chevaux broutant tranquillement de l'herbe et en fond ces collines. Quelle paix intérieure ! Si la réincarnation existe effectivement, je veux être un de leurs poulains. Le lendemain je ferai deux randonnées pour découvrir les cascades en toute quiétude. Celle du matin A Seimeira est majestueuse. Celle de l'après-midi dans la "Ruta del Silencio" ("Chemin du silence" en français, je ne trouverais pas de meilleur nom !), après avoir descendu une pente fortement prononcée, est plus dangereuse : je me prends le pied entre deux pierres mouillées et finit quasiment emporté par le courant. Ce sera juste une petite peur et une grosse égratignure au genou gauche. Cela me rappelle combien je suis maladroit en tout, je veux m'improviser Indiana Jones et je suis Dory le poisson de Nemo qui se perd tout le temps ! Le soir je reviens dans mon chalet énorme et les températures baissent fortement. Là je contacte un petit homme de 21 ans qui vit à Lugo en Galice par Grindr. J'hallucine puisqu'il fait le chemin d'une heure pour venir me voir. Nous ferons l'amour d'une façon plutôt nonchalante comme nous ne nous connaissions de quelques heures et il devait partir pour pas que sa mère ne s'inquiète. Ce n'est pas l'homme de ma vie, ce fut un coup tout simplement mais j'ai enfin pu réaliser un de mes rêves, celui de faire l'amour dans un chalet en pleine campagne. Il ne manquait que le feu de cheminée ! Quel week-end de rêve !

Présent 31/03/2020 : Il pleut des cordes et il fait bien froid pour ce début de printemps. Hier soir, pendant que Mateo et moi jouions à un jeu de dés habituel à vingt heures en semaine, j'ai vu le journal télévisé qui transmettait les images des villes et villages espagnols où des animaux de toutes sortes avaient reconquis ces territoires urbains. Des images irréelles : un ours en Asturies, des paons en plein Madrid sûrement sortis du parc du Retiro, un sanglier dans je ne sais quelle autre localisation etc. Et je me mets à pleurer. Au moins cette pandémie aura fait des chanceux, toute la faune qui a pu souffrir de notre présence écrasante s'étale sans craintes de se retrouver confiner. C'est d'ailleurs très ironique parce que c'est notre empreinte vorace sur cette planète qui causa très sûrement le saut du Coronavirus de l'animal à nous. La déforestation exponentielle a fait que la vie sauvage telle que les chauve-souris se mêlent à la vie domestique. Le Coronavirus est né dans un marché d'alimentation de ces bêtes sauvages, son hôte étant probablement la chauve-souris et le pangolin. Ironie du sort ! Nous avons tranquillement déplacé des millions d'animaux : maintenant ils reprennent précipitamment leurs droits et à juste titre.

Futur : Avec la crise du Coronavirus, la planète s'est assainie … pour un temps seulement. Durant les mois de confinement, la nature a pris la main, le climat a retrouvé ses températures normales printanières et même le trou de la couche d'ozone s'est résorbé. Les six mois qui ont immédiatement suivi ont connu une transition durant laquelle le travail se faisait en ségrégation d'équipes donc les consommations énergétiques se réduirent de moitié par rapport à la situation pré-Coronavirus.

Les émissions de dioxyde de carbone reprirent de plus belle, de par le nouvel ordre mondial économique instauré. La Chine est devenue le pays de suprématie devançant très vite les Etats-Unis mais il est certain que cette domination ne plaisait pas aux pays occidentaux qui voyaient leurs modes de vie mis en péril. Il faut dire que le communisme chinois qui a remporté le pari du capitalisme américain, n'a vraiment pas les armes de séduction de son prédécesseur. Les productions chinoises n'ont pas le rayonnement passé des films hollywoodiens, les chansons chinoises sont pour les occidentaux des musiques douces de relaxation ou bien la sonnette légère qu'on écoute lorsque l'on mange des rouleaux de printemps, un rythme de salle d'attente aux notes orientales.

Là où la Chine prit une énorme impulsion, c'est dans le domaine énergétique. Déjà avant la crise du Coronavirus, elle a commencé à construire de grandes infrastructures dans les continents délaissés tels que l'Afrique avec des produits de basse qualité. Là c'est tous les continents qui voient ériger des centrales "made in China". Et leurs produits ont très nettement amélioré du fait qu'ils ont acquis de nombreux actifs High Tech de la Silicon Valley en Californie. A la pointe dans les énergies renouvelables, ils n'ont pourtant pas délaissé les centrales de charbon qui restent leur centrale énergétique favorite. La Chine n'a jamais pris en compte les considérations environnementales, n'hésitant pas à faire taire leurs détracteurs de façon "musclée" (prison, assassinats etc). Greta Thunberg figure de proue du mouvement écologique en 2019 a été incarcérée dans son pays natal, ce qui ne causa pas autant d'émois. Après tout des milliers d'opposants ont connu des sorts bien plus sordides.

Quant au domaine automobile, la Chine a construit de grandes infrastructures dans la filière hydrogène balbutiante en 2020. Des millions de voitures circulent avec cet hydrogène mais il provient de réformateurs de méthane donc toujours dépendant des énergies fossiles. Mon entreprise dans le secteur des Utilities et investissant dans des électrolyses de l'eau pour produire de l'hydrogène, a son avenir assuré. L'actionnariat a changé de nationalité comme bien des entreprises, il passe à une majorité asiatique. La Chine a levé les restrictions du Diésel et les voitures peuvent donc circuler sans que les automobilistes se préoccupent d'un changement énergétique. Bref l'automobile a vu sa production varier : Diésel, essence existent toujours. Électrique et hydrogène aussi mais sans donner de solution de recyclage aux batteries. Les pays pauvres sont devenus des dépotoirs : il y a des milliers de déchetteries à travers toute l'Europe.

Mercredi I Avril

Passé 01/04/2010, Madrid : Direction l'hôpital La Paz pour une autre session de torture ! Je paye bien cher mes excès de sorties en discothèque et mes omissions volontaires de manger à la limite de l'anorexie. En octobre les deux ganglions qui n'ont jamais réellement disparu au niveau du cou ont gonflé, trois fois plus que leur taille normale durant toute l'année 2009. Les mois d'octobre et novembre 2009 ont été sans doute les pires de ma vie, comme je pensais que cette même vie allait prendre fin brutalement. Ce fut une période de multiples analyses médicales qui n'ont comme d'habitude rien révélé. Le seul moment de réconfort était la nuit : dormir était une bénédiction car je pouvais me reposer, être inconscient et peut-être, avec un peu de chance, ne plus me réveiller le lendemain. Une mort toute douce en somme comme tout le monde voudrait ! Cela fait écho à la bande originale de Donnie Darko "Mad World" de Tears for Fears, qui est pour moi la plus triste chanson que j'aie connue :

I find it kind of funny
I find it kind of sad
The dreams in which I am dying are the best I've ever had

"Je trouve ça drôle
Je trouve ça triste
Les rêves où je meurs sont les meilleurs rêves que j'ai jamais eus"

J'ai pu voyager à Malte avec mon amie brésilienne Monica rencontrée lors d'un travail ponctuel en comptabilité et bénéficier d'une halte dans ce cheminement vers une mort certaine. Ce voyage m'a surpris bien évidemment par ses plages typiques d'île méditerranéenne mais aussi par l'existence d'églises énormes en plein milieu du "néant", de tout petits villages. Est-ce un signe ? Dieu m'appelle ? Moi qui lutterais tellement contre toutes formes de religions, appartenances à des groupes cloisonnés et autres sectes …

Le 16 décembre, la dernière opération révèle enfin le diagnostic final. Une opération de prélèvement de ganglions détecte un cancer de Hodgkin, un lymphome. Pourtant je renais à l'annonce de cette nouvelle ! Je peux donner enfin un nom à cette maladie et surtout il y a 90% de chances de survivre. Je ne lis pas plus sur le sujet. On me fait faire un IRM, au vu des résultats mon médecin me dit de faire une vie normale avec la chimiothérapie et je ferais vie normale avec encore des sorties en boîte de temps à autres. Quelle inconscience maintenant que je repense à cela !

Ma soeur Eva vint m'accompagner à la toute première session de chimiothérapie, elle voyageait expressément du Portugal pour cela. Cette session d'injection de venin se passait très bien, nous immortalisions ce moment par des photographies et nous en riions pour enlever tout caractère dramatique à cette situation. Elle faisait en sorte de boire du tube qui m'injectait les liquides dans les veines, comme s'il s'agissait d'une boisson désaltérante. Cela m'a fait plaisir de la retrouver.

En général c'est mon petit copain de l'époque slovaque Pavel qui m'accompagnait, mais aussi Victoria ou Kendra ponctuellement. J'ai enfin trouvé un petit copain, moi qui ai des énormes problèmes d'érection. Qui voudrait de moi avec un engin tout mou ? Apparemment lui oui, apparemment je ne finirais pas ma vie tout seul. Il est vrai que je me suis isolé de mes amis, peut-être à cause de lui, mais j'ai tellement besoin de sentir que quelqu'un m'aime.

Ce jour-ci cela fait presque quatre mois de traitement. Le diagnostic du cancer est sévère oui et à la fois non. Parce que la métastase a commencé mais elle n'est que localisée apparemment à la zone ganglionnaire du cou. De là ma première apparence de Quasimodo de Notre-Dame, à l'exception que je n'avais pas une bosse dans le dos mais deux dans le cou ! La comparaison avec le chameau est peut-être plus adéquate. Bref j'en avais au moins pour six mois. Après il faudra refaire un IRM pour voir l'évolution. J'en suis à quatre mois et mes veines qui étaient peu prominentes se font encore plus fines d'apparence et se durcissent de plus en plus intérieurement. Je regarde ailleurs lorsque l'infirmière plante son aiguille. Je développe de plus en plus un rejet des aiguilles qui sera par la suite alimenté par la peur d'avoir contracté une MST, tout comme mon père qui exècre les aiguilles (pas les bilans sanguins en soi). Ce sera bien une des seules choses que je connais de mon père … Les effets de la chimiothérapie sont comme quand on tire à la roulette russe. En général un peu de fatigue et pas plus. Une fois un vomissement léger dans la bassine achetée à cet effet et placée à côté du lit en cas d'urgence. Ce qui est le plus désagréable pour moi, c'est les quelques cinq cent millilitres de liquide orange fluorescent. Les premières secondes sont les pires. Le venin s'achemine dans le tube transparent et s'approche doucement de la veine. Le liquide arrive et dans la veine, c'est une sensation de froid intérieur horrible. Le goût métallique s'installe dans le fond de ma bouche. Cela doit être ce goût métallique qui donne le dégoût d'autres choses comme la soupe minestrone avec ces légumes flottants. On dirait des pierres coagulés dans le sang, la comparaison n'augure rien de bon ! L'Aquarius devient la boisson sponsor de ces sessions et donc j'alimente une nausée certaine envers cette boisson réservée aux sportifs. Une fois la besogne terminée, retour dans mon appartement où le soir je souffre de nombreux vomissements, de fièvre et d'une fatigue générale qui commence à me gagner. Je viens de perdre une vie comme ce brave Mario, plombier inlassable, comparable à un chat possédant de multiples vies. Cette fois-ci j'ai tout perdu au tirage de la roulette russe … "Même joueur, joue encore !".

Présent 01/04/2020 : L'Espagne se réveille en ce premier jour d'avril en dépassant la barre des 100,000 cas de Coronavirus et le record morbide de 864 décès. Je trouve ce chiffre encourageant pourtant car le nombre de morts est de 800 et quelques et ce pendant cinq jours consécutifs : je veux dire par là qu'il n'y a pas d'augmentation brusque. Nous nous situons très près de l'Italie désormais en nombre de cas, juste 4,000 cas de plus pour l'Italie. La différence est que l'Italie présente plus de 12,000 morts, l'Espagne 9,000. Le nombre de personnes guéries est plus important en Espagne qu'en Italie (plus de 22,000 contre plus de 15,000 là-bas).

Les Etats-Unis sont en train de devenir l'épicentre de l'épidémie avec presque 190,000 cas, soit quasiment la totalité des cas espagnols et italiens. Quitte à continuer dans les mathématiques, intéressons-nous à la dimension géométrique de la pandémie : le barycentre planétaire par rapport à l'axe Ouest – Est, se situerait au niveau de l'Islande. Ah l'Islande ! Quel pays magnifique ! Mais là je m'éloigne du sujet.

Futur : En réponse à cette crise planétaire dont ont fait les frais presque tous les pays, les systèmes sanitaires ont été revus et corrigés. Le vaccin n'ayant pas encore été découvert, après l'aplanissement des contagions de Coronavirus, de nombreux pays ont réformé leurs hôpitaux. Le virus circule toujours mais les précautions prises par la population mondiale permettent d'affronter plus efficacement sa virulence et son pouvoir de contagion. En Espagne les politiciens ont compris que l'allocation de ressources plus nombreuses était indispensable, il faut dire qu'ils n'ont pas eu d'autres choix. L'hôpital le plus grand de l'Espagne construit en un temps record dans l'ancien lieu de congrès professionnels IFEMA Institución FErial de MAdrid ("Institución de Feria de Madrid" en français) n'a pas été démonté et s'occupe exclusivement des cas de Coronavirus. Pour les hôpitaux déjà existants, des élargissements sont effectués pour avoir une zone exclusive de traitement de Coronavirus et pour pouvoir remettre en fonctionnement les activités hospitalières qui n'ont rien à voir avec la pandémie.

Le tissu entrepreneurial a changé. Beaucoup d'industries sommées de fermer leurs activités lors de la crise de Coronavirus, se sont reconverties en fournisseurs d'équipements médicaux en tout genre comme les masques, les gants de plastique, les gels hydroalcooliques.

Les activités en tous genres en relation avec une augmentation de sa capacité pulmonaire, sont en essor comme la plongée sous-marine, la natation ou le yoga.

Jeudi 2 avril

Passé 02/04/2008, Madrid : Quatorze heures trente. Je repars du laboratoire d'Etudes des Structures et Matériaux où j'avais fait mon Travail de Fin d'Étude sur le comportement de bétons et où, après une pause d'une année où j'ai exercé comme professeur de français à temps partiel et un passage de neuf mois dans la comptabilité, ce même laboratoire me contacta pour un contrat d'un an. Ma mission était d'analyser les propriétés des bétons incorporant des résidus de construction et de démolition. Très sûrement à la clé de cette année, il y aura une bourse pour la réalisation d'une thèse doctorale pendant une durée de quatre ans. Moi qui m'étais promis de ne plus faire d'études, vu la mauvaise expérience des études à Nantes ! C'est loupé !

Je sors du laboratoire et il fait chaud. Ce n'est pas encore l'été infernal de Madrid mais les températures sont quand même déjà bien hautes, trente degrés à l'ombre. Cela fait quelques semaines que je marche jusqu'à chez moi, quasiment tous les jours du lundi au vendredi. J'ai une heure et quelques de marche jusqu'au Nord de Madrid où j'habite depuis le centre de Madrid. Je traverse le parc du Retiro en commençant par la partie des buissons qui mène à l'étang central. Cette partie-là change totalement de visage lorsque le soleil se couche, remplaçant les promenades de famille et footings de solitaires par des ombres derrière les buissons, en général au nombre de deux mais ce n'est pas une règle universelle. Ce sont des hommes solitaires ou bien mariés à des hommes, mais aussi à des femmes et ils sont là pour se soulager au détour des végétaux, seuls témoins de ces scènes furtives. Ce qui se passe au Retiro, reste au Retiro comme dirait l'adage en espagnol "Lo que pasa en Las Vegas, queda en Las Vegas" en remplaçant Las Vegas par le Retiro. Je n'ai jamais fait cette pratique, parce que je ne me sens pas assez sûr de ma sexualité et j'ai besoin de confort. La position debout est pour moi l'une des pires, même si on peut y trouver sa satisfaction. C'est le manque de contact des corps qui me gêne et ce côté bien froid de satisfaction, qui évoque en moi un besoin primaire trop animal.

Puis c'est l'ascension jusqu'à chez moi, des immeubles en brique de partout, des marchands de fruit, des boutiques en tout genre rencontrées sur le chemin. Ce n'est pas passionnant comme parcours mais je m'imprègne de l'activité des rues, du brouhaha assourdissant des espagnols. C'est tellement vivant ! Les terrasses sont bondées déjà à cette heure-ci et il n'est pas rare de voir des personnes âgées attablées avec des pintes de bières. En France, les bars de jour, les bars dits PMU sont vraiment très connotés négativement. Une personne âgée dans cette même situation en France, on penserait immédiatement d'elle qu'elle a un grand problème d'alcoolisme. A cette heure-ci et dans ce bouge immonde, que fait une vieille personne buvant de l'alcool ? Mais enfin, elle devrait tricoter plutôt …

J'arrive à la rue Bravo Murillo au Nord, il me reste un kilomètre peut-être à parcourir jusqu'à Estrecho. Cette rue est atroce, bondée de gens, pour la plupart sud américains. Je n'ai rien contre, c'est plus la quantité de personnes dans le trottoir fait que bien souvent tu dois esquiver tout le monde comme dans un parcours d'obstacles. Cette artère est stressante. J'habite avec ma colocataire du moment, la française Carine qui travaille jusqu'à dix-huit heures. Nous habitons dans un duplex, ma chambre est en bas avec un balcon qui donne sur cette rue bruyante, trop bruyante. Je dors mal, trop mal. En arrivant il est déjà presque seize heures. A quoi bon manger ? Comme bien des jours, j'y renonce et me fais directement un café et m'allume une cigarette. Mon ventre très aplati me donne satisfaction. Les sensations de tournis dans ma tête de plus en plus fréquentes ne me préoccupent pas, du moins je ne veux pas en faire une lecture alarmante.

Présent 02/04/2020 : Le nombre de cas de Coronavirus dépasse le million dans la planète … Les décès reprennent de plus belle : 950 morts. Nous sommes même très proches de l'Italie en nombre

72

de cas. La contagion est plus rapide mais les récupérations le sont aussi. Inversement le nombre de morts est plus accentué en Italie.

Combien de temps ce confinement va-t-il encore durer ? Deux mois c'est très probable. La levée du confinement comment se fera-t-elle ? Au tout début de cette crise, lorsque l'émotion était réellement à son paroxysme, nous nous disions, notre groupe d'amis, que nous ferions une énorme fête comme seule Madrid sait faire. Plus intense qu'une victoire de la coupe du monde, nous nous embrasserions, nous nous jetterions dans la fontaine de Cibeles etc. Ce ne sera vraisemblablement pas cela !

Futur : Effectivement la levée du confinement n'est pas comme nous l'avions imaginée au début de la crise. Elle s'est déroulée par étapes. Le télétravail a perduré dans mon entreprise : un mois de plus par rapport à la date nationale officielle. La ségrégation des équipes a ensuite été instaurée. Dans une même équipe de dix intégrants, cinq viennent à leurs postes de travail séparés par des enclos les uns des autres et tout en maintenant la distance réglementaire en cas de déplacement dans l'open space et cinq bossent depuis chez eux. Le lendemain c'est l'inverse. Plus tard un algorithme perfectionnera cette séparation des gens en fonction du nombre de personnes composant l'équipe toute entière et le nombre de personnes composant les sous-équipes. De même le personnel à risques (50-60 ans) est prié de continuer à travailler chez soi et ne venir au travail qu'en cas de nécessité impérieuse.

L'achat des tests de dépistage rapides s'est fait par milliers. Les policiers continuent à effectuer des contrôles réguliers des déplacements des automobilistes. Si le test est positif, il est signalé aux autorités et la personne est priée de rester confinée chez elle durant trois semaines sans pouvoir sortir dans la rue pour acquérir des vivres de supermarché.

De même les analyses sanguines se sont accéléré durant la période post Coronavirus pour détecter les personnes "immunisées" à la maladie, c'est-à-dire les personnes ayant développé les anti-corps. Des essais d'injections de plasma de ces mêmes personnes sont faites sur d'autres qui n'ont pas été attrapées par les griffes du virus avec des résultats des plus encourageants. Ceci dit, un marché noir dans les pays les plus pauvres voit le jour visant à détourner ces précieux antidotes, donc les rescapés de la maladie se gardent d'informer les autres en dehors du strict cadre médical.

Certains pays comme l'Espagne sont même allés à contrôler les téléphones portables de la population pour s'assurer qu'ils respectent les mesures de confinement, s'ils sont déclarés positifs. Les régimes dictatoriaux en profitent pour contrôler l'opposition. Certaines démocraties ont voté contre l'établissement de cette loi jugée contraire à toute éthique. Les espagnols et italiens l'ont mis en place, ayant été les premières nations européennes à être sévèrement affectés par le Coronavirus.

Vendredi 3 avril

Passé 03/04/1998, Centre de l'Espagne : Du haut de mes 14 ans, me voilà en contact avec la région qui sans que je ne le sache encore, sera plus tard un de mes lieux de résidence. Je suis en Troisième au collège, classe européenne espagnol. La classe européenne est une section réservée aux élèves plutôt doués. Ceux-ci choisissent alors une langue étrangère à laquelle ils dédieront deux à trois heures de plus d'études par semaine par rapport aux autres élèves conventionnels. C'est un prestige qui peut être sujet aux railleries des autres garnements, mais sans nul doute dans notre collège de Riom, nous vécûmes très bien cette expérience de cocooning privilégié. Je souffrais néanmoins de mon double nom comme à la portugaise : Lionel Da Silva Rodrigues. Je faisais l'objet de blagues "C'est quoi ton nom ? Da Rodrigues Silva ?". Je voulais être français comme eux et faire disparaître ce "Da Silva" de trop …

J'en ai tellement des amis que je ne peux pas lister entièrement sous peine de vous submerger vous, lecteur. Il y a tout d'abord Caroline et Romain. Caroline est l'une des plus âgées de notre classe ayant redoublé dans le passé. Je passais le plus clair de mes samedis dans sa chambre étalé sur son lit, sans aucune ambigüité entre nous. Nous faisions "la misère" à ses chats, les plaçant au haut de l'armoire, les pattes sur la porte par exemple que nous ouvrions petit à petit. Nous passions des heures et des heures à nous appeler chaque soir, ce qui faisait exploser les factures téléphoniques de nos parents. Je suis certain que Caroline fera partie de ma vie à tout jamais, tellement les confidences d'adolescents dans leurs propres contextes familiaux ont pu être intenses. Romain complète ce trio infernal. Romain et moi sommes deux petits gamins, les plus jeunes comme nous avions sauté tous les deux une classe, moi celle de CM1 car elle était mixte avec des garçons et filles de CM2, lui je crois qu'il s'agissait de la dernière année d'école maternelle. Cela pouvait clasher entre Caroline et Romain comme suite à un jeu malencontreux de se donner des gifles de plus en plus fortes … Romain est un garçon talentueux, brillant, un passionné de beaucoup de choses comme "Les chevaliers du zodiaque", les livres d'Agatha Christie que j'affectionnais aussi tout particulièrement, l'astronomie, le tennis etc. La liste est beaucoup trop longue pour pouvoir en inscrire son exact contenu sans cesse renouvelé et amplifié au fur et à mesure des années. Il y a beaucoup d'autres filles dans cette classe européenne : Laura dont je tombais amoureux dès l'année dernière, je crois que Romain aussi et bien d'autres garçons. C'est peut-être sa crinière de cheval châtain clair, des yeux verts et des lèvres bien humides comme j'en ai le souvenir. Son fort c'est la littérature, tout simplement imbattable dans cc domaine ! Puis il y a Amandine, la toute discrète qui a un humour tout aussi désopilant que sa personnalité inspire le secret. Elle devient quelqu'un de plus en plus important à mes yeux en correspondance avec ce certain mysticisme partagé. Dans cette classe, je pouvais cheminer tranquillement entre l'enfance et l'âge adulte, sans préoccupations majeures et entouré de mes amis, qui constitueront sans doute eux et tous ceux à venir, des piliers dans la construction de mon être. Le fait de n'être "plus" que quatrième de la classe ne me perturbait pas tant que cela, parmi ces êtres si intelligents et intéressants.

Nous voilà cette petite bande dans une classe de quelques vingt-cinq élèves plus ou moins, très soudés. Des anges aux comportements quelques fois malicieux envers nos professeurs mais peu importe, nous étions leurs chouchous par rapport à d'autres élèves plus en difficultés. Cette classe bénéficiait chaque année d'un voyage à l'étranger. L'année d'avant c'était l'Angleterre avec comme fond musical, les Spice Girls ! Cette année, ce serait l'Espagne tant attendue par tout le monde … Nous ne parlions que de ce voyage tout au long de l'année et nous pourrions enfin mesurer notre vrai niveau de langues. Nous avons visité Ségovie, splendide avec son aqueduc, son Alcázar. Puis Tolède, ancienne capitale du royaume, qui me paraît encore plus belle à l'époque, ville du peintre El Greco qui allie parfaitement trois cultures : musulmane, juive et chrétienne. La panoramique extérieure que l'on voit dans toutes les cartes postales est impressionnante. Sa visite est tout de même épuisante avec de nombreuses montées et descentes et il faut dire que je suis complètement allergique au sport, étant de plus en plus bouboule avec le temps par mon extrême sédentarisme.

Puis il y a Madrid, la capitale ! Une capitale ceci dit bien pâle par rapport à Paris par exemple, la ville musée ! Elle a deux ou trois monuments franchement beaux, je dirais la Plaza Mayor et le parc du Retiro, en son sein cette acropole majestueux devant l'étang. Madrid abrite de très bons musées comme le Reina Sofía où on peut y trouver le fameux "Guernica" de Pablo Picasso, un chef d'oeuvre représentant l'énorme souffrance de la population espagnole pendant la guerre civile. Je suis plus fan du Reina Sofía que le Prado, comme les peintures classiques m'ennuient très vite. A souligner le fameux "Las Meninas" de Velázquez ou bien plus en relation avec mes goûts de torture et de martyre, "Saturne dévorant son enfant" de Goya ! Le reste à Madrid, a priori, n'est pas folichon. Mais ses rues aux palettes de couleurs jaunes, orangés et rouges dans certains quartiers comme à la Latina sont étincelantes.

Puis il y a cette fontaine, la Cibeles, qui relie la Gran Vía, grande voie commerciale et théâtrale de la ville avec la Puerta de Alcalá, porte d'entrée du Retiro. La Puerta de Alcalá est un Arc-de-Triomphe, aussi bien plus petit dans toutes ces dimensions et aspects par rapport à son homologue français. Mais tout de même il est le premier de ce style à être érigé avec deux côtés différents de Sabatini approuvés sans le vouloir par le roi Carlos III. La plaza de Cibeles avec en son centre la fontaine de la déesse grecque Cibeles sculptée à partir des croquis de Ventura Rodríguez, est un des monuments les plus emblématiques de la ville. Nous y faisons le tour et une sensation soudaine et inopinée m'envahit à ce moment-là. Je sais que je serai à jamais lié à cette ville, qui d'apparence ne semble pas si monumentale. Quelque chose dans ce rond-point créé en moi un désir d'en savoir plus sur cette culture espagnole si riche. Quelque chose aussi dans ses rues m'interpelle. Ce dynamisme fougueux, ces éclats lumineux, cette joie de vivre !

Je commencerai à découvrir par moi-même et explorer plus en profondeur ce ressenti huit ans et six jours plus tard …

Présent 03/04/2020 : Le nombre de morts est comparable à celui de la veille. Il semble que le rythme des contagions se ralentit, ce qui reste bon signe. L'indice R_o, équivalent aux nombres de personnes qu'un affecté de Coronavirus transmet à d'autres personnes, est de 1.4, alors qu'il était de 4.5 environ il y a deux ou trois semaines. Le pic épidémique est atteint lorsquc R_o est inférieur ou égal à 1.

Je suis absolument fatigué même si la nuit d'avant je réussis à dormir sans trop de peine mais évidemment bien tard. Il faut dire que je m'adapte au rythme de Mateo qui tout simplement n'a pas de rythme. C'est normal aussi comme il n'a pas à se réveiller pour travailler. Il fait face à de grandes difficultés financières avec son salon de coiffure monté récemment donc des investissements majeurs ont été engagés pour les sièges, les produits et le matériel de torture. Je veux dire de coiffure, pardon ! C'est d'ailleurs pour cette raison qu'il est revenu au bercail, chez sa mère Eleonora, qui a tellement l'habitude de s'occuper de ses rejetons depuis toujours. Les premiers mois entre novembre 2019 et février 2020, la clientèle n'était pas nombreuse. Il n'y avait guère que les connaissances de Mateo qui avaient bénéficié de son talent pour pouvoir se métamorphoser d'une personne "banale" à quelqu'un de très remarquable à coups de mèches, dégradés et autres. Il envisageait donc de fermer son "Arte 3" coquet aux teintes blanches et jaunes pâle avec à son entrée une figurine d'ange protégeant des mauvaises vibrations, comme il disait. Il l'appela "Arte 3" par le jeu de la lettre "E" en miroir avec le chiffre "3", comme l'actif s'imbrique dans le passif. En outre c'est un passionné d'art et de numérologie. Enfin le chiffre "3" lui renvoie à sa chère grand-mère, aujourd'hui dans les cieux. Il avait aussi été engagé à la fin de l'année dernière pour prêter ses services dans des tournages de séries, émissions nationales qui lui permettaient de tenir bon. Ce n'était pas assez pour pouvoir couvrir tous les frais de location, de gestion commerciale, ainsi que de professionnel autonome qui coûtait à part plus de trois cent euros par mois ! Heureusement qu'il connaissait les autres salons de la ville d'Alcorcón et coïncidence ou pas, deux de ses collègues de profession devaient fermer leur salon, parce qu'elles devaient payer une location onéreuse. C'est donc tout naturellement qu'il les invita à s'associer pour partager les frais mais aussi les recettes. Quinze jours fonctionnant ainsi début mars suffirent à couvrir tous les frais du mois, mais le Coronavirus en a décidé autrement. Il envisage de nouveau de fermer mais il en est hors de question et je lui prête une bonne somme d'argent pour supporter cette situation que nous espérons transitoire.

La journée se passe tranquillement. Une fois le télétravail fini, j'essaye de fermer l'oeil pour une bonne sieste dans le lit de Mateo, qui sera perturbée par les joutes entre mère et fils pour la possession de la cuisine puis par le chat noir Max qui miaule, réclamant son lit douillet qui, malheureusement pour lui, était de nouveau rangé dans l'armoire. Totalement fatigué, je renonce à l'heure de sport habituel et nous jouons tous les trois aux dés.

Je fais ensuite une vidéoconférence Whatsapp avec ma nièce Julie de 18 ans et mon frère Antonio 41 ans, qui arrivera à se connecter mais sans qu'on puisse le voir. Ah les technologies et mon frère, cela fait vraiment deux ! Leur confinement en Auvergne se passent bien, même s'ils commencent à en avoir marre. Nous rions de notre situation irréelle. Mon frère se déconnecte sans le vouloir et ma nièce me dit "Tu as des nouvelles de la tante ?" de façon clairement dépréciative. Je lui dis que oui, puis elle change immédiatement de conversation pour ne pas enfoncer le couteau dans la plaie.

La nuit venue, je m'engouffre dans le lit de Mateo qui se met torse nu et je me blottis tout chaud contre lui. Je ne tarde pas à m'endormir. Je rêve que j'étais avec Mateo et je devais rejoindre mes amis de collège et lycée, déjà bien en retard. Rêve très incongru de par la superposition de deux époques bien différentes.

Futur : Madrid a été la province la plus touchée de Coronavirus. Et comme capitale espagnole, il était normal de montrer l'exemple. De rénover les hôpitaux, de finir de construire quelques autres quasiment laissés à l'abandon. Enfin le gouvernement régional a pris conscience de l'importance du domaine sanitaire injectant une plus grande partie du budget pour ces questions. D'importantes réformes économiques sont introduites pour pallier les effets indirects de la crise Coronavirus. La Comunidad de Madrid est la première province à mettre en place un système de paiement sanitaire puis remboursement postérieur à la française : des frais de consultation de médecin sont établis, puis en général quasiment remboursés en totalité quelques semaines après, pour ne pas abuser du système sanitaire jugé trop généreux. Cette mesure fut très mal accueillie au début, générant de grandes manifestations de rejet à l'échelle nationale mais elle finit par s'imposer dans l'ensemble du territoire, province par province. Le Coronavirus a entraîné un énorme trou dans le budget sanitaire qui avait déjà été si durement touché avant la crise et c'est ce système qui permet de le renflouer, tout en dissuadant les hypocondriaques compulsifs, par exemple. Cette mesure a aussi comme objectif de ne pas produire d'effets bouchons en cas de nouvelle crise sanitaire. Elle eut cependant comme effet négatif de dissuader les sans-papiers de consulter sans apparente gravité de leur situation. Madrid est devenu un pôle médical de renom dans toute l'Europe. De nombreux talents dans le domaine médical avaient émigré dans d'autres pays : à l'époque ils n'étaient pas aussi bien considérés dans leur propre pays. Cependant le Coronavirus a désormais changé la donne. Chaque année, Madrid organise un congrès médical de rayonnement mondial, où toutes les avancées scientifiques sont divulguées, notamment sur le Coronavirus.

Indirectement touché, le tourisme dut aussi se réformer. Les affluences étrangères d'abord balbutiantes ont repris de plus belle mais l'offre de tourisme a changé. Les agences incluent un package complet incluant vol, hôtel mais aussi musées, bars, restaurants et discothèques qui sont des lieux de rencontre de plus de dix personnes. Il s'agit de la limite de la fréquentation au-dessus de laquelle des mesures de confinement doivent être prises par rapport aux populations locales. Le touriste a été attesté sain de Coronavirus par le biais d'un bilan de santé complet avant de pouvoir voler vers Madrid, mais il doit faire attention aux personnes qui vivent dans la capitale. Les distances sont encore de mise pendant un certain temps pour éviter une autre envolée de contagions. Tout ce tourisme est jugé très aseptisé. Adieu pour un certain temps aux fêtes de l'Orgullo (Gay pride), la Paloma au quartier la Latina. Mais la drague est toujours de mise : les gens se font des dépistages réguliers pour assurer à leurs futures conquêtes qu'ils sont sains. Entre les différentes questions habituelles de "Comment tu t'appelles ?", "Tu fais quoi dans la vie ?", "Tu es célibataire, divorcié ? Tu as des enfants ?" se glisse cette interrogation incongrue au premier abord, mais devenue très anodine par la suite "¿Estás sano?" ("Tu es en bonne santé ?" en français) qui s'ensuit en général de montrer son certificat de bonne santé à son prochain de façon toute naturelle. Un autre projet proposait d'y indiquer toutes ses constantes vitales, comme tout historique de MST mais cette idée fut très vite abandonnée par sa grande impopularité. Il n'est pas rare de voir des inspecteurs engagés dans les bars, habillés en civil et demandant le certificat d'attestation de bonne santé à quiconque se rapprocherait d'une autre. C'est devenu monnaie courante. Ce papier des fois tout aussi concouru que des documents d'identité font souvent l'objet de vols. Une application a été développée pour une version digitale sur téléphone portable.

Samedi 4 Avril

Passé 04/04/2018, Madrid : David et moi sortons au Demode (écrit de façon espagnole c'est-à-dire sans les accents français) avec son ami de toujours Jorge. Le Delirio a fermé depuis déjà deux ans et ce n'était plus de toute façon ma discothèque privilégiée. Le quartier gay Chueca est apparemment moins courtisé qu'auparavant. Disons que l'offre typique pour les gays s'est éparpillée et un autre quartier commence à gagner du terrain dans les coeurs des homosexuels. Il s'agit du quartier de Lavapiés, quartier immigrant où se croisent très facilement des sénégalais vendant de la marihuana et dansant sur des rythmes africains, des "perro flautas" ("des chiens flûte" en français) désignant des personnes qui se veulent très alternatives. Des hipsters et des gays se trouvent en grande proportion dans cette sous-catégorie. Nous y avons vécu David et moi pendant cinq ans dans un appartement minuscule, il était temps de partir un peu plus loin à l'Ouest de Madrid, dans un duplex bien plus confortable. J'aime beaucoup Lavapiés mais ce n'est pas mon quartier de prédilection, peut-être parce que les "perro flautas" ne sont pas aussi bohèmes comme ils le prétendent. Peut-être parce que bien souvent ils me donnent la sensation d'être manifestement contre le système capitaliste mais leur manière de s'habiller, leur apparence de laisser-aller sont beaucoup trop étudiées pour être naturelles et pauvres.

J'ai des fois beaucoup de mal avec la relation entre David et Jorge qui est inexistante maintenant au niveau sentimental, mais Jorge est de plus en plus excité par tout ce qui bouge alors qu'il est en couple. Les commentaires entre eux matant la chair fraîche sont dignes d'un événement sportif. "Et ses veines qui sortent de cet avant-bras puissant !" etc. Je n'ai jamais eu beaucoup d'amis gays. Pourtant tous seuls, ils peuvent être des vrais confidents, car ils ont passé des expériences similaires à la mienne et la cause est la même. Cependant lorsqu'ils se regroupent, mon homophobie (enfin pas totalement !) grandit au vu des commentaires de comparaison de taille du sexe viril, des sifflements à l'égard de ces bellâtres, des éloges de plus en plus vulgaires à chaque nouvel étalon qui apparaît. Cela a déjà valu de grandes disputes entre David et moi.

Nous voilà en chemin donc pour le Demode, lieu très alternatif de Malasaña, pas ouvertement gay mais la clientèle doit l'être à 75% ! Nous avons connu cet endroit grâce au cousin de David, Ramón, qui est venu des îles Canaris avec sa fille pour qu'elle puisse faire ses études. Ramón est un "stressé de la vie". Il peut avoir des apparences de Jack Nicholson, mais dans un de ses rôles les plus terrifiants comme dans "Shining". Il travaille comme barman et enchaîne les bars et restaurants à cette époque à la recherche d'un plus grand salaire, très difficile à obtenir dans l'hôtellerie en général. Il peut avoir un certain charme mais ses manières brusques le perdent. Sa dépendance à la cocaïne le démolit.

Depuis trois ans maintenant, j'avoue que les prises de drogue se sont faites de façon plus systématique, avec David et Jorge mais aussi avec un groupe d'amis dont le noyau dur était formé par un couple hétérosexuel Vanessa et Javier. J'ai connu Vanessa fin 2013, suite à six mois de chômage post thèse doctorale qui furent la période la plus longue de ma vie madrilène. La crise financière de 2008 arrivait à son paroxysme et d'ailleurs, je considérais de partir du pays en laissant David en Espagne car trop attaché à sa mère qui devient de plus en plus sénile et dépendante à sa famille proche. Vanessa est française d'origine coréenne. Une bombe, il faut le dire ! Des traits asiatiques féminins qui sont déjà en temps normal très appréciés par la gent masculine, alors que le contraire ne l'est pas du tout. Mais cela reste estompé par son autre ascendance, française. Elle a une grande chevelure souvent non entretenue, mais qui la rend justement encore plus gracieuse, très élancée. Elle n'a jamais fait de sport et j'éprouve des fois une certaine jalousie envers elle, je dois l'avouer ! C'est devenu quelqu'un de très important à mes yeux, parce qu'elle est quand même très masculine. C'est un trait que partagent énormément de mes différentes amies dans ma vie, ceci et de façon récurrente, une relation compliquée avec la figure paternelle. Au travail de comptabilité où nous étions, je remarquais son aisance. Cela n'avait rien de sorcier non plus mais elle enchaînait les tâches quotidiennes à une cadence notable. Ce ne fut que vers la fin de ce travail-ci qui ne dura que six mois que je lui racontai que j'étais gay au détour d'une conversation anodine dans le métro. Depuis lors je connus son couple et tous leurs amis. Je ne me séparerais jamais d'eux ensuite, bien que des fois leur relation avec les drogues impose chez moi un respect, une certaine peur de développer une dépendance que je ne saurais contrôler. Vanessa est une confidente, une personne d'une sensibilité inouïe. Elle aussi a une vision plutôt complète de moi, mais comme tout le monde pas totalement !

Revenons-en au Demode. C'est un bar discothèque qui soi-disant était à l'origine un bordel. Les tons rouges très prédominants des murs et lasers artificiels installent une ambiance propice à la désinhibition en tout cas. Il y a quelques peintures aussi accrochées au mur au style classique, reflétant la vie champêtre, moyenâgeuse (je crois, je n'en suis pas sûr !). Comme d'habitude, nous avions fait quelques réserves de drogues et moi je préférais la MDMA particulièrement dans cet endroit-là, pour être en fusion avec la musique. Des fois elle avait un rythme enivrant, tour à tour africain, chill-out, dumb bass. Je ne suis pas expert pour catégoriser ce type de musique. Le simple fait de me sentir transcendé par la musique et sublimé par la drogue, me transportait au septième ciel. C'est ce qu'on appelle tout simplement "planer".

Je reprends des doses bien espacés mais voilà avec le MDMA, il y a souvent un moment où on croit contrôler mais il existe un point de non-retour, un point d'inflexion qui fait perdre les pédales. La suite m'a été relayée par David le lendemain. Apparemment, je me suis enfermé avec un inconnu dans les toilettes pendant un certain temps qui ne serait être dédié simplement à la prise d'une nouvelle dose et / ou la réalisation de ses besoins. En sortant tout naturellement une dispute éclata, très sûrement aussi par ma négation obtuse, violente des délits qui avaient pu être commis. Ironie du sort, quelques mois plus tard dans un autre cadre à Torremolinos, province de Malaga, ce sera l'inverse qui se déroulera : un David disparu pendant plus de deux heures dans la zone des back rooms avec des amis d'un réalisateur espagnol très connu y compris ce même directeur de ciné et avec comme substance illicite le GHB, drogue du viol ... Cela mettra un terme à tout jamais à notre relation déjà bien usée par nos écarts et manque de respect envers l'autre. Et je dois avouer que j'ai beaucoup plus de fautes à mon actif ! J'appris bien plus tard qu'il n'était pas en reste, tant mieux si cela peut écourter ma peine !

Je pars en trombe du Demode et me retrouve à Plaza de España, seul, désespéré, éploré. Quelques minutes plus tard et un peu plus lucide, je me décide à appeler un taxi. Coïncidence, Vanessa et Javier se trouvent eux aussi dans un taxi de retour de leurs fêtes du jour. Ils somment le taxi de s'arrêter et m'invite à prendre place. Je rentre dans le siège arrière droit et me retrouve à côté de Vanessa. Je me mets à pleurer tout le long du trajet alors que Vanessa me prend entre ses bras.

Mes mots devaient être à peu près comme suit et à répétition : "Je ne suis pas bien, je crois que je deviens fou ...".

Présent 04/04/2020 : Pedro Sánchez annonce à la télévision la prolongation du confinement jusqu'au 26 avril et même prévoit que cela sera amplifié par la suite. Les indices de suivi de la pandémie sont pour une fois tous encourageants. Il y a eu 809 morts ce qui reste un chiffre important, mais le plus faible de ces derniers jours, plus de 120 décès en moins par rapport à la veille.

Je poste sur Facebook en espagnol "Aujourd'hui est un jour d'espoir pour le nombre de décès inférieur mais pour les hospitalisations en moins de la moitié que la situation de la veille et le chiffre qui n'est presque jamais mentionné : 34,219 récupérés de la maladie ! Je pense que dans la proportion de tous les pays sans avoir atteint le fameux «pic de l'épidémie», nous sommes en avance, avec un chiffre similaire à l'Allemagne !"". Qu'est-ce que cela fait du bien ! De relâcher de la pression et de voir surtout que les efforts de confinement semblent éventuellement porter ses fruits. Je suis convaincu désormais que nous en viendrons à bout.

Encore un autre jour de crispation entre mère et fils. Mateo reproche à sa mère Eleonora qu'elle le critique beaucoup trop dans la cuisine et qu'elle ne suit pas ses conseils pour ne pas tomber malade. Des embrouilles pour moi sans grande importance qui me vautre sur mon journal. Mon journal, cette psychothérapie pour tout mon passé douloureux. Moi qui suis incapable de consulter un psychologue pour mes problèmes que je crois savoir gérer par moi-même. Des fois je suis intimement convaincu que mes problèmes ont bien été enfouis sous terre. Mais en général des crises suite à des abus d'alcool me les font apparaître de nouveau. Depuis ma rupture avec David, je suis vraiment plus calme. Je suis conscient de qui je suis, le cheminement à travers le temps qui m'a amené jusque là mais il me faudrait lâcher du lest. Cet ouvrage est une sinécure pour cette tâche ardue, moi qui ne me résous pas à aller consulter un spécialiste.

Je vais voir plusieurs fois Mateo dans son lit douillet. Il boude mais avec le torse nu ! C'est un délice de me glisser dans son lit et toucher son torse, ses tétons bien pointus qui réagissent au premier contact, ainsi que son sexe ! Je lui rends la pareille de la veille et veux lui transmettre mon énergie, comme il dit de par son côté mystique.

Futur : Ma rencontre avec Mateo a limité grandement mes abus d'alcool et de drogues. Ce n'est plus ce qui m'intéresse, même avant le Coronavirus. Après la crise sanitaire, les sorties sont bien contrôlées. Cela ne suffit pas à enrayer les prises de drogues mais cela limite plutôt les dégâts chez les jeunes, mais aussi les moins jeunes.

Cet enfermement du Coronavirus a été une épreuve difficile mais aussi une bénédiction personnelle. J'ai toujours été habitué à me retrouver tout seul. Me retrouver avec moi-même, mes pensées ne me fait pas peur contrairement à beaucoup de gens comme Mateo qui ont besoin d'un surplus d'activités pour se sentir réalisé. Mateo me disait avant la crise : "Tu dois sortir, il y a un soleil magnifique !" Mais si le soleil est présent presque tout le temps et le ciel bleu de Madrid qui est, je dois l'avouer, bien unique ! De là le dicton "¡De Madrid al cielo!" ("Depuis Madrid jusqu'au ciel" en français). Mais si nous devions profiter d'aléas inhabituels liés à la climatologie, il faudrait profiter de la pluie et des nuages gris !

L'enfermement m'a permis d'écrire ce journal, de mettre des mots sur des épreuves compliquées de mon passé et les exorciser. Mon vécu est lourd mais comme peut l'être celui de beaucoup. Il a fait ce que je suis aujourd'hui. Je crois qu'il est ce fardeau que je porterai toute ma vie, mais j'ai la sensation de ne plus le voir justement comme un fardeau. C'est ma force, mon identité ! Les gens qui luttent et à mon sens, les gens passionnants, sont ceux qui ont traversé des épreuves, ceux à qui rien ne leur a été dû. La complexité des êtres est ce qui les rend intéressant. Le mal se mêlant au bien donne du piment à nos vies, sinon quel ennui cela serait de vivre ! Être éternellement heureux, très peu pour moi merci ! Je suis peut-être beaucoup trop masochiste mais oui, la souffrance me fait avancer et me façonne ! Je n'ai plus peur d'avancer dans ce monde volatile. Si j'ai réussi à survivre à mon passé et à cette crise sanitaire qui a engendré un déclic, une révélation spontanée en moi, je peux continuer mon chemin en toute quiétude.

Dimanche 5 Avril

Passé 05/04/2009, Madrid : J'avais passé un week-end fin 2008, avec un "bombón" comme on dirait en espagnol, un beau gosse brun, très attractif, quelques années de plus que moi et des bras surpuissants. Diego avait tout simplement un corps de rêve. Je l'avais rencontré au métro à six heures du matin après une sortie en discothèque. Nous avions été chez un couple et fait une orgie mais de deux en deux. Moi je n'étais pas prédisposé parce que des légères protubérances abondaient au niveau de l'anus dues à des hémorroïdes, mais cette fois-ci pas méchantes. Diego me prenait dans ses bras tout simplement et me faisait des gros câlins. Je finis par le sucer tout de même.

Le week-end d'après, je me retrouve chez lui à Parla, autre ville banlieusarde de Madrid. Et là le constat de ce que j'avais toujours voulu éclipser. Suis-je impuissant ? Pourquoi je ne bande pas dur ? Pourquoi je n'ose pas me toucher ? Cela m'est déjà arrivé en Angleterre avec le plus grand coup de foudre que j'ai eu de ma vie, avec Pablo, un étalon catalan résident à Londres, ami d'un ami de mon amie sud africaine Kendra. J'avais été spécialement le voir tout seul et la seule façon de réaliser enfin mon rêve, de ne faire qu'un avec Pablo, a été une grosse beuverie. Ce fut bon mais les sensations furent créées "artificiellement". Rebelote avec Diego. J'avais toujours pensé que j'étais quelqu'un de très exigeant donc les garçons qui s'offraient à moi n'étaient pas assez parfaits plastiquement parlant. Cela peut être très présomptueux de ma part, moi qui suis un gringalet en comparaison avec ces beaux étalons. C'était plus un mécanisme de défense. Non, je suis normal et tout fonctionne bien chez moi. Avec Diego, je réalise que ce n'est pas le cas. J'allais consulter un sexologue pour résoudre cette question.

La première session est la plus dure, j'imagine dans tout processus de psychoanalyse. Il s'agit de reconnaître ses problèmes, poser les mots justes pour le décrire et commencer à plonger dans ses souvenirs, chercher les raisons de ce dysfonctionnement. Je sais parfaitement les raisons : dix-neuf ans vivant dans le cadre d'une famille ouvrière et immigrée. Mon père Luis était un macho portugais qui ne concevait pas par exemple de jouer avec ses rejetons : non c'est un devoir féminin, tout comme la cuisine. Il ne saura jamais mes penchants sexuels, du moins sans que je lui avoue directement. Mais la gent féminine n'est pas en reste. Je déteste faire des généralités en catégorisant des groupes de population mais les portugaises sont encore plus machos que leurs conjoints. Ma mère María justifie ses labeurs de rangement, lavage etc en dehors de ses horaires de travail comme femme de ménage. Elle doit préparer de bons petits plats pour ce monsieur rentrant de plus en plus tard d'on ne savait pas où, du moins pendant les premières années de ses absences prolongées. Ce manque de présence cruelle d'une figure paternelle associée au mutisme de mon frère Antonio ont fait que je me retrouve toujours bien plus confortable en la présence de femmes depuis toujours. Peut-être pour ça que mon sexe se retrouve ainsi à moitié endormi, pour faire taire mon côté masculin. J'aime tellement être un homme paradoxalement … Rien n'est jamais simple chez moi !

Le sexologue officiant exclusivement pour la communauté gay doit m'aider à trouver des remèdes pour retrouver cette santé sexuelle qui m'aidera à me remettre d'aplomb. C'est d'abord la tenue d'un journal où je devais inscrire toutes les sensations provoquées par mes relations sexuelles et à défaut d'avoir des partenaires stables, le ressenti durant la masturbation. L'objectif aussi était de dédramatiser le manque partiel ou total d'érection. Une introspection dans le passé était aussi bien sûr indispensable. Il me donnait des exercices à réaliser à la maison, de respiration mais aussi de m'enfoncer des légumes aux formes longitudinales et à l'extrémité plus ou moins pointue, revêtus au préalable d'un préservatif. Il arrivait à me faire dédramatiser oui petit à petit, pas forcément résoudre ce problème qui, je crois me poursuivra tout au long de ma vie. Je comprenais au moins qu'il me fallait un corps à corps important, une position où je ressens la plus grande surface de peau de mon partenaire sur la mienne, pour supplanter ce cruel manque charnel et paternel dans ma jeunesse.

Puis un problème physique bien grave pour moi survenu le 11 février 2009 (à trois jours de mon anniversaire !) et qui fera l'objet d'une autre entrée postérieure dans ce journal, aura besoin de toutes mes ressources financières déjà peu accentuées ! C'est donc ce jour 5 avril 2009 que je viens à annoncer que cette session sera la dernière, avec une apparence très correcte mais temporaire. Le sexologue doit avoir une quarantaine d'années. Ce n'est pas le plus beau mais il ne manque pas de charme. Avec ses lunettes, son physique travaillé, assez athlétique mais qui ne préfigure pas non plus une obsession chez lui. Il avait un appartement à dominance blanche, des sculptures et des peintures classiques dont je ne me rappelle pas exactement. Son cabinet constituait une petite pièce dans l'appartement donnant sur l'artère commercial de Madrid, Gran Vía. Il a tout d'un "partidazo", un bon parti en français. Peut-être qu'une certaine drague s'était établie entre nous après son idée la dernière fois d'organiser une rencontre sexuelle avec un "chapero" ("Un escort" en français) qu'il connaît. Je n'étais pas obligé de pratiquer du sexe avec lui mais ce qui me passait par la tête. Cela m'a paru un peu saugrenu mais je me suis dit après : "Bon c'est l'Espagne et surtout Madrid, pourquoi pas ?". De toute façon la thérapie arrive à sa fin, comme je lui annonce. Il comprend les motifs et me dit d'accord donc pour clore la psychoanalyse, il propose que je me déshabille ce dont j'avais envie et si je le laissais me caresser pour que je puisse en ressentir les effets internes. J'accepte et me voilà accroupi, lui se place derrière moi. Nous enlevons le haut et nous nous retrouvons torse nu. Il me caresse les épaules, les bras, le ventre tour à tour, puis me prend très vite m'entourant le corps avec les deux bras. Il continue comme il me demande si tout va bien, si je veux qu'il arrête et ce n'est pas du tout le cas. Il me souffle aussi dans le cou. Je ferme mes yeux et me laisse emporter dans un monde de volupté. Je sors de cette session. Dans la Gran Vía, je marche, mais pas tout droit, comme enivré par ces effluves subtils échangés. Je suis au septième ciel ! Bien plus tard, je me rendrais compte par mon amie brésilienne Monica que ce n'était pas du tout professionnel de la part de mon sexologue. Ce n'est pas grave, c'est l'une de mes meilleures anecdotes câlines et coquines !

Présent 05/04/2020 : Les chiffres avancés hier se confirment. 674 morts ce qui correspond à une diminution de 17% par rapport à la veille et les admissions en hôpitaux ont un rythme comparable à celles du début de crise. Ce sont plus de 130,000 cas, plus de 12,000 morts et aussi plus de 38,000 rescapés. On y est ! Le confinement porte ses fruits ! C'est une énorme lueur d'espoir et le confinement allongé hier jusqu'au 26 avril devrait se terminer, je le souhaite pour la première quinzaine de mai.

Les Etats-Unis sont en train de devenir le nouvel épicentre de la pandémie avec plus de 310,000 cas, plus de 8,500 morts et seulement 15,000 rescapés.

J'ai fait la connaissance sur Facebook d'un français, François, au détour d'une de mes publications que je réalise tous les trois ou quatre jours. La photo publiée est un selfie de l'été dernier dans le lac géothermique Blue Lagoon en Islande. Un homme me complimente généreusement et nous entamons une conversation sur Messenger à propos de notre goût pour les montagnes et les pays nordiques. Il est professeur d'histoire et est un grand passionné ! Au fil de notre conversation, je lui parle de mon journal. Il me dit qu'il aimerait bien le lire après lui avoir exposé le concept du livre autobiographique romancé. Devant autant de curiosité, je lui fais lire le premier jour. Sa réaction est splendide, tellement que je me dois de le faire apparaître ici-même. Je ne sais pas pourquoi, je me sens capable de lui partager mon récit, alors que pour l'instant la diffusion pensée est seulement pour moi-même et quelques amis à qui j'ai dit que je réalisais cette activité. Peut-être parce que c'est un inconnu. J'ai peur du jugement par rapport aux événements crus que je peux y dépeindre. Lui me semble être l'inconnu qui peut me comprendre et m'appuyer.

C'est bizarre aussi comme je peux renouer avec beaucoup de gens de façon virtuelle. En creusant un peu, on découvre des gens qui ont leur propre histoire, leur lutte à mener. C'est aussi le cas de mon ex avec qui j'étais juste avant de partir à Madrid, Frédéric. Il a l'air de passer par une dépression importante. Je lui rappelle que je suis là pour lui et nous nous écrivons tous les jours. Je lui fais savoir le formidable amant qu'il a été : je crois que ce fut le premier à me faire pleurer de plaisir. Ah j'en reviens sans cesse au sexe !

Reprenons le déroulement de cette journée. Le matin je me rase la barbe à cinq millimètres et rase juste un peu la moustache, ce qui me donne l'apparence de Freddy Mercury (cela me fait penser à un ex trop sexy mais qui a très vite été silencieux par Whatsapp, le saligot !) ou bien un mexicain. Je mets une chemise de Mateo à carreaux verts et bleus typique des bûcherons bien sexys et virils dans leur besogne de coupage du bois.

Mateo et moi nous faisons des jeux dans l'après-midi, de dés et aussi le baccalauréat. J'ai gagné au premier, lui au deuxième mais bon pour ma défense, je dois avoir la même agilité pour penser à des choses, des prénoms, des fruits, des pays qui commencent par la lettre désignée en espagnol. Je pouvais compter tout de même sur les apports français quant aux prénoms.

Ensuite lors de la sieste, Mateo et moi nous allongeons sur son lit. Il me trouve irrésistible avec sa chemise qui met particulièrement en valeur mes yeux noisette, peut-être est-ce aussi la nouvelle apparence avec la barbe de Freddy Mercury mexicain. Il commence à plonger ses mains dans ma chemise et à m'embrasser très avidement. Il déboutonne la chemise tout en accélérant la cadence des roulements de langue, nos poitrines ont aussi un mouvement de plus en plus amplifié, notre souffle se fait plus haletant. Il me défait la braguette du jean tout en caressant mon torse et les tétons tout délicatement. De temps à autre, il empoigne aussi mon ventre. C'est un endroit très souvent délaissé par mes exs parce que sans abdominaux mais lui, il adore. C'est une zone chez moi particulièrement érogène. Et là j'ai une énorme érection qui se dessine petit à petit, tellement qu'il travaille bien mon corps. C'est donc tout naturellement que ses mains viennent profiler la dureté du membre viril. Puis il me suce le sexe, la première léchée me fait grimper et je pivote immédiatement ma tête en arrière avec les paupières tremblotantes, laissant apparaître le blanc de par ses mouvements infimes et saccadés. Il arrive ensuite à mon anus qui s'offre sans résistance bien au contraire. Au contact langoureux de Mateo, il prend la forme d'un entonnoir ovale. Un trou béant mais tellement expressif ! Il ne lui manque que la voix parce qu'il mime parfaitement les mouvements de lèvres et il semble acclamer de toute sa profondeur le sexe de mon partenaire. Mateo capte le message et sort sa queue, bien dure de ces préliminaires courts mais délivrant des sensations exponentielles. Il me l'introduit et voici de nouveau ma tête qui bascule et mon regard qui se perd dans l'infini. Quelconque bruit n'est pas autorisé puisque Eleonora est dans la chambre d'à côté. En temps normal, j'aurais crié de cette possession brusque. Il faut dire que mon anus n'a plus l'habitude de se retrouver assiégé, même s'il le réclamait quelques minutes auparavant. Dans des circonstances propices, j'aurais gémi d'un plaisir mêlé de douleur, mais très vite l'étreinte me ferait voyager au septième ciel, sans que ma bouche ouverte ne puisse proférer un quelconque son. La relation sexuelle culmine avec Mateo déchargeant fortement son sperme en moi. L'excitation monte aussi en moi qui ne tarde pas à réaliser la même besogne. Le soir, nous remettons le paquet mais cette fois-ci sans pénétration.

Futur : J'allume l'écran projeté sur toute la surface du mur de la salle à manger. Aux informations, un reportage sur le Coronavirus, Dix ans passés déjà ! Je pense à ce Lionel de l'époque. Quelle plaie ce virus !

Et soudain je rembobine encore plus. Il y a à peu près vingt ans, vers 2010, un Lionel complètement perdu et cancéreux… Il est mieux le Lionel de 2020 que la version 2010. La façon dont j'abordais le sexe était un indicateur de mon état de santé mental, un KPI "Key Performance Indicator" ("Indicateur de Performance Clé" en français), comme on dirait dans le langage scientifique et entrepreneurial. Je portais tellement de poids en moi et cette autodestruction visait à annihiler ma personne incluant ma masculinité. Je ne bande pas donc je n'existe pas ! Je couche avec vous donc vous me donnez une existence ! Quel manque cruel d'amour ! 2020 et le Coronavirus ont été définitivement une période charnière dans la façon d'aborder la sexualité, par conséquent dans la façon de m'aimer. Une transition progressive !

Et aujourd'hui qu'en est-il ? Je vais dans la salle de bains et me contemple nu dans le miroir. Que renvoie en moi le Lionel de 2030 ? J'ai les marques du passé, j'ai des rides plus accentués, reflet du temps et des épreuves surmontées. J'ai un sourire peu attrayant, de par une dentition accidentée par le temps. Cependant je vis avec, ce n'est plus un aspect à cacher, coûte que coûte. J'ai beaucoup de cheveux blancs et les entrées de cheveux en 2020 ont laissé place à des cheveux plus clairsemés. J'ai une barbe attrayante. Je m'attendais à avoir cet aspect de barbe bien longtemps avant et je savais que ce serait un des seuls traits physiques positifs de la vieillesse. J'avais tellement peur de vieillir. Je détestais à l'époque quand une personne disait d'une autre "Elle a l'air d'avoir huit ans de plus !". La situation inverse, je la supportais mais bougonnais un peu dans mon coin, d'avoir autant de gens beaux autour de moi et d'aspect plus jeune. Cette lutte répulsive contre l'âge que nous avons rengainée toute notre vie, à coups de publicités affichant des modèles parfaits, à coups de photographies parfaites Instagram à l'époque. Je n'ai jamais fait de compte Instagram, qui supposerait pour moi mon avilissement grandissant face aux clichés de physique parfait.

Et mon statut social alors ? Je suis marié, c'est déjà un grand pas en comparaison au Lionel de 2020 et encore plus celui de 2010. Ma famille n'a pas dicté mon avenir sentimental, comme j'ai pu craindre autant d'années. Et ma sexualité ? Celle qui a été tant débridée sans être réellement assumée pendant de nombreuses années. Oh je ne cache pas que de temps à autres, je prends des substances artificielles pour faire monter le flux sanguin nécessaire. Mais je suis tellement plus calme et épanoui par rapport à cet aspect-là ! Le porno a été restreint, pas éliminé : j'ai quand même des yeux ! Je ne fais plus d'exhibitionnisme sur Skype simulant l'acte sexuel entièrement nu et en face d'un autre Adonis. Cela influençait tellement mon rapport à la réalité à cette époque. J'ai donc renouvelé tous les sens lors de l'amour : le toucher, le goût, l'odorat et l'ouïe en complète interaction avec mon partenaire de chambre.

Je sors de la salle de bain pour aller m'habiller dans ma chambre. Je me penche vers la fenêtre pour contempler la rue, toujours torse nu. Je vois le petit voisin de 20 ans, Daniel, qui est tout simplement à tomber par terre. Il m'aperçoit et me fait un clin d'oeil subtil, laissant entrevoir une invitation peu morale à partager un instant furtif …

Lundi 6 Avril

Passé 06/04/2005, Riom : Nous nous retrouvons toute la famille proche ensemble (hormis mon père Luis) dans l'appartement de ma mère María. Ma soeur qui habite à Coimbra au Portugal est venue passer des vacances au bercail. Moi je viens de Nantes où je réalise des études de Génie Civil et Environnement à l'Ecole Centrale. Mon frère, lui, est resté chez notre mère. Je pense qu'il nous en veut de l'avoir laissé avec elle, elle qui a perdu les pédales depuis quelques années maintenant. Même pire, aux moments les plus critiques de sa relation avec mon père, elle avait développé une paranoïa aussi contre sa première progéniture mâle. Nous pouvions apercevoir l'autre visage de ma mère rongée par le passé et dévorée par l'obscurantisme. Ma soeur fut la première à partir par son opportunité de travail au Portugal. Moi je suivis quelques années plus tard pour pouvoir faire mes études. Que ce soit par opportunité professionnelle ou d'études, cela représentait pour nous deux, une échappatoire à une situation familiale dense, même si le père avait disparu de la scène.

Je ne suis pas heureux de mes études. J'ai la sensation que j'ai loupé le coche. Toute une scolarité exemplaire, boostée par ma soeur qui a vu en moi un futur prodigieux. Toutes les matières, enfin presque toutes, me plaisaient : que ce soit le français, l'histoire, les mathématiques, les langues, la chimie, la biologie. Le sport était mon ennemi juré et le dessin aussi trouvait peu de grâce à mes yeux. La musique un peu plus, mais ce n'était pas le top non plus. J'ai toujours eu cette sensation que mes mains ne servaient à rien, que je n'étais pas capable de créer quoi que ce soit de bon. Une partie de Pictionnary constitue pour moi un supplice, un stress que ne génèrerait pas une épreuve difficile de philosophie en Terminale ! Le passage en Première fut le premier sacrifice énorme à réaliser : les élèves sont obligés de se spécialiser. Mais moi à l'époque, j'aimais tout, absolument tout. Je fus donc guidé par ma sœur qui voyait plus de débouchés dans le scientifique, elle qui a fait Langues Etrangères Appliquées et qui a en horreur les mathématiques. Ce n'est pas grave, en Première, je me sentais tout aussi à l'aise et je développais un goût prononcé pour les mathématiques. Je reçus la mention "Très Bien" au baccalauréat S à ma grande surprise, parce qu'il faut savoir que le sport comptait aussi ! J'étais déjà une masse de plus en plus boulotte mais je réussis à sauver les "meubles" lors de l'épreuve d'éducation physique. Et un 18 notoire en philosophie ! Je voulais être professeur de mathématiques, mais là encore mon caractère tout mou ferait dire à ma sœur que je ne serais pas capable de diriger de main de fer des adolescents turbulents. Ils me mangeraient à la première occasion (pas dans le sens sexuel du terme) ! Non, non il vaut mieux être ingénieur.

La descente aux enfers commença alors durant les deux ans de classe préparatoire qui furent un véritable confinement non pas dû à une pandémie (!), mais pour se préparer à un concours d'entrée aux Grandes Ecoles. Je réussis à survivre à ces deux ans, ne me demandez pas comment ! Les mathématiques sont devenues tellement abstraites que des fois la physique quantique, la philosophie ou même le grec semblaient s'y être mêlés. La physique quantique pour le bond dans l'espace temps qui s'est effectué, la philosophie pour l'appartenance à des groupes, des matrices complexes et le grec par le recours à ses multiples symboles (alpha, beta, omega etc, et moi je ne comprenais plus un iota). Lors du concours, je reçus deux notes peu remarquables en Mathématiques et Physique-Chimie autour de 7, 8 et de très bonnes notes en langues ainsi qu'un autre 18 en français – philosophie (!) me permettant de rentrer dans la liste d'attente de la prestigieuse Ecole Centrale de Nantes !

Voilà donc je quittais le noyau familial pour la capitale de la Bretagne, ou pas ! Le débat pouvait être très vif à ce sujet. Aux yeux de bien des bretons, Nantes est trop en bas du pic Ouest de la France pour représenter dignement ses habitants. Peut-être pas assez de beuverie ou de crêpes à Nantes pour obtenir le trône. Du haut de mes 19 ans, je vivais la première année dans un neuf mètres carrés. Ce décor malheureux sera accompagné d'un temps exécrable tout au long de l'année, que les propres nantais ne voyaient pas normal. Quelle dépression ! L'Ecole Centrale, quelle déception ! Je suis entouré de petits prodiges français de "pure souche". Dans mon entourage très peu de fils d'immigrants et homosexuels, apparemment zéro ! La première note que j'obtiens est un 2 en mécanique des solides ! Cela pourrait être normal en classe préparatoire mais là … Pourtant cette première année je ne m'en sors qu'avec seulement deux matières à rattraper en septembre : mécanique des solides justement et programmation informatique. Seul point positif : le sport ! Et oui j'ai vraiment dû faire un saut quantique ! Le sport me sauva très sûrement d'une dépression certaine. Je perdis petit à petit les kilos amassés au fil des années et en un an je passais de 95 kg à 75 kg pour une taille de 1.75 m. Cette perte de poids suscita l'intérêt des jeunes garçons dans l'application Gay Romeo et aussi lors de mes premiers pas dans la vie nocturne nantaise.

Me voilà en deuxième année. Les choses vont mieux, sûrement par l'aspect svelte que j'avais travaillé et donc mes premiers émois avec des hommes intrigués par ce jeune homme. Aussi je relativise bien plus mes études. J'ai choisi comme spécialité Génie Civil et Environnement parce que c'était ce qui me dégoûtait le moins. Je crois avoir fait le bon choix parmi les parcours académiques misérables qui s'offraient à moi ! Mais ce qui est clair, c'est que quand j'en finirai avec ce cursus académique, plus d'études, à vie …

Ce sont les vacances de Pâques et je profite du retour à Clermont-Ferrand où je vais pouvoir revoir ma soeur venue du Portugal. Je stresse énormément à sa venue. A la suite d'une rupture mettant fin à une relation de plus de six ans avec un homme plus âgé qu'elle, elle passa par une traversée du désert. Le néant ! Quand une lumière soudaine vint à elle, une éternelle obscurité pour moi … Des témoins de Jéhovah se présentèrent à sa porte. Cette femme au caractère bien trempé qu'est ma soeur leur aurait dit en temps normal d'aller déguerpir et sonner chez les voisins. Ce ne fut pas le cas, elle les écouta pour deux raisons. La première était donc cette rupture qui l'avait laissée éplorée. La deuxième était qu'elle connaissait déjà cette profession religieuse. Je la connais aussi. Lorsque j'avais à peu près six ans, deux dames toujours avec des jupes longues venait chaque mercredi après-midi nous enseigner la "vraie" religion, comme nous n'avions pas d'école. Je comprenais certaines choses, j'avais appris à lire depuis très longtemps et m'intéressais déjà à certains sujets propres d'une personne de CE2, des fois CM1. Je ne comprenais pas le caractère grave de cet enseignement. L'accoutrement de ces dames ajoutait encore plus de drame à cette scénographie digne d'une tragédie grecque ou bien un enterrement en Sicile, auquel assisteraient des femmes vêtues de noir de la tête au pied. Comme outil de travail, elles amenaient une Bible bien sûr et un livre jaune avec un titre rouge brillant (Tiens les couleurs de l'Espagne !) que je redoutais particulièrement. Oui ma mèrc était témoin de Jéhovah, disons qu'elle croit en un Dieu, mais lequel ? Celui-là lui va comme un gant, elle qui se meut et s'émeut par les drames d'autrui.

Donc nous voilà réunis tous ensemble avec la nouvelle version de ma chère soeur. Eva perdit son verbiage tellement caractéristique des Rodrigues, qui lui valut bien des coups de pantoufles de ma mère étant très jeune. Elle a toujours ce comportement "rentre-dedans" mais d'une façon bien plus désagréable. Elle est dans sa phase la plus stricte et rigide de sa phase Témoin de Jéhovah, qui d'ailleurs ne sera pas qu'une phase. Son but est de colporter la "pensée unique", convaincre pour avoir une place parmi les seuls 144,000 privilégiés qui iront au paradis. Nous sommes rentrés dans une phase apocalyptique depuis 1914 qui je crois durerait 120 ans. Il faut dire que la date a été plusieurs fois allongée comme la fin du monde n'était toujours pas arrivée. Donc il semble que l'événement charnière pourrait correspondre au début de la première guerre mondiale. Je ne comprends pas cette vision occidentalo-centriste. Je crois que les africains vivent un enfer sans nom depuis le début de la colonisation. Les années 90 ont été vraiment meurtrières avec des dictatures toutes les plus hostiles les unes des autres, des génocides tels qu'au Rwanda en 1994 etc. C'est tout de même remarquable cette hégémonie des blancs qui bien sûr prédomine sur les malheurs des délaissés du Tiers-Monde.

Eva reprend donc son argumentaire et essaye de m'attaquer sur le fait qu'on descendrait du singe et que cela serait une énorme bourde. Là, ce n'est vraiment pas le sujet à mettre en avant, moi le scientifique chevronné ! Bien sûr que l'on descend du singe ! Charles Darwin se retournerait dans sa tombe, il en ouvrirait même la porte pour aller s'enfoncer encore plus loin ! Puis à table, le débat en vient aux homosexuels et elle raconte que de toute façon, il s'agit d'une mode et que cela n'a rien de naturel. Là je deviens tout rouge, une boule de rage se fait en moi et j'explose. "Et si je te dis que moi je le suis, qu'en penses-tu ?" Là mon frère Antonio réagit et dit qu'il s'en doutait d'un air amusé. Je crois que ce moment-là est celui qui me rapprocha fusionnellement mais furtivement de mon frère, lui qui a toujours été délaissé, abandonné de la scène familiale aussi par sa timidité, son jardin secret impénétrable. Ma mère est en mode "mute". Elle dira plus tard que ce n'est pas grave, que je suis son fils et qu'elle m'aimera telle que je suis. Ma soeur, elle, se décompose. Ce sont des pleurs incessants, un souffle saccadé par des vibrations abdominales incontrôlées. Elle me fait énormément de peine. Le silence va s'installer pendant deux jours, des fois entrecoupés par d'autres pleurs. Je finis par lui dire que je peux repartir à Nantes dans ma résidence universitaire et que je ne veux pas lui gâcher ses vacances. Elle me répond que cela ira, qu'il lui faut le temps d'assimiler avant de repartir en larmes. Là je la prends dans mes bras et l'embrasse fortement. Elle a été tout pour moi dans ma jeunesse, elle a pris le rôle de ma mère car celle-ci se décomposait face à ce père absent. Il est normal que devant cette détresse de ma soeur devant l'affirmation de ce que je suis, cela m'amène à avoir un geste de compassion envers elle, même si elle me signifie aussi par là qu'elle n'accepte pas cette nouvelle définition de moi-même.

Présent 06/04/2020, Madrid : Les chiffres sont tout aussi encourageants que les jours précédents et même plus, avec 637 morts. Les hôpitaux se dégorgent.

Un incendie se déclare aux abords de Tchernobyl faisant remonter les niveaux de radiation autour de la centrale. Et je repense à ce début d'année qui vit l'Australie entière en proie aux flammes sous les chaleurs très élevées provoquant la mort de milliers de koalas. Je pensais que cela allait être la catastrophe de l'année et pourtant …

Mateo et moi avons une conversation le soir à propos de sa famille. Il me dit combien sa grand-mère lui manque. Elle représentait pour lui plus sa mère que la sienne en vrai, Eleonora, qu'il voit plus comme une autre soeur. Il le lui dit même. Sa grandmère devait être une femme d'une personnalité fascinante. Aux dires de Mateo, elle aurait un humour très acide, incompris des autres quatre frères et soeurs. Un brin sorcière, elle vit dans son petit-fils des talents mystiques. Puis Mateo me dit qu'il me montrera un ruban marqué au stylo avec un de ses messages ces joursci. Bizarre …

Futur : Je pars en voyage au Pérou où vit ma soeur avec son mari péruvien, lui aussi Témoin de Jéhovah. Cela fait bien des années qu'elle y vit, je crois que depuis 2011 ou 2012 à peu près. Je ne voulais pas la voir de par sa confession religieuse. Je disais à tout le monde que je ne pouvais pas passer trois jours consécutifs avec elle. Le Coronavirus nous a rapprochés, de nouveau elle demandait de mes nouvelles toutes les semaines, bien loin de quand j'étais parti à Madrid où elle voulait savoir comment j'allais tous les jours.

Je connais son vécu. Je connais ses souffrances. Je sais par quoi elle est passée et j'ai pris du temps à comprendre que devenir témoin de Jéhovah fut sa salvation d'un suicide certain à cause d'un passé trop lourd à porter. Jéhovah l'a sauvé. Jéhovah l'a changé.

Mais moi j'ai tellement évolué avec le temps : passant d'un enfant au comportement angélique toujours fourré dans les bras de sa mère jusqu'à ses 13 ans, l'adolescent au poids de plus en plus prominent mais tellement heureux de ne pas vouloir plaire, le fêtard de Madrid à la limite de l'anorexie et accroc au sexe puis cet homme fragile qu'un virus aura ébranlé et fait se révéler ! Par quelles phases est-elle passée ? Nous sommes tous des êtres différents et notre parcours dans la vie est semé d'embûches et nous façonne au fil du temps.

J'arrive à l'aéroport et je vois sa belle frimousse. Elle a tellement maigri par son opération de gastroplastie. Je la prends dans mes bras très forts et lui fais voir que je suis encore celui qu'elle a "éduqué". Je suis en grande partie le fruit de cc que ma soeur m'a appris. Je n'ai pas besoin de mettre de mots dessus, elle le voit à mon regard attendri, embué de larmes. Nous restons quelques minutes comme cela, comme si le monde autour n'existait pas, comme si nous avions recréé notre histoire abandonnée bien des années avant, comme si nous étions les uniques témoins de notre survie réciproque.

Mardi 7 avril

Passé 07/04/1999, Riom : Le matin nous avons éducation physique et sportive au lycée. Je suis en Seconde et mon embonpoint commence à croître exponentiellement. Au collège mes rondeurs n'étaient pas encore préoccupantes, même peut-être attendrissantes, avec mon aspect de John Lennon avec sa coupe de cheveux. Heureusement qu'on était dans une ville de 20,000 habitants dans la diagonale du vide de la France. Je me fonds dans le moule, on a tous des vêtements usés, hérités de nos frères aînés et les coiffures disgracieuses ne sont pas embarrassantes. Enfin, à cet âge-là, les moqueries commencent, les hormones sont exacerbées. Il n'y a plus de retour en arrière, nous avons définitivement donné un pas décisif vers l'âge adulte.

Donc me voilà en cours d'escalade ce matin. Mon dieu ! Comment est-ce que ces choses-là sont permises, de faire cela devant les autres ? Les grands gaillards s'y mettent à coeur joie. Il y a ce garçon dont je ne me rappelle pas le prénom qui s'y accolait. Pas très gracieux par beaucoup d'acné qui caractérise les gosses de cet âge-là et pas forcément très intelligent non plus. Ce n'est pas grave, cet handicap était très vite oublié au vu des bras agrippant les prises, même les plus espacées. Les bosses aux deux bras et les veines se dessinant font se tourner tous les regards, très sûrement aussi des hétérosexuels, crevant de jalousie et pourquoi pas de désirs refoulés.

C'est à mon tour ! Fini le show du gogo plein de boutons et de bosses toutes dures de partout, bienvenu au spectacle de clowns ! Je crois entendre en moi la musique de Benny Hill lorsqu'il court en accéléré de façon grotesque. Le coeur bat au moins à mille ! C'est la piste des plus nuls bien sûr, celle qui a priori n'a pas besoin de faire sauter d'une prise à une autre à une distance de cinq mètres (bon j'exagère peut-être un petit peu !). Et je n'avance que de trois ou quatre mètres sur le mur et mes bras flageolent. L'autre prise, la plus immédiate, est à des années-lumière ! Non, mais tout comme ! En bas, je suis assuré par un gringalet qui apparemment a du mal avec mon poids et bénéficie d'un renfort. Là à ce moment qui ne dure que quelques secondes avant de signifier mon abandon tout impuissant, je sens toute ma vie se dérouler devant moi. C'est peut-être comparable à la sensation du tunnel avec la lumière au fond, quand on décède. La vue devient trouble. Les larmes montent mais elles sont contenues … Quelle torture le sport ! Pourquoi veulent-ils nous ridiculiser comme cela ? Je suis inconsolable toute la journée, même si je fais mine de le cacher aux autres élèves.

Présent 07/04/2020 : Je m'inquiète pour la France qui connaît plus de morts que l'Espagne actuellement et passe la barre des 10,000 (10,328 en tout). Le footing ne va plus être permis pendant les heures de travail. Je me permets de dire sur Facebook que je ne comprenais pas cette autorisation de jogging, même à quelques mètres de la maison et en respectant les distances. Je sais bien que ce n'est pas comparable la situation entre deux pays et je leur signale que l'une des seules différences dans le confinement, c'est cette autorisation d'avoir une activité sportive. J'ai lu que les gens sortaient deux fois plus qu'en temps normal pour courir … Irresponsables ! Mais comme je dis aussi sur Facebook, je ne suis pas un spécialiste en pandémies comme certains se sont découverts ces derniers temps.

Aujourd'hui je me suis réveillé à six heures … depuis le début du confinement, il n'y a pas un seul jour où je me suis réveillé à huit heures vingt, heure fixée par le réveil. Je n'ai pas besoin de prendre la voiture pour aller au travail et pourtant, je n'arrive pas à profiter de cette heure supplémentaire à roupiller ! Il faut dire que Mateo n'arrive pas à dormir en toute obscurité, chose pour moi très importante. Il me dit souvent que je ne peux pas me passer de mon téléphone, ce qui est vrai en temps de confinement et aussi pour cultiver mon jardin secret qui forcément doit être virtuel. Mais lui, avec l'écran plat énorme jusqu'à des heures pas possibles. Je ne lui en fais pas la remarque, après tout il est chez lui et ce sont ses habitudes quotidiennes. Je préfère me faire petit car j'ai la chance d'avoir un rythme de travail qui me permet de "m'évader". Et oui en temps de confinement le travail est une évasion ! L'ordre de mes jours favoris a complètement changé. Avant du meilleur jour au pire, la liste serait : Vendredi – Samedi – Jeudi – Dimanche – Mercredi – Mardi – Lundi. En temps de pandémie, l'ordre serait comme suit : Lundi – Mardi – Mercredi – Jeudi – Vendredi – Dimanche – Samedi !

Mateo comprend que je ne suis pas dans mon assiette et que je me suis levé du pied gauche et me laisse la journée pour bougonner dans mon coin. C'est le côté Rodrigues qui refait surface de temps à autre, le jour où on n'a pas envie de voir qui que ce soit. L'après-midi cela va un peu mieux et on fait du sport mais je ne suis pas dedans. Au bout de quarante-cinq minutes (quand même !), il me dit d'aller me doucher, puis il me coupa les cheveux et a dessiné un "Love" avec les cheveux coupés au sol. C'est mignon ! Le soir, je me mets dans son lit et comme d'habitude, il s'enflamme à mes côtés et enfourne son sexe, les deux tout emmitouflés dans trois ou quatre couches de couvertures. Chaleur !

Futur : Juste après ce confinement interminable, il est grand temps de réaliser des activités sportives à l'air libre comme du footing, pour que mon organisme profite de cet air nouvellement purifié. Une précaution cependant, nous devons porter une espèce de bouée en matière composite testé par le fait que le virus ne reste que quelques minutes sur cette superficie et par sa grande légèreté.

Deux ans avant la crise de Coronavirus, j'allais deux ou trois fois courir pour compléter mes sessions de musculation improvisée chez moi avec des poids. Je me souviens de cette sensation de liberté retrouvée en ce moment-même le long du fleuve Manzanares : cette lutte contre ses propres limites. A ma gauche le stade Calderón de l'équipe de football de l'Atletico de Madrid semble aussi être le vestige de ce passé trouble. En pleine démolition, il garde intact un latéral vu de l'extérieur. Il laisse la place à un autre stade de football, plus au Nord-Est de Madrid, le Wanda Metropolitano construit par un conglomérat chinois. Belle métaphore de la prise de puissance actuelle de la Chine !

Ce Coronavirus ne sera pas la cause de ma mort, cet ennemi invisible n'est pas suffisamment fort. J'ai vécu bien pire et je lui montre en faisant de plus grandes enjambées et à un rythme plus soutenu. Mon coeur bat la chamade et mon souffle s'en retrouve altéré, non pas par la maladie, mais bel et bien par cette prise d'air indispensable à mon organisme brûlant des calories. Quelle force incroyable ! Quelle volonté de parcourir la vie et la savourer à chaque instant !

Mercredi 8 avril

Passé 08/04/2008, Madrid : Ma mère María vient me voir à Madrid. Elle prend le bus comme elle a extrêmement peur, non pas de l'avion, mais des différentes étapes avant d'arriver à l'engin volant. Tiens cela me rappelle quelqu'un deux ans plus tôt. Cela me provoque une certaine forme d'anxiété. Je ne peux évidemment pas boire et fumer devant elle, être tout à fait naturel avec mes amis. Je lui présente mes multiples amies, féminines bien sûr : la basque Victoria, la sud africaine Kendra et la française Carine qui lui plaisent toutes énormément. Carine est déjà prise, les deux restantes sont libres. Elle me fait savoir combien elles sont jolies et comment elles iraient tellement bien avec moi …

Je fronce des sourcils, ouvre la bouche comme pour essayer d'émettre un quelconque son, fruit de la rage intérieure montant en moi. Je n'en ferais rien. Je commençais à analyser les faits de façon scientifique et posée comme je le fais au laboratoire d'étude des bétons. Je structure ma partition en octave :

1. Ma mère n'a plus toute sa tête depuis maintenant une dizaine d'années.
2. J'ai coupé le cordon ombilical de façon très abrupte à l'âge de 13 ans, moi qui étais toujours collé à ses basques et demandant des câlins tout le temps.
3. Je suis quand même son chouchou, celui qui n'a jamais donné aucun problème.
4. Au contraire, j'ai effectué un parcours brillant dont on ne peut être que fier, d'autant plus excellent que je suis un fils d'immigré.
5. La cerise sur le gâteau pour ma mère serait que j'aie une épouse aimante et lui donne des petits-fils.
6. J'ai avoué mon homosexualité par coup de colère il y a trois ans, en réaction devant l'affirmation de Eva de sa foi en Jéhovah.

7. Pour ma mère, ce n'est donc qu'une passade.
8. Elle est fragile mentalement (je tourne en boucle là !), donc je ne peux pas me permettre de dire quoi que ce soit, alors que j'aimerais lui dire que me faire prendre par une queue toute dure et libérant son sperme de toute l'excitation me fait sentir plus vivant que jamais !

Je me tais et change de conversation, me renfrognant et avalant ma volonté de m'affirmer. Tant de fois je ne dirais "ni mu" ("decir ni mu" est une expression espagnole pour renforcer le fait de rester complètement silencieux, "mu" c'est l'onomatopée du bruit de la vache), alors que mon entourage peut parler à sa guise sans se soucier des propos blessants envers moi ! C'est bien pour cela que j'ai choisi de vivre à Madrid, pour être loin de ma famille …

Présent 08/04/2020 : L'Espagne enregistre 757 nouveaux décès de Coronavirus ces dernières 24 heures, soit une augmentation légère par rapport aux 743 cas communiqués hier, mais cela reste un chiffre en-dessous de la barre des 800 que nous avions tous les jours entre le 28 mars et le 4 avril. Le total de morts est de 14,555, il y a 146,690 personnes contaminées dorénavant devant l'Italie, mais le nombre de personnes guéries est très encourageant : 48,021.

Wuhan, la province de Chine où est né ce cher Coronavirus, vient de lever le confinement après onze semaines. Nous pouvons désormais voir notre futur, qui je l'espère, sera suffisamment proche. Wuhan instaure une application de reconnaissance digitale, un système de scan de code QR pour attester de son état de santé. Les gens reprennent les trains pour pouvoir rentrer chez eux mais avec les précautions de distance, de mise.

Mateo a dû s'endormir vers cinq heures, je l'ai vu à plusieurs reprises la nuit avec son téléphone portable puis il a laissé la lumière du couloir pour dormir. La nuit s'est bien passée sauf que je me suis réveillé comme d'habitude très tôt, à six heures trente.

Comme j'ai eu des vidéoconférences depuis le début de la journée, il n'a pas pu dormir tranquillement. Il se réveille donc du pied gauche. Moi je tombe après avoir travaillé. Et me voilà en pont de Semaine Sainte, Pâques en version espagnole. Nous n'avons pas le lundi de libre mais deux jours : jeudi et vendredi ! En temps normal, ce serait génial, d'autant plus que nous devions partir aux Asturies avec Mateo. Là cela va être une torture, d'autant plus qu'il n'a envie de rien et que sa mère l'insupporte. Une grosse dispute éclate entre eux. Je propose de regarder un film et il ne veut même pas. Je me réfugie donc dans mon journal qui est une vraie salvation, une occupation pour échapper au Coronavirus et fuir des pensées trop négatives pour enfoncer mon moral. Demain sera un autre jour … d'enfermement, mais j'espère différent dans ses humeurs !

Futur : Mon partenaire et moi partons à Clermont-Ferrand pour la présentation à ma mère. Elle est ravie, tout se passe bien. Les plats s'amoncellent provoquant un certain enthousiasme chez lui, puis une petite nausée. María baragouine et se met à parler un récit incohérent comme elle a fait de nombreuses années. Je sers d'interprète de ce qui me semble valoir la peine de traduire. Des instants de silence monopolisent la conversation. Je romps ce silence en lui annonçant la bonne nouvelle que nous allons nous marier. La réaction semble augurer un grand contentement de la part de ma mère qui enlace mon petit copain.

Elle part dans la cuisine chercher d'autres plats et ne peux m'empêcher d'imaginer la scène sans la voir. Elle va au balcon, respire un peu d'air frais, tout en fermant les yeux. Elle regarde au loin, les yeux perdus dans l'horizon, comme pour fuir cette vie pleine de rebondissements si âpres qu'elle a vécus … La mort de sa mère alors enceinte d'une rupture d'anévrisme quand elle avait une dizaine d'années, une vie misérable avec ces sept frères et soeurs, son travail de domestique dans une famille de riches dès l'âge de 13 ans au Portugal, le déshonneur du divorce en France, la fuite de sa fille au Portugal puis au Pérou et celle de son chouchou

qui ne lui donnera jamais de petits enfants … Mais elle l'aime ce
même chouchou, la prunelle de ses yeux, sa plus grande fierté, ce
qui lui confère de nouveau sa bonne humeur. "Alors ça c'est du
boeuf bourguignon pour qu'il puisse savourer une recette bien
française !", entonne-t-elle avec joie. "Merci Maman, tu es la plus
merveilleuse des Mamans" et je lui donne un bisous comme pour
lui signifier que je reste le plus merveilleux des fils. Du moins
j'essaye. Devant son sourire éclatant, je devine qu'elle le pense
sans l'ombre d'un doute, ce qui nous plonge tous les trois dans
une atmosphère complice propre à une conversation profonde.

Jeudi 9 Avril

Passé 09/04/2006, Espagne : Je suis parti de France en bus et depuis la Catalogne, j'ai pris le train pour ma nouvelle destination, la capitale espagnole ! Je ne sais pas combien d'heures de trajet j'ai pu effectuer … C'est une vraie folie ! Mais je n'ai jamais encore pris l'avion donc je ne sais pas comment s'effectue tout le processus à l'aéroport. C'est typique de moi, le futur ingénieur ! Je peux résoudre un problème scientifique des plus ardus mais dès qu'il s'agit de passer à la pratique, il n'y a plus personne. J'ai beaucoup aimé la chimie au lycée mais je n'ai pas culminé la volonté ponctuelle d'être professeur de chimie, parce que l'idée de manipuler des tubes à essais, bec bunsen, pipettes et autres, m'aterrait.

Je suis en train de finir enfin mon cursus universitaire, cette École d'Ingénieur de Centrale et cette ville Nantes que je détestais, seront bientôt un mauvais souvenir. Même si je dois reconnaître qu'en comparaison avec la première année, les deux autres ont été plus faciles. Peut-être que je m'étais habitué et les grosses soirées et les premiers pas dans le monde gay ont bien pimenté ma vie. Je retournerai à Nantes mais en Septembre pour y présenter mon Travail de Fin d'Études que je dois obligatoirement réaliser à l'étranger.

Nous devions faire au moins un stage de fin d'années à l'étranger obligatoirement. La première année, je l'avais fait dans ma région natale dans un atelier de l'aéronautique de Clermont-Ferrand pour de la maintenance d'avions militaires. C'était genre Top Gun mais au lieu de Tom Cruise en cabine, c'était un ancien obèse presque fraîchement devenu mince, mais tout aussi maladroit dans ses comportements.

La deuxième année, je faisais mon deuxième stage à Agen entre Bordeaux et Toulouse et je pense que cela a été un de mes meilleurs étés. J'avais une voiture de fonction (je ne sais pas comment je ne suis pas tombé dans un ravin de par mon peu d'expérience de conduite !) et étais responsable Environnement dans la cellule Hygiène, Sécurité, Santé et Environnement. Ce n'est pas "CSI Miami", c'était trois zigotos comme moi dans cette équipe, un Marseillais responsable de la sécurité, une infirmière sexy presque cinquantenaire à qui je raconterai que je suis gay et le chef ronchon qui fumait cigarettes sur cigarettes à l'allure du Grand Schtroumpf. Ah Agen la ville des pruneaux, et pas grand chose d'autres ! Mais elle reste l'élue de mon coeur en France. J'y retournerai trois fois pour me ressourcer dans la porte du Gers et intersection de la bourgeoise Bordeaux, ainsi que la ville rose étudiante Toulouse.

Là je m'aventurais dans la nuit gay et rencontrais mon premier véritable amour, Adrien, même si j'avais déjà fait auparavant "touche-pipi touche-caca", comme j'aime dire, lorsque je veux décrire des préliminaires. Le coup de foudre fut intense mais tout aussi rapide fut sa chute, mais Adrien était vraiment très attaché à moi. Il était fan de Madonna. C'est attendrissant au début. Lorsqu'on écoute des milliers de fois "Like a virgin", "Papa don't preach" et j'en passe, on sature très vite, d'autant plus que je développais un certain rejet envers les icônes typiques gays. C'est à partir de grandes crises que je lui fis et notamment une bien dramatique nuit où quasiment je me retrouvais sous une voiture après une soirée bien alcoolisée qu'il comprit que je n'étais pas pour lui. Entre temps, j'avais rencontré un autre garçon qui me draguait ouvertement devant Adrien, Frédéric. Du haut de ses 22 ans, il était déjà chauve et surtout bien athlétique avec des yeux verts. Sincèrement il me laissait pas indifférent. Sa grande gueule associée à son accent chantant du Sud Ouest m'ont conquis, même si je ne voulais pas l'admettre, mais je n'ai pas commis d'écart par rapport à Adrien. J'en profiterai enfin à Agen puis il viendra me voir aussi à Nantes durant ma dernière année d'École d'Ingénieur. Le premier rapport sexuel s'est fait après quelques shots de vodka caramel, très vite il me montrait son sexe tout simplement splendide, l'un des plus beaux, si ce n'est le plus beau que j'ai vu et senti. Un bon tube bien raide, bien régulier. Un gland bien fourni surmontant esthétiquement cette tige et tout aussi régulier, doté d'une courbure parfaite. Sous l'emprise de l'alcool, il me l'introduit sans préservatif et là les larmes montent. Que m'arrive-t-il ? Je ne peux pas contrôler ce plaisir qui subjugue complètement tout mon être. Puis c'est la fécondation … Qu'est-ce que j'aime écrémer tous mes amants ! Si cela ne comportait pas de risques, je n'hésiterais vraiment jamais. Frédéric aussi ne supporta pas que je parte, je lui disais que j'avais six mois de stage à faire à Madrid et lui me dis que nous reprendrions cela ensuite. Je savais déjà que ce n'était pas le cas. Je viens à peine de commencer à explorer ma sexualité homosexuelle et je ne comptais pas en rester là. Le pauvre je m'excuserais bien plus tard de mon attitude. Des circonstances malheureuses me rapprocheront plus tard de lui de façon "virtuelle" et je découvrirais bien des facettes de lui, des peurs que je ne connaissais pas, et qui correspondent aussi à certaines de mes angoisses.

Me voici en dernière année de l'École Centrale de Nantes et mon choix de pays de réalisation du Travail de Fin d'Études se porte naturellement vers l'Espagne, moi qui ai fait cinq années de classe européenne. Il est temps de se confronter à la pratique de la langue et des langues espagnoles ! La localisation du laboratoire de R&D où je réaliserai ce travail est très privilégiée se trouvant à côté du grandiose parc du Retiro et à quelques foulées du paseo del Prado, reliant la gare d'Atocha pleine de tortues à l'époque dans un espèce de jardin tropical en son sein, et les musées public du Prado et privé Thyssen Bornemisza.

Pour l'instant, je découvre mon nouveau décor. J'arrive à la gare du Nord de Madrid, Chamartin. J'arrive à peine à ouvrir les yeux du beau soleil et ciel bleu devant moi. Il faut dire que j'étais épuisé de ce long voyage mais aussi du déménagement de Nantes à Clermont-Ferrand avec une grippe bien forte et les derniers partiels. Je prends le métro jusqu'à Antón Martín où je dors dans une auberge pour jeunes. "Jeune" est un adjectif qui peut prendre plusieurs sens en Espagne, au-delà de la définition de quelqu'un en bas âge. C'est aussi une question de mentalité, là il s'agit de personnes itinérantes plutôt. Je dormirai dans cette auberge coquette jusqu'à ce que je trouve un appartement. C'est préoccupant pour moi qui ne suis qu'un simple étudiant donc je ne peux pas me permettre de payer trop longtemps cette auberge de jeunesse et je dois trouver un appartement abordable sûrement en colocation. Heureusement que j'ai reçu une bourse pour ma mention "Très bien" au baccalauréat et aussi la bonne paye que j'avais eue lors de mon deuxième stage à Agen.

Je fais un tour dans la ville pendant ce temps, la rue Atocha regorge de monde en ce dimanche. Je marcherai jusqu'à la fameuse Puerta del Sol avec son ours "El Oso y Madroño", symbole de la ville de Madrid. Je retrouve les sensations de liberté déjà éprouvées lors de mes voyages scolaires à Madrid ! Je suis fasciné par ces coupes de cheveux que je trouve immondes : les latéraux rasés, des cheveux en haut, des fois une frange toute droite sur le front et une queue de rat qui arrive jusqu'aux épaules. Cette mode ne tiendra pas longtemps heureusement, donnant place à d'autres excentricités néanmoins. Je peux être très conservateur par rapport à ces aspects-là. Les madrilènes s'en balancent royalement. Et déjà je peux voir beaucoup d'hommes gays se promener librement main dans la main. Je vais enfin pouvoir vivre ma vie sans le poids de la famille conservatrice ! Cette coupure de six mois ne peut que me faire du bien … Sauf que cela ne sera pas qu'une simple coupure … Laissons ce Lionel Rodrigues baigner dans cette insouciance et ce nouveau contexte, pour qu'il se l'approprie à sa guise !

Présent 09/04/2020 : Quatorze ans à Madrid, enfin presque ! Hormis un mois en France en Octobre 2006 qui me fera très vite prendre ma décision de revenir à la ville du fruit interdit ! Puis quatre mois à Bordeaux, très salutaires entre Novembre 2018 et Février 2019 pour un programme européen dans le cadre de mon travail où j'ai pu avoir une liaison courte mais intense avec

Antoine, donc vraiment aux anges ! Puis bientôt un mois ici à Alcorcón, zone de Madrid tout de même.

L'heure est au bilan ! Que de choses vécues ! Énormément de fêtes, de connaissances et même amitiés fortes, amitiés rompues (je pense à ma chère sud africaine Kendra qui me manque beaucoup). Je dois faire une mention très spéciale à Carine qui en 2006, contacta tous ses amis français pour connaître leurs amis éventuellement présents à Madrid. Et donc par l'intermédiaire d'un ami de l'École Centrale, nous avons fait connaissance. De là, j'ai pu connaître les deux basques Victoria et Markel, qui étaient colocataires d'amis d'un ami de Carine. Par ce maillage indirect elle connaîtra son futur époux andalous Arturo et lui donnera deux enfants : garçon et fille. Un vrai conte de fées pour elle qui le mérite amplement ! J'aime beaucoup l'éducation qu'elle donne à ses enfants et je ne doute pas que ces deux petits, dotés d'une double culture, auront une vie radieuse. Carine est un pilier essentiel dans ma vie et a toujours donné une stabilité quand ma vie semblait s'enfoncer dans des abysses.

Madrid, c'est du travail acharné. Mes autres piliers de vie peuvent être abîmés par moments mais la constance des efforts réalisés est une garantie de réussite, même si le challenge est de très longue haleine. Je suis fils d'immigrant portugais d'une mère dédiée corps et âme au travail dans un autre pays que le sien. Je mimétise cette attitude, moi immigrant français en Espagne. Et quelle gratitude lorsque les résultats arrivent ! Peu importe le cheminement. La fierté d'avoir récolté ses fruits sans l'aide de qui que ce soit n'a pas de prix !

Madrid, ce sont donc de grandes épreuves comme la maladie. C'est aussi le tourment que provoque les grandes villes. Madrid ne dort jamais et ne laisse jamais les gens se reposer. Bon peut-être dans les circonstances actuelles et encore, la préoccupation du Coronavirus ne laisse pas nous reposer avec toute quiétude. Il y a eu bien nombre de fois où j'ai voulu partir, surtout les deux dernières années, suite à ma rupture avec David. Le passage à Bordeaux m'a vraiment redonné une santé avant de replonger. L'Islande en août fut un pèlerinage, une sorte de "retour aux sources" dans un cadre magnifique, sorti d'une autre planète. Il y a eu un avant et après l'Islande pour moi, comme il y a eu un avant et après Coronavirus pour tout le monde cette fois-ci. Madrid c'est ça, c'est une relation passionnelle que je n'ai même pas vécue avec mes différents amours. Cette ville ne me laissera jamais indifférente, révélant par là ma dévotion éternelle, que j'y vive pour toujours ou pas.

Futur : Me voici dans le TGV Paris – Nantes. Ce voyage me donne beaucoup d'appréhension. Arrivé à la gare de Nantes, je prends le tramway. Je reconnais le quartier de certains de mes premiers émois sexuels avec un pompier ! Quelle inexpérience à l'époque et en même temps quelle excitation ! J'arrive jusqu'à la place centrale Commerce avec la Fnac en fond. Je rentre tout simplement par curiosité, sans intention d'acquérir quoi que ce soit. J'achète tout de même trois livres pour mon retour à Madrid. L'espagnol est pour moi la langue d'excellence pour parler. L'anglais sera réservé à la chanson et visionnage de séries et films. Le français reste la langue privilégiée pour la littérature et l'écriture. Ce sera trois livres décrivant des drames en général contemporains dont un Maupassant "Les contes de la bécasse", déjà lu, mais il y a tellement de temps ! Maupassant, passage obligatoire scolaire, est l'auteur de mon coeur au lycée. Mon roman préféré "Une vie" dépeint de façon précise la déchéance progressive de Jeanne, une aristocrate. Elle me renvoie à ma mère par toutes les épreuves que Jeanne et elle ont pues endurer, même si elles appartiennent aux catégories sociales opposées. Le livre qui a plus de résonance en moi est "Le Horla", qui décrit comment le personnage rentre petit à petit dans les méandres de la folie sans retour possible …

Je reprends mon chemin et non loin, j'arrive à la rue d'entrée du quartier Bouffay. C'est le quartier jeune de la ville et où il existe de nombreux restaurants, surtout des crêperies. Je m'enfourne une galette avec champignons, jambon et gruyère puis une crêpe sucrée à la pâte à tartiner et chantilly. Je marche jusqu'à la petite île de Nantes pour me ressourcer dans ce petit havre de paix en plein milieu de la ville. Je reprends le tramway pour revenir aux "lieux du crime", à Petit Port Universités. Je retrouve la cafétéria où les étudiants de toutes les Écoles autour venaient manger pour reprendre des forces pour les cours de l'après-midi ou bien pour la grande beuverie de la soirée étudiante ! En face je retrouve le grand hippodrome qui ne provoque pas grand chose en moi, pourtant devant une grande étendue d'herbe. Je remonte et arrive finalement devant l'École Centrale, du moins sa grande grille blanche. Des souvenirs reviennent, les soirées passées avec mes quelques amis, dont Sandrine qui a été la première personne à qui j'ai dit ouvertement que j'étais gay. Quelques larmes semblent affleurer au coin de mes yeux, je les retiens. J'ai alors une idée de faire le parcours dans les rives de l'Erdre du Nord jusqu'au centre de Nantes. C'était le parcours où je faisais des footings réguliers, les lieux témoin de la perte de poids, le lieu de métamorphose du Lionel chétif et dodu jusqu'au Lionel se(ns)(x)uel et athlétique. Il semble que ce parcours est tout à fait propre à ce genre de transition, de par les arbres aux troncs et branches apparaissant se courber et s'entrelacer par endroits et ce tapis de feuilles mortes, vestiges d'une période passée.

Vendredi 10 avril

Passé 10/04/1995, Mogadouro (Portugal) : Toute la famille et moi sommes au Portugal, zone Nord-Est proche de la frontière espagnole près de Mogadouro. Nous y sommes allés pour voir les oncles, tantes, cousins et grand-père maternel Da Silva, ainsi que la grand-mère paternelle Rodrigues. D'habitude ce voyage se fait pendant le mois d'août tout entier, mais pour une raison de reálisation de travaux en été dans la maison, nous l'avons décalé pour la période de Pâques et raccourci à deux semaines.

Ce séjour me stresse énormément, pas le voyage en soi qui compte seize heures et une bonne partie pendant la nuit. Dans les autoroutes françaises, je m'amuse à voir les plaques d'immatriculation des automobilistes et essaye de savoir quel est le département de provenance selon les deux chiffres affichés. Le croisement à la frontière est un moment très excitant pour moi. L'Espagne s'offre à nous et tous ces tunnels dans le Pays Basque, j'adore ! Après c'est la partie la plus "coñazo" ("Emmerdement" en français), des routes peu entretenues, des paysages plats avec comme seule nature présente de la paille jaune. Le passage au Portugal est agréable à l'odorat : les eucalyptus embaument l'air de leurs essences enivrantes. Mais là l'anxiété monte parce qu'il ne reste que quelques dizaines de kilomètres.

Nous arrivons dans la région du vide portugais, peut-être équivalente à l'Auvergne pour la France ! Puis les villages bien pauvres d'où sont originaires mes parents. La visite chez les cousins proches, fruit de l'amour de la soeur de María avec le frère de Luis, n'est pas un supplice total. Seul gros inconvénient est mon portugais baragouiné, je ne sais pas vraiment dire grand chose dans cette langue qui me perturbe tant. Les trois cousins nous accueillent à bras ouverts : la plus grande Anita inspire pour moi une certaine stabilité. J'aime bien être à ses côtés. Les deux autres jumeaux ont un an de plus que moi. Lisa est la mère de tous, sans réelle-ment occuper cette position généalogique. Elle est le bras droit de ma tante dans les tâches de la cuisine. Puis il y a Nuno qui me trouble énormément ... il a des cheveux châtains, virant presque au roux, avec une frange peignée vers la droite du front, des yeux verts qui changent avec les saisons. Il a un trop-plein d'énergie, il peut s'amuser à courir dans les champs comme à persécuter des lézards. Il est tout simplement dans son élément, quand on sprinte comme des fous dans l'allée devant chez la grand-mère. Il attire souvent mon regard, peut-être pour être l'exact opposé de moi, si sage et peu endurant. Son contact est excitant, même si je ne pouvais pas le définir aussi clairement à l'époque et à la fois ré-pulsif, par ce côté trop fougueux et bien des fois vulgaire dans ses termes. Il y a bien sûr des moments inoubliables avec les cousins dans ce décor pauvre et ennuyeux, comme des grandes sessions de jeux de cartes ou de musique et danse sur du hard-rock, type Offspring, ou bien les élancements de jambes infiniment hauts dans le parc à balançoires. Là, à ces moment précis, nous étions une vraie famille ouvrière et basanée, néanmoins unie.

En ce qui concerne mes grands-parents, c'étaient les deux reflets différents de la branche généalogique Da Silva et Rodrigues. Le grand-père Da Silva est la bonté incarnée. C'est un homme qui n'a jamais rien eu et donne pourtant tout à sa progéniture. Ma mère en a hérité. La grand-mère Rodrigues est méchante. Elle n'aime pas voir courir les petits-fils à qui elle interdit tout et sa simple présence constitue une épée de Damoclès, surtout pour toutes ces belles-filles, Maman incluse. Comment deux couples Da Silva et Rodrigues ont pu se former ? L'alliance parfaite de l'ange et du diable ... C'est forcément cet environnement pay-san qui pousse à l'endogamie des dynasties familiales de la ré-gion. Et nous voilà tous ensemble, les six cousins, fruits de cette union improbable.

Les moments émouvants dans ces vacances éternelles étaient la préparation des repas. Même si ce n'était pas des tâches d'hommes, les femmes faisaient preuve d'une maîtrise complète des nombreux plats qui allaient être servis. Et nous en profitions tous, les hommes tout le temps assis à table et les femmes s'occupant de la transition entre les plats. Avant la dégustation du menu, une de mes activités préférées du moins la contemplation du processus, c'est l'élaboration des pains dans un fourneau dans un abri extérieur à la maison de ma tante. L'odeur est tellement caractéristique et envahit nos organes nasaux, au fur et à mesure qu'ils gonflent. C'est un des seuls instants qui ne me font pas honte d'appartenir à cette famille ouvrière et immigrée.

Présent 10/04/2020 : Le nombre de morts recule encore : 605 en tout. L'indice de propagation R_0 passe en-dessous de 1 apparemment dans toutes les régions espagnoles, ce qui voudrait dire que le pic de l'épidémie a été atteint. Le Gouvernement durement critiqué par la droite et extrême-droite absolument dégoûtantes, annonce la reprise de l'activité laborale paralysée pour un temps provisoire, comme les chantiers. Je ne sais pas si c'est une bonne idée ... Les Etats-Unis ont dépassé l'Espagne avec 16,690 décès et 466,033 cas recensés. Une image troublante dans le journal télévisé d'une fosse commune créée pour les Sans Domicile Fixe dans une île de New-York, me laisse bien perplexe. Quelle ironie du sort, la naissance dans telle ou telle partie du monde qui déterminera la chance de survie face à une pandémie ou tout simplement un manque constant de nourriture !

Mateo et Eleonora se partagent la cuisine tout au long de la journée. Eleonora fait un potage d'épinards, morue et pois chiche, puis des beignet de morues. Elle fait deux pains au four sous les ordres cette fois-ci bienveillants de son fils. Ensuite un gâteau simple mais bien moelleux. Le fils prend la relève en fin d'après-midi avec une pizza faite maison au thon et poivrons, puis des croissants nature et croissants au fromage. Tout est absolument délicieux et surtout quel bonheur de les voir s'entendre dans ce lieu si propice aux conflits !

Je contacte ma sœur Eva par vidéo Whatsapp et nous passons une heure à raconter notre vie, elle au Pérou, moi en Espagne. Au Pérou il y a encore peu de cas et seulement une trentaine dans la région où elle habite. Elle travaille mais à mi-temps, seulement quatre heures et demie et se rend dans les locaux. Le confinement est donc seulement partiel là-bas. Je parle aussi un petit moment avec son mari, qui l'aide dans ses tâches, puisque deux personnes ont été renvoyées et elle doit assumer le travail de trois personnes en un temps réduit ! La conversation en vient à la famille proche. Elle s'inquiète tout comme moi de notre mère toute seule à Riom. Elle me dit qu'elle veut aller très vite en France, réalisant à quel point la famille est importante. Elle essaiera de voir notre père, mais juste parce que son mari manifeste le désir de pouvoir le connaître. Puis elle me demande comment vont mon frère Antonio et notre nièce Julie. En froid depuis trois ans, Antonio et Julie, têtus comme des Rodrigues, ne veulent plus rien savoir d'elle. Eva fit passer notre frère pour un alcoolique lorsqu'un jour, il rentra en vomissant de soirée, selon les dires de ma mère et comme strict témoin de Jéhovah, ce fut amplifié quasiment comme un coma éthylique. Les demandes de nouvelles se sont faits inexistantes de la part de Eva , enfin comme tout Rodrigues qui se respecte … Mais les deux autres ne voient pas qu'ils avaient fait de même. Le côté borné des Rodrigues peut être infiniment obtus. Je lui dis que la semaine dernière, j'avais fait une vidéoconférence avec eux sans rentrer en détails. Elle me somme d'essayer d'arranger les choses entre eux, moi qui suis la pierre angulaire de cette famille déchirée. Promis, j'essaierai ! Puis finalement, elle me parle d'Anita qui a pris des nouvelles d'elle depuis la Suisse. Elles ont évoqué les grands moments des vacances estivales en disant combien nous étions unis tous les cousins lors des vacances au Portugal !

Futur : Nous voici en Suisse chez ma cousine Anita. "Nous", il s'agit de ma sœur Eva et moi. J'ai tout de suite dit oui à ce voyage, sans trop de réticences devant une proposition de réunion familiale. Le cadre est évidemment pour moi un argument de poids.

Au coeur des Alpes et en saison printanière, que demander de plus? Ah oui aussi les plats typiques de montagne ! Mais là il s'agit de renouer les liens avec notre cousine et sa famille. Elle est partie fin des années 2000, suite à la crise financière, avec son mari et ses deux enfants en bas âge. C'est son mari qui ne pouvait plus payer ses employés de la construction et de nombreux prêts faits dans le dos d'Anita, impossibles à rembourser. Ils durent abandonner leur maison du Portugal du fait de cette situation de banqueroute.

Bien des années sont passées. Ses deux enfants maintenant grands adolescents, maîtrisent bien évidemment les deux langues et sont voués à un grand futur, dans ce paradis vert et économique qu'est la Suisse. C'est d'ailleurs un des seuls pays à avoir bien fait front au niveau économique à la crise après le Coronavirus. Au niveau sanitaire, les pertes sont énormes. Il faut dire que beaucoup des premiers cas importés de Wuhan étaient suisses, puisque de nombreux centres financiers avaient des contacts avec cette région chinoise.

Les rencontres sont heureuses et recréent des scènes comme autrefois au Portugal. Tout le monde aide à la préparation des plats : non, nous ne sommes pas au Portugal donc les hommes comme les femmes doivent jeter un coup de main. Après le déjeuner, nous faisons une promenade dans ce cadre idyllique, haut et accidenté venant de l'activité effervescente de la terre, il y a des millions d'années. Le nappage vert de ce relief chaotique témoigne d'une érosion progressive qui altérera seulement en surface ce massif imposant. Nous évoquons les souvenirs du passé au Portugal lors de notre randonnée, des larmes surviennent. On a quand même eu de très bons moments dans cette famille déchirée, au fur et à mesure des années.

Puis le soir nous nous connectons par Whatsapp avec mon frère Antonio et ma nièce Julie. J'ai une énorme appréhension, depuis ces quelques années qu'ils ne se sont pas parlés. Va-t-il y avoir un attendrissement inédit, tout comme le vert des Alpes estompe la

férocité du colosse montagneux, de même qu'il épouse sa fragilité inhérente ? Non, malheureusement c'est une avalanche qui
détruit tout sur son passage et enterre Eva au plus bas du massif …

Samedi II avril

Passé II/04/1994, Riom : Je rentre de l'école et j'assiste à un spectacle d'épouvante. Ma soeur a tenté de se suicider en ingérant des médicaments de toute sorte. Ma mère est à ses côtés en attendant l'ambulance et lui somme de recracher la quantité ingurgitée. En me voyant, elle me dit que tout va bien que je monte sans me préoccuper, ordre que j'accomplis immédiatement, mais je reste avec la porte entrebâillée. Les deux sont en larmes et ma mère n'arrête pas de répéter en portugais : "Non pas toi non, je suis déjà passée par là !" Et ma soeur de rétorquer "Je suis vraiment désolée, Maman !"

La funeste besogne a pu être interrompue à temps et Eva s'en tire sans trop de soucis. Quelques jours plus tard, bien avancé cet événement terrible, cette phrase prononcée par ma mère continue de résonner en moi. Elle a déjà vécu quelque chose de similaire. Je n'ose pas aller en parler à ma mère. C'est pourquoi je prends ma soeur à part. Tout d'abord je veux savoir le pourquoi de ce geste tant désespéré, elle qui a pourtant son petit ami italien Danilo. Elle me dit qu'elle sentait qu'elle n'était pas heureuse mais qu'elle a compris l'ampleur de cet acte. Cette explication peu développée me va pour l'instant. Je ne peux pas la forcer à mettre des mots sur des faits qui dépassent peut-être l'entendement. Je saurai bien plus tard ce qu'il en est exactement, au détour d'une conversation fortuite avec ma mère au téléphone.

Je change donc de conversation : pour un gamin de 10 ans, je suis quand même très intuitif et sensible à la douleur des gens. Je passe de la peine vécue par ma soeur à celle de ma mère. Peut-être indélicat comme transition thématique, mais bon, ne m'en voulez pas, je n'ai que 10 ans ! Je lui fais savoir ce que j'ai entendu. Que s'est-il donc passé ? Eva m'annonce alors qu'entre mon frère actuellement de 15 ans et moi-même, deux jumelles sont nées, mais immédiatement mortes à la naissance.

Je ne saurai jamais plus des circonstances de ces décès prématurés qui auront tant traumatisé ma mère, du moins jusqu'à un âge bien avancé, car celle-ci ne se soucie que de montrer un aspect positif d'elle-même, telle une vitrine des meilleurs produits frais dont on fait l'étalage dans une épicerie, pour appâter les clients. Cependant, les réserves de fond sont de toute autre nature.

Présent II/04/2020 : L'Espagne enregistre 510 morts en une journée, ce qui est comparable à la journée du 23 mars. Les Etats-Unis eux recensent plus de 2,100 décès, ce qui correspond au bilan fatal plus important obtenu en un jour dans un quelconque pays dans le monde.

Hier soir Mateo s'est endormi dans mes bras à une heure décente, mais jusqu'à midi il ne refait pas surface. Il avait mis le réveil avant comme je lui avais conseillé, à dix heures. Mais il s'est ensuite rendormi. Ce n'est pas grave, après tout il n'a pas d'activités. Mais justement, il se réveille en pleine forme et fais beaucoup de sport le matin pendant que j'écris mon journal, qui est enfin à jour depuis que je l'ai commencé. Il se rase la barbe ensuite en laissant juste un trait dans le bouc. Je n'aime pas trop cet aspect mais je comprends la volonté de changement de look, moi-même avec ma transformation récente à la "Freddy Mercury". Lui aussi veut me voir sans barbe, mais hors de question. Il trouvera une photo de moi à la plage vers Perpignan avec cette apparence infantilisée et s'en contente.

Puis Mateo me montre finalement le ruban que sa grand-mère a écrit au stylo :

"Ésta es la medida de una niña que nació en Portugal, duró 3 horas y antes de morir, habló, tomad mis medidas, habrá una fiebre en el mundo, que los médicos no podrán curar, quien tenga esta medida en casa no tendrá esta fiebre. Distribuir 3 unidades antes de los 3 días".

En français :

"Ceci est la mesure d'une petite fille qui est née au Portugal, elle dura 3 heures et avant de mourir, elle parla, prenez mes mesures, il y aura une fièvre dans le monde, que les médecins ne pourront pas guérir, celui qui aura cette mesure à la maison ne sera pas atteint par cette fièvre. Distribuez 3 unités avant les 3 jours qui suivent".

Je reste totalement éberlué … Je relis une deuxième fois et je me mets à penser à mes soeurs mortes-nées.

Futur : Je rentre pour la première fois en France après cette première quarantaine forcée. J'ai passé la nuit chez Carmen, la soeur de Mateo à Saint-Sébastien (Qu'est-ce que j'aime cette ville !) pour faire une grande halte. Je lui racontais à elle et son petit copain républicain, qui admire tant les français pour le sort réservé à nos derniers rois, les jouxtes Mateo Eleonora, autour de bières. Et nous en avons énormément ri. "Ils ne changeront jamais !" sentencia-t-elle.

J'ai besoin de retrouver ma mère qui a vécu cette période toute seule. Mais tout d'abord, après six heures de voiture, j'ai la force mentale et physique pour grimper le chemin des Muletiers menant à mon imposant Puy-de-Dôme. Il est fier de ses 1.465 mètres et son antenne en forme de phallus en est l'authentique reflet. L'ascension est vive. Des grosses gouttes de transpiration perlent sur mon front et les ailerons aux aisselles attirent les insectes volants. Je ne vous en blâme pas, j'adore aussi la sueur masculine ! Arrivé au sommet, je fais naturellement le tour de ce phénix auvergnat, témoin de grandes luttes passées comme cet orgueilleux Gaulois, Vercingétorix, vainqueur contre les désormais puissants Romains ! Le paysage est à couper le souffle. Moi qui pourtant dans ma jeunesse le dévaluait, comme le ferait une crise économique avec une monnaie nationale.

Mon regard se pose sur le Puy du Pariou. Il est normal de s'attacher à lui. Il a le cratère tellement régulier. Il est la figure de proue d'Instagram d'un athlète bien proportionné de la tête aux pieds avec des milliers de "followers". Il est l'égérie de mon eau favorite, l'eau de Volvic. Il apaise par son excès de régularité. Pourtant il n'est pas représentatif de ce que je suis.

Un peu plus loin, apparaît le Puy de Côme avec son double cratère. Lui, c'est tout moi, bien plus que le Pariou. Ses deux arches lui profèrent une ambiguïté certaine. Il fut un temps où il n'en avait qu'un seul. Néanmoins les aléas de la nature l'ont redessiné. Une altération brusque de son caractère signifiant que rien n'est immuable, tout se transforme. Il a deux couches, moi j'en ai plusieurs et je ne laisse entrevoir certaines qu'à des gens bien déterminés. Son petit cratère en haut non visible depuis le Puy-de-Dôme me rappelle mon anus. Non visible par tous, il faut grimper toutes ses couches pour accéder au trophée. Ma pensée vole sans aucune transition vers mes deux soeurs jumelles. Deux alvéoles dans ce Puy dans une nature splendide. Ma mère est ce volcan, la reine pure au milieu de Dame Nature et ses deux filles sont le témoignage d'une coulée de laves chaude qui s'est refroidie il y a longtemps.

Ah ma Maman ! Je la retrouve après mon échappée volcanique. Je l'embrasse tendrement et lui dis que je l'aime. Je ne l'ai pas assez dit depuis l'âge de mes 13 ans, je ne me souviens pas à vrai dire de lui avoir dit. Elle fait de même, en me prenant fortement dans ses bras. Elle me fait un gâteau tout simple au yaourt, comme elle aurait pu le faire pendant mon enfance, adolescence et bien sûr un bol de lait pour pouvoir le tremper dedans. Elle allume la télévision, je l'éteins de suite. Attablés, nous racontons nos expériences respectives. Enfin je lui raconte mon séjour chez Mateo et Eleonora, elle n'a rien à me dire comme nous devons toujours occulter les épreuves dans cette famille. Je lui dis que j'avais fait une énorme réflexion sur notre famille, au moyen de mon journal, qui m'a ramené à vivre des moments bien marquants du passé. Je lui demande alors de se vider à brûle-pourpoint: "Raconte-moi comment s'est passé le décès de mes deux soeurs jumelles." Les larmes montent et le récit commence …

Dimanche 12 avril

Passé 12/04/2001, Andalousie (Espagne) : Nous voilà tous les europénnes espagnol en Terminale. Beaucoup d'entre nous, nous suivons depuis la classe de Quatrième jusqu'à la Terminale Scientifique, filière que je choisis en Première à mon grand désespoir, moi qui ne voulais pas abandonner les lettres. C'était quand même pour moi le meilleur compromis puisque les langues y sont toujours bien représentés mais aussi le français en Première puis la philosophie en Terminale, tellement crainte par tous les élèves. Ce sont cinq années consécutives pour la plupart d'entre nous : Romain et Amandine la fille discrète et avec son humour acide que j'adore, sont dans la même classe que moi. Romain reste absolument brillant durant toutes ces années et devient un passionné de biologie. Amandine un peu moins, elle se demande si elle a bien choisi cette filière. Moi je suis ravi par les mathématiques avec deux professeurs absolument fantastiques en Première et encore plus en Terminale. Le talent des professeurs et surtout leurs capacités de transmission de leur passion aux élèves sont déterminants pour leurs choix d'études supérieures et la subséquente trajectoire professionnelle. Il y a des européennes en filière littéraire comme Laura puis Economique et Social. Simplement nous nous retrouvons pour les heures d'espagnol hebdomadaires, en Terminale au nombre de six, incluant la nouvelle matière d'histoire contemporaine de l'Espagne.

Et comme chaque année, nous sommes privilégiés et avons droit à notre voyage annuel, et cette fois-ci, la destination est fantastique, le sud de l'Espagne, l'Andalousie ! Nous changeons des éternels Madrid et Tolède pour des destinations bien espagnoles comme nous pouvons nous le concevoir dans nos têtes : ¡Fiesta, sol y siesta! ¡Olé!. Cela nous fait aussi un répit d'une semaine pendant la préparation exigeante des épreuves de baccalauréat qui n'ont lieu que dans deux mois. Le voyage fait des haltes de deux jours dans les grandes villes : Séville, Cordoue et Grenade.

Dans toutes ces villes, ce qui impacte le plus, c'est le poids du passé musulman dans l'architecture mudéjare. Séville compte parmi ses monuments les fameux Giralda, tour symbole de la ville et l'Alcazar entre autres, référence de ce passé glorieux. Tout comme les autres grandes villes espagnoles, elles allient ensuite les autres influences judéo-chrétiennes. La plaza de España de Séville est pour moi la plus belle et majestueuse Plaza de España, espagnole !

Cordoue était la capitale du règne musulman qui dura près de sept siècles tout de même ! La mosquée de Cordoue (pour certains espagnols bien catholiques, cathédrale tout court …) en est le premier référent. Construite entre les siècles VIII–XVI, le temple compte des centaines de colonnes et arcs islamiques. La mosquée mélange des éléments du califat comme le mihrab et les coupoles avec d'autres éléments tirés de l'influence catholique gothique.

Mais c'est la dernière ville qui accapare mon enthousiasme, bien difficile de s'émerveiller de nouveau devant autant de beautés architecturales déjà visitées. Grenade et son impressionnant Alhambra, qui devrait figurer comme une des nouvelles merveilles du monde ! L'Alhambra est un palais érigé par les monarques de la dynastie Nazarí du Royaume de Grenade. Déclaré site du patrimoine mondial en 1984, son nom vient de la couleur de ses murs ("Al-Hamra" en arabe) qui ont été fabriqués à partir d'une argile orangée. La visite du Patio de los Leones est le point culminant de la visite. Nos professeurs nous expliquent qu'il s'agit d'une représentation terrestre du paradis. En son sein comme figure centrale, se trouve une fontaine entourée de douze lions qui communique à travers quatre cours d'eau aux extrémités de la cour constituant des fleuves paradisiaques. Le marbre des pavés, les céramiques des murs, les formes courbées dessinées dans ses piliers exaltent la beauté de cet endroit, qui peut être parfaitement un lieu paradisiaque sur cette Terre. J'en ai la chair de poule … décidément Grenade restera un des endroits les plus marquants que j'ai visités.

Présent 12/04/2020 : Hier nous avons vu "Los abrazos rotos" de Pedro Almodóvar. Un très bon film qui n'est pas pour moi le meilleur, avec encore un triangle amoureux, thématique récurrente chez ce réalisateur, et dans le monde du cinéma. Almodóvar retransmet parfaitement l'attirance que j'ai pue avoir pour l'Espagne, toute cette fougue passionnée qui se voit frustrée par certains aléas. L'Andalousie tout naturellement attira mon regard au premier abord, étant au croisement des trois civilisations. Au fur et à mesure des années, je perdis plus l'intérêt pour cette région que je reconnaissais exquise de beauté. Pour moi c'est le soleil et le beau temps qui m'en ont "désintoxiqué". Les chaleurs en été à Madrid sont vraiment insupportables, moi qui transpire très facilement et être trempé pendant des mois pour aller au travail complètement fatigué, très peu pour moi … Puis les andalous au final me lassent. Toute cette démonstration de passion est très vite tronquée par une peur d'aller plus loin dans une relation, surtout chez les gays. Le slogan espagnol, c'est profitons du soleil, des terrasses, de la joie de vivre et l'Espagne est le meilleur pays au monde, bien souvent suivi par "Esto es Españistan" ("C'est l'Espagnistan" en français) pour dénigrer ce même pays dans certains aspects. Incohérence totale ! Voilà mon intérêt se porte vers le Nord de l'Espagne qui n'a peut-être pas autant de tradition, bien moins de soleil et des caractères rudes, mais je les vois plus nobles.

Après le film, nous faisons l'amour très discrètement, profitant que Eleonora est au téléphone dans la grande salle à manger. J'étais sur le bord du lit à moitié nu, lui debout sur le bord pour y introduire son pénis qui grandit à un quelconque contact de ma part, c'est incroyable cette réaction physiologique ! Ensuite Mateo et son "Pollito" ("Petit Poulet", comme il aime m'appeler des fois), nous endormions enlacés dans son petit lit et je rejoindrais le mien pour compléter la nuitée.

Le lendemain, Mateo est de bonne humeur et plein de vitalité, ce qui fait plaisir à voir. Cela fait quatre semaines que nous sommes dans notre cage ! Elle semble désormais bien loin notre ancienne vie ! Mon journal est à jour mais sans relecture donc pour la première fois depuis un mois, l'inertie et même l'ennui me gagnent. Je deviens très oisif, des siestes à répétition mais qui sont bien nécessaires pour clore ce pont de Semaine Sainte, qui doit permettre le repos, enfermement ou pas ! Je vois aussi des images télévisées de Séville en pleine Semaine Sainte qui devrait être remplie de processions de catholiques. Ces manifestations me font peur par les apparences très Ku Klux Klan des "costaleros" portant la vierge et / ou Jésus dans sa croix avec des réactions des croyants très intenses, très andalouses en somme : l'émotion les gagne tellement qu'ils fondent en larmes, telle une cérémonie d'enterrement. Aucun jugement de valeur de ma part : me considérant athée, je préfère éviter ces scènes qui dérangent mon mental. Là la télévision reflète une ville de Séville désolée, les rues vides comme si un virus dangereux avait dévasté tous ses habitants. Non les sévillans sont toujours là, mais enfermés entre quatre murs !

Futur : Me revoici un an plus tard dans la province de Cadix. L'Espagne a fermé ses frontières au tourisme international au vu des désastres humains qui continuaient dans le monde entier : aux Etats-Unis mais aussi le continent africain qui sont vraiment les plus mal lotis par leur système sanitaire. Les premiers à cause de leur système onéreux, les deuxièmes à cause de leur quasi-inexistence … C'est donc un Cadix beaucoup plus vide que l'été dernier qui m'est donné de revisiter.

Les mesures de distance sociale sont toujours de mise pour ne pas avoir une énième rechute. Les premiers des autres Comunidades à réserver leurs voyages sont des fortunés. Heureusement que j'ai pu réserver sur Internet parmi ceux-là à minuit et quelque du premier jour de lancement d'offre des vacances. Les autres madrilènes tenteront leur chance dans d'autres endroits moins prisés. Bien sûr les accès aux plages et visites sont régulés. Tout comme le pass d'entrée à la province, il y a des entrées pour chaque endroit touristique à commander par Internet. Donc pas de Bolonia encore cette année, la plage qui de toute façon sans Coronavirus est tellement prise d'assaut par les touristes que seuls ceux qui se sont réveillés à l'aube, peuvent profiter de ses charmes.

Je me souviens du gaditan Raúl en août 2019, qui me sortit le grand jeu faisant la visite guidée de Cadix. Je m'étais sauvé alors de l'appartement que je partageais avec Victoria, sa soeur et une autre amie Milena, pour consumer cette idylle brève dans une plage. Si brève que le lendemain, il me disait que finalement il pensait beaucoup trop à son ex. Typiques des andalous, ces élans de passion suivis d'une trouille bleue, sans vouloir faire de généralités. Et j'avais eu comme réaction de retourner à Cadix pour me réconcilier avec elle car elle m'avait réellement impactée, détrônant même dans mon coeur Grenade !

Je voulais voir si je retrouvais cette sensation dans deux endroits bien précis. Tout d'abord la cathédrale avec comme fond de la carte postale l'Océan Atlantique. Cette coupole dorée de la cathédrale me rappelle le passé islamique de l'Andalousie, même si elle a été érigée pendant le catholicisme. Encore ce mélange unique des cultures en Andalousie ! Deuxième lieu de pèlerinage : le jardin génois de par ses hauts buissons taillés, comme si "Edward aux mains d'argent" les avait lui même profilés de ses cisailles. Là j'avais passé un moment de bonheur éphémère avec Raúl. Cette fois-ci je suis tout seul à en profiter. Je lève le visage vers la cime des arbres puis le bleu infini du ciel. Il peut bien attendre encore.

Lundi 13 avril

Passé 13/04/2008, Madrid : C'est le week-end et cette fois-ci, je ne veux pas sortir parce que je suis bien enrhumé. Il est temps de faire autre chose, quelque chose de constructif profitant de cette maladie, cet état de fatigue. Pourquoi ne pas commencer à écrire? Du haut de mes 24 ans, j'ai la sensation d'avoir déjà vécu bien des choses. Pourquoi ne pas les mettre noir sur blanc sur un calepin, pour que le Lionel du futur puisse voir son évolution et comprenne mieux ce qu'est devenu ce petit garnement ? Je me munis d'un stylo et papier et commence mon récit. Je dois à tout prix remonter à ma naissance et faire une organisation chronologique qui permettra de définir le personnage au fil du temps.

Les souvenirs sont bien peu nombreux, comme les photographies de famille. J'étais le tout dernier et certainement le chouchou, mais le nombre de photographies dédiées à Antonio ou à moi, sont bien moindres par rapport à la quantité astronomique de photographies dédiées à Eva . Je les passe en revue, quelques clichés de moi tout petit avec un air bien sérieux déjà. Toute ma vie, j'ai eu l'air de me "prendre la tête". Puis j'en vois une avec Antonio en fond et j'ai un sourire d'ange. Pas de doute ! Mon enfance a été plutôt heureuse, dans son ensemble. Alors pourquoi les souvenirs d'enfant sont-ils si flous dans ma tête, comme quasi inexistants? Je me perds dans cette réflexion, stylo en bouche et la tête baissée vers le sol et soudain, je me rends compte que je fais une moue similaire à celle de mes photos de penseur de Rodin en herbe !

Présent 13/04/2020 : Je reçois un courrier électronique de mon premier "fan" François, qui juge excellentes mes qualités d'apprenti écrivain. Je lui avais envoyé samedi soir le récit du premier mois et les retours sont si positifs de sa part que les idées et images du passé reviennent avec force. Moi qui sentais que je n'allais pas avoir assez d'inspiration pour tenir tout le confinement … Ce qui est déroutant, c'est de ne pas savoir la date de sortie en rapport à l'élaboration du journal. Sommes-nous arrivés à la moitié ? Malheureusement je ne crois pas. J'espère que la décision du gouvernement de faire reprendre les activités industrielles et de la construction avec les mesures de distance sociale encore plus renforcées, n'est pas trop hâtive.

Pour l'instant le bilan des morts est encourageant : 512. On peine tout de même à le faire baisser plus significativement. Je reprends le travail de façon bien consciencieuse et une formidable nouvelle arrive : une cliente nous demande de préparer le contrat pour une fourniture de gaz naturel. Comme quoi, ce virus n'a pas réussi à détruire l'activité industrielle pour l'instant.

Le soir Mateo reçoit une mauvaise nouvelle de je ne sais qui et un autre changement d'humeur apparaît. Il me dit à deux répétitions "Tu te trompes énormément …". Nous faisons notre session de sport assez tendue. Ensuite il boit un Gin Tonic et là, je commence à stresser, très sûrement à cause de mes activités Facebook dans mes chats privés qui ressortent dans mon activité publique … Plus tard, il m'assure que cela n'a rien à voir avec moi, mais les mots prononcés à mon encontre ont été très clairs. Le soir un changement d'attitude complète se produit, lorsque nous nous retrouvons dans le même lit. Il me fera l'amour deux fois et moi en larmes avec ces retrouvailles charnelles. Je m'endors tranquillement, enfin presque …

Futur : Après bien des mois de confinement / non confinement successifs du Coronavirus et la révision des différentes entrées de mon journal, je sens qu'un pas en avant doit être fait pour approfondir mes talents littéraires si longtemps mis au placard au profit de mon profil analytique et scientifique. D'abord ce sont des lectures de livres beaucoup plus fréquentes qu'une fois tous les trois mois lors de longs voyages, comme j'ai pu faire ces années passées.

Je dois me relancer dans l'écriture, après ce fantastique journal Coronavirus, où j'avais tous les atouts en main pour construire un roman : un virus planétaire, des conditions d'enfermement donnant lieu à des situations moralement éprouvantes, donc propices à la réflexion, des personnages hauts en couleurs pour retranscrire aussi leurs histoires, ainsi qu'un bagage lourd du passé.

Une idée me vient et cette fois-ci pas de tricherie, pas de passé à relayer noir sur blanc, juste des sensations, des humeurs distinctes, qui peuvent imprégner ce nouveau récit ambitieux. Je me munis de mon ordinateur, il est bien temps de recréer à nouveau grâce à ces mains qui retranscrivent de façon mécanique, le fil de mes pensées. Ah ses mains que je croyais si inutiles et pourtant devenues les témoins matériels artistiques de l'insubstanciel !

Mardi 14 avril

Passé 14/04/2008, Madrid : On ne parle que de Facebook à longueur de journée. Qu'est-ce que c'est que cela exactement? Je vois que c'est apparemment une interface de réseau social. Quelque chose d'informatique ? C'est bizarre d'associer des moyens virtuels à du social ... J'ai donc eu tout naturellement une première réaction de rejet. Mon premier ordinateur je l'ai eu en début d'années, c'est à peine si je sais enregistrer un document sans disquettes ! Mais mes amis français insistent pour pouvoir être en contact avec moi, qui suis si loin d'eux. D'accord, je m'y résolus. www.facebook.com. Mettre son email, le mot de passe : celui qu'on me donna à l'Ecole Centrale de Nantes, tellement qu'il est compliqué. Insérer une photographie, allons piocher dans les dossiers de photos ...

Présent 14/04/2020 : Le Président français Emmanuel Macron a fait une déclaration la veille au soir : le confinement est rallongé jusqu'au 11 mai. Il est certain que l'Espagne en fera de même. Le possible retour des enfants à l'école à partir de cette date fait débat, si les bars et restaurants ne peuvent pas ouvrir après, comme je peux voir sur Facebook.

Je passe beaucoup trop de temps sur ce réseau social. A la base c'était pour être en contact avec mes anciens amis. J'aime aussi mettre des photos de profil évolutives. Je ne remets jamais une photo du passé, peut-être pour voir mon évolution dans le temps en les passant d'une à une. C'est très drôle aussi de piocher dans les commentaires que j'ai pus faire dans le passé et de se dire : "Oh mon Dieu ! Ce n'est pas possible que j'aie pu écrire cela sans aucune gêne !". Moi qui ne voulais surtout pas inspirer des soupçons à mon égard sur mon statut gay, surtout chez ma famille portugaise ! C'est complètement raté !

J'ai toujours eu horreur des clichés m'as-tu vu?, qui me ramènent à cette superficialité que j'ai toujours voulue combattre mais elle s'est insidieusement installée en moi, lorsque je perdis tous mes kilos en trop en 2003. La venue à Madrid n'a arrangé en rien cette situation. Le physique est tellement important que les salles de gym se sont vues multipliées. Partout, vous me direz, pas seulement à Madrid ! Mais dans cette ville, c'est une exagération, le culte du corps. Bon cela n'arrive pas à une situation comme le Brésil pour autant avec leurs fameuses opérations de fessiers et des seins. Il est très difficile de distinguer maintenant les gays des hétérosexuels, qui eux aussi veulent une musculature à tout prix. Et les vêtements aussi vont de paire. Déjà mon radar pour détecter les homosexuels n'était pas performant. Il fallait quasiment qu'on me montre une queue en érection pour comprendre que je plaise à une personne !

Je reviens à cette matinée. J'ai envie de me toucher, cela fait quand même assez longtemps. Et puis si je vais sur Grindr ?, histoire de voir qui s'y trouve. Je commence une conversation avec un beau vénézuélien. C'est mon péché mignon les vénézuéliens dans tous les pays sud américains, ils arrivent au top 3 suivis des cubains et des dominicains. Les vénézuéliens ont ce charme latin d'Amérique Latine et non pas latin dans le sens espagnol. Ils sont extrêmement sexys et n'ont pas peur de te regarder dans les yeux pour te baiser et te toucher partout, ce qui anoblit l'acte bestial en amour, contrairement à certains espagnols. Stop, qu'est-ce que je fais ? Il est vrai que je m'étais déjà connecté quelques fois par ennui et aussi pour satisfaire mon égo, il faut bien l'avouer. Mais là je le fais du fait des circonstances de la veille, alors que je veux simplement évacuer ce stress sous forme de liquide blanc paternel. Je ferme donc la page et regarde donc quelques vidéos pour m'atteler à la tâche.

Trente minutes plus tard, Mateo apparaît dans la cuisine et est abasourdi. Il me demande : "Comment est-ce que tu peux te connecter sur Grindr ?" Je fonds en excuses, lui me dit qu'il me trouve petit et me demande s'il ne me suffit pas. Je l'amène dans la chambre et lui explique que ce sont les circonstances d'hier qui m'ont complètement déboussolé et oui, j'admets quand même qu'il m'est arrivé de regarder de temps à autres pour tester mes capacités d'attirance envers ces mâles. Je lui explique aussi un incident du passé qui me marquera beaucoup et fait que j'ai besoin de cette espèce d'approbation de la part des hommes. Je me confonds en excuses encore et lui fais savoir que lui aussi a un jardin secret des fois bien difficiles à pénétrer. Et puis, lui aussi s'est connecté et de façon plus sournoise puisqu'il n'y a pas de photographie visible sur le profil. Que s'est-il passé hier ? Il ne veut pas me dire mais il me garantit que ce n'est pas en rapport à moi. Je concède l'importance d'avoir son petit espace réservé et n'insiste pas plus. Il me prend dans ses bras et me dit combien il m'aime, et je lui renvois de tout coeur la formulation sacrée et le geste l'accompagnant.

Futur : Depuis quand toute notre vie est devenue virtuelle ? Je ne me souviens plus … Avant le Coronavirus, quand on m'a dit de télécharger une application, "Mais jamais de la vie !", fut ma réaction. Et là le Coronavirus a tout accéléré : l'application de bilan de santé actualisée au moment même des résultats obtenus en laboratoire.

Mais pas seulement : toutes les commandes d'alimentation se font par application. Les bars / restaurants qui n'ont pas pu survivre aux mois de Coronavirus se sont joints dans des applications de vente ambulante. Si tu ne peux pas venir prendre ta "caña" et ton "bocata" ("Ta bière et ton sandwich", en français) pour raison de confinement ou juste parce que tu es devenu trop sédentaire pour bouger tes grosses fesses, ne t'inquiète pas, ils viendront à toi. Les salles de gym viennent chez toi aussi par peur de rassemblement des gens. Tu dois quand même bien choisir quelles bosses tu veux avoir sans mauvais jeu de mots, la musculation recherchée.

Et une application d'origine chinoise comme le virus : l'application fameuse d'un des épisodes de la série "Black Mirror" qui dépeint les effets néfastes des avancées de la technologie, l'application du vote social. C'est un autre virus malicieux d'origine informatique ! Il propose que tes voisins te votent d'une échelle de 1 à 5 pour tes devoirs de concitoyens et popularité. Il y a une nouvelle génération d'"influencers" de cette application à qui tous les droits leur sont permis, entre autres le libre choix de destination de vacances. En revanche, les mal aimés et mauvais citoyens se voient relayés à un statut de parasites dans leur vie courante. Médecine, offre sociale, privilèges d'ascension en entreprise, cette application est adaptée à toutes les sauces et fait bien des malheureux dans tous les domaines. Ce ne sont plus les droits du sang moyenâgeux, mais les droits de popularité post-modernes qui s'installent dans la société.

Mercredi 15 avril

Passé 15/04/2017, Madrid : Je suis Business Développeur dans un des plus grands consortiums de la construction mondiales, ayant enfin réussi à culminer professionnellement la thèse doctorale présentée en 2013. Oui j'aurais aimé pouvoir continuer dans la recherche mais cette période correspondait au plus fort de la crise économique en Espagne. Donc j'avais répondu à une annonce d'un travail peu rémunéré, comme un stage, en tant qu'Ingénieur de Caminos, Canales y Puertos. L'expérience professionnelle n'était pas demandée, juste la maîtrise de trois langues au moins : français, anglais, espagnol et bonus, portugais ! Bingo ! J'allais pouvoir me faire exploiter !

Ce ne fut pas le cas bien heureusement ! Mon chef Miguel a très vite compris en quoi il pouvait m'employer. Bien évidemment les langues, puisque j'étais destiné à développer des projets dans le continent africain. Je suis amené à voyager surtout en Afrique subsaharienne, tout d'abord ça était l'Afrique de l'Ouest avec des visites au Sénégal, Cameroun et plus inhabituelles, les Guinées Bissau et Equatoriale, que le commun des mortels ne peut pas atteindre dans ces dictatures et régions isolées du monde. Cette année, c'est plus l'Afrique de l'Est : Tanzanie, Kenya et Ouganda. Ce dernier pays a ma préférence. Je dois d'ailleurs y retourner très bientôt. Plus les pays sont pauvres, plus le voyage me paraît passionnant. Je n'ai pas encore fait de voyages personnels encore mais simplement le vacarme des marchés de rue, le chaos dans les routes et l'odeur forte de gasoil, kérosène remplit mon corps de joie, ainsi que de particules fines dans les poumons par la même occasion ! Je dois mentionner l'Egypte comme meilleur voyage jamais fait de ma vie, et avec David, mais là c'était par pur plaisir et déjà si loin, en 2011.

Les voyages ne sont pas le gros de mes activités. En général je pars une semaine dans une destination et j'y reste toute la semaine.

Le reste du temps, je fais des prospections pour la dizaine d'entreprises pour qui je travaille et en collaboration avec les business développeurs de ces entreprises, bien souvent dans le domaine des centrales électriques, transmission et distribution d'électricité, raffineries et autres installations industrielles de grande envergure. De par mon passé analytique en R&D, je suis extrêmement efficace dans la recherche d'informations : des tendances de marché, des entreprises locales pouvant prendre en charge le génie civil local, des Ministères à visiter et beaucoup plus faciles d'accès que dans les pays européens, des concurrents, bien souvent chinois. Cela m'a permis d'élaborer des études de marché pour définir les pays africains les plus dynamiques pour un secteur industriel ou un autre.

Étant rétribué comme la secrétaire (sans sous-estimer la labeur qui lui incombe) pour la troisième année consécutive, je ne me tuais pas à la tâche. Pourtant les heures supplémentaires sont courantes dans le monde de l'entreprise en Espagne. Les "calienta sillas" ("Chauffe chaise" traduit littéralement en français) sont une légion, des fois parce qu'ils n'ont vraiment pas le choix pour effectuer le travail qui leur est demandé, des fois parce que le chef rôde dans les parages. Mon chef Miguel voyait bien souvent que je partais à mon heure, mais il me savait efficace, donc ce n'était pas du tout un problème.

Cette année, nous avons une nouvelle venue, une algérienne Fatima de quelques années de moins que moi. Physiquement elle est assez impressionnante, je dois dire. Je suis gay mais je peux reconnaître une fille très belle. Cheveux châtains, yeux verts clairs perçants, des lèvres bien nappées de rouge à lèvres rouge, une tenue d'exécutive en herbes et des talons hauts qui rehaussent sa petite taille. Elle se présentait comme détenant un master d'École de Commerce et ayant travaillé dans les quatre coins du monde déjà. Son curriculum vitae devait être impressionnant mais dès le début quelque chose clochait. Je saurais très vite qu'elle est la fille d'un de nos plus grands directeurs de chantiers d'Algérie et que, en gros, il fallait utiliser ses multiples contacts pour développer le marché africain. Elle s'occupait des pays du Maghreb, même si j'étais le porte-parole de mon chef et donc toutes avancées dans les chantiers dans ces pays, devaient m'être communiquées.

Les premiers temps, tout allait plus ou moins bien et lorsqu'un jour nous prenions ensemble le métro, à la question de si je vivais seul, je commis l'erreur de dire que je vivais avec David, mon petit copain. Sa réaction fut plus ou moins normale. Trop d'années à Madrid où les gays passent dans la rue, main dans la main, sans trop de problèmes, trop de barrières mises auparavant pour cacher le moindre détail de ma vie privée et mes préférences sexuelles ! Et là je me lâche, mais avec la personne la moins indiquée au monde … Peu de sens intuitif Lionel sur ce coup-là ! Pauvre de moi ! Je donnais naissance à une situation de plus en plus incontrôlable par une simple phrase.

Le pire est arrivé lorsque le département "Afrique" composé de Fatima, la secrétaire Anabel et moi devions changer d'immeuble pour une restructuration des bureaux de l'entreprise qui compte deux immeubles, chacun situé à une centaine de mètres en face. Je perdais le contact avec une autre secrétaire d'une quarantaine d'années Isabel, une amie franco-turque Senay administrative et une gaditane Cloé aussi secrétaire dans d'autres services mais qui étaient mes appuis inconditionnels. Je les ai encore, mais plus immédiatement à côté.

Anabel est la fille typique que je décrirais comme n'étant vraiment pas une lumière. Elle me faisait de la peine au début. Elle a un fils en bas âge et je ne pouvais pas m'empêcher de me dire que le pauvre, il était mal tombé dans la loterie des naissances. Je ne visualisais pas des fois comment elle assimilait certaines choses et ne comprenant vraiment pas comment fonctionnait son cerveau. Elle avait une maîtrise impressionnante d'Excel, des graphiques allant des plus simples jusqu'à ceux plus dynamiques. Elle sortait toutes les données sous forme de graphiques mais elle n'arrivait pas à en faire la lecture réellement. Quand je lui posais des questions, elle me regardait avec ses yeux marrons quasiment inexpressifs reflétant seulement la supplication de la laisser tranquille et ne pas poser de questions. Fatima n'en fait très vite qu'une bouchée et s'en sert comme secrétaire personnelle, pour ses propres réservations de train, d'hôtels lors de ses préparations de voyage personnel. Elle lui dit par exemple qu'elle ne comprenait pas mon amitié avec les autres secrétaires et lui décochant sans aucune pudeur, qu'elle était amie avec Anabel par intérêt personnel. Anabel ne s'en offusquait pas. Sauf que les demandes d'ordre professionnel et personnel se sont multipliées et Anabel se vit très vite écrasée par les injonctions de la sultane. Anabel explosa et me dit par Skype qu'elle avait besoin de parler. Là elle me raconta tout, absolument tout, sans filtre. "C'est une vraie talibane et me demande de faire tous ses tableaux, graphiques pour notre chef. Et puis elle te déteste comme tu es gay, elle dit que ce n'est pas naturel et que d'ailleurs aussi dans la religion chrétienne, cela est condamné !". Je lui faisais comprendre qu'elle n'était pas seule, qu'il fallait qu'elle dénonce, que c'était de l'exploitation, mais elle n'en ferait rien. En tout cas, j'étais au courant, à deux, nous pourrions la contrôler.

Mais les circonstances se tendirent petit à petit, comme dans un film où la trame se complexifie, pour donner du fil à retordre au héros. Tout d'abord, Fatima changea de place. Nous étions dans des blocs de quatre places, à la base j'étais en diagonale d'elle et Anabel en face de moi. Elle voulait se mettre à côté, pour apprendre, disait-elle. Non, c'était pour contrôler mes moindres faits et gestes. Par Skype, je savais exactement tout ce qu'elle faisait, communiquant avec Anabel qui me racontait tout. Très vite Fatima a vu que je passais du temps à parler avec ma fraîchement nouvelle meilleure amie Vanessa, connue lors de mon travail précédent. Elle demandait par Skype à Anabel "Mais avec qui il parle ? C'est TOUTE LA JOURNÉE !", en caractères majuscules. J'ai compris assez tôt que Fatima devait avoir des sentiments, au tout début, qu'elle transforma en répulsion viscérale, du fait de ma condition sexuelle. Elle dit à Anabel qu'elle voyait du ventre chez moi, que très sûrement je ne pratiquais pas d'exercice abdominal, alors que mes bras étaient bien musclés. Toute mon anatomie était donc scrutée à la loupe. Devant mon indifférence première, elle dit à son esclave qu'elle ne pouvait pas travailler dans ces conditions, qu'elle voulait travailler avec des gens normaux, bref que j'étais une calomnie de la nature. Elle avait le don d'espionner avec le regard en biais sur mon ordinateur et je le voyais très bien. Immédiatement je me retournais et comme par magie, elle faisait figure de se concentrer sur son propre ordinateur. Elle voulait évaluer la qualité des rapports que je faisais à mon chef, sur le suivi des projets en cours et mes prospections dans le continent africain. Elle demandait à Anabel mon curriculum vitae, je lui ordonnai de rien lui donner. Par Linkedin, Fatima a vu que j'étais Docteur, Anabel me dit combien elle en était jalouse ! Cela la tuait complètement ! Fatima disait à Anabel aussi de ne pas révéler qu'elle était là, grâce à son père. Sincèrement, ce n'était pas un mystère pour moi. Et puis même, nous travaillons dans une boîte de construction et ce qu'elle apporte c'est tout simplement des contacts, un simple piston que nous devions utiliser. Mais elle ne l'entendrait pas comme cela, la "talibane du désert", comme j'aimais la décrire !

Puis les récits d'Anabel me froncèrent les poils de plus en plus, à un tel point que je ressemblerais très vite à un hérisson traversant une autoroute, se recroquevillant sur lui-même, en proie à des engins roulants gigantesques et supersoniques. A quelques jours de notre déménagement, un informaticien qui est au fond de l'étage nous souriait très aimablement et discutait avec nous, pour mieux intégrer notre service au leur. Anabel me dit que Fatima ne faisait pas confiance à cet homme, qu'il nous regardait avec des yeux pervers, qu'il voulait quelque chose de nous tous, moi y compris. Anabel dévoila des choses sur cet homme, qu'il avait eu un enfant un peu plus tôt cette année et qu'il a fallu l'opérer parce qu'il avait l'aorte mal connecté au coeur. Et elle me dit que Fatima prit un air jovial et souria de bout en bout à l'annonce de cette nouvelle. Et moi "Quoi ??? What the fuck ???" Ma deuxième réaction était de demander à Anabel comment elle, elle réagissait à cet air démoniaque de la talibane, elle qui élève un enfant. Elle me dit alors : "Tu sais, elle est toute seule ici en Espagne. Elle a une famille horrible. Elle n'est pas bien. Elle me fait de la peine !". Ironie du sort : je suis isolé par une talibane psychopathe qui se prend pour une déesse, avec son esclave bête et méchante, qui développe un syndrome de Stockholm pour son bourreau.

La trame ne s'arrêtait pas là bien évidemment : la talibane en question développa une attirance pour Miguel. Anabel me disait qu'elle était vierge. Je me rebellais à l'annonce de cette nouvelle et dit à la secrétaire sans neurones quelque chose comme "Je m'en fous de ce qu'a pu voir passer ou pas sa chatte putréfiée !" Fatima se mettait de plus en plus le chef dans la poche. Lorsque Miguel sortait de son bureau, elle s'étirait de toute grâce, les mains levées au ciel et gonflant sa poitrine, pour attirer le regard et affleurer les hormones du mâle cinquantenaire. Fatima ne portait pas le voile bien évidemment, parce que cela cacherait sa beauté, pourtant bien musulmane pratiquante, elle devait prier cinq fois par jour, comme le demande le prophète. Lors du repas de midi de plutôt quatorze heures en Espagne, où mon chef s'absentait, il lui laissa le droit de faire sa prière dans son bureau. Elle se mettait à quatre pattes sur son tapis et priait, devant les regards interloqués des informaticiens qui la voyaient faire à travers la vitre. Puis il y eut un voyage avec Miguel que me raconta immédiatement la sotte d'Anabel. Elle me dit que Fatima a confessé à mon directeur qu'elle était vierge. "Stop ! Tu es stupide ou quoi ? Je ne veux plus rien savoir de ta petite amie. Tu as compris ?", ai-je vociféré pour que cela rentre dans le cerveau inutile de cette pauvre idiote.

Un peu avant de la faire taire à tout jamais et la faire passer complètement dans le camp adverse, elle m'avait dit que Fatima voyait en moi de la peur à chaque fois qu'elle gesticulait. J'en ferais très vite de même. J'apprends au jour d'aujourd'hui que le chantier de son père est arrêté depuis quelques temps. Les chiffres le révèlent, un chiffre d'affaires du mois précédent à zéro. Je demande à Anabel qui me dit que Fatima était préoccupée oui, par cet arrêt brutal et qu'elle ne devait rien me dire. Je me lèche les babines. Dans l'après-midi, je prends Fatima à part et lui lance le rapport. "Tu peux me raconter ce qui se passe exactement ?" Elle fait semblant de ne rien savoir. "Je ne vois pas ce que tu veux me dire." Je renchéris "Je sais très bien que c'est le chantier de ton père. J'ai su par une autre personne qu'il était arrêté. Tu dois me dire toutes les activités en rapport avec le Maghreb pour qu'à mon tour, j'élabore le rapport mensuel pour Miguel, tu n'es pas professionnelle." Là elle rétorque que c'est moi qui ne suis pas professionnel et qu'elle coupe court à toute conversation. Elle remet ses écouteurs, visiblement énervée. Un point de non-retour est franchi. Le poids de la peur se fait plus présent pour tous les deux. Elle me regarde, exprimant une rage de vaincre, une volonté de ne pas se laisser faire. Je lui soutiens son regard, qu'elle déviera très vite. "Pauvre fille va !" Plus tard dans l'après-midi, je sors tout un document sur les chantiers du Maghreb. J'arrive par derrière elle et je pose violemment les documents sur sa table en lui disant "Je veux ce rapport pour demain, suivi de chantier avec les indices économiques correspondants !". La talibane du désert recula et redressa le dos de façon brutale, acculée par la peur. J'esquisse un sourire malicieux et lui jette un regard de feu …

Présent 15/04/2020: Je me réveille et il y a une trombe d'eau dehors. Le temps est devenu fou, comme tout le monde apparemment ou plutôt, c'est bien le temps correspondant à cette époque printanière. Je partage une jolie photographie de Madrid avec ces quatre tours gratte-ciel, les tours penchées Kio et le "pirulí" siège des télécommunications. Ce qui m'interloque, ce ne sont pas ces constructions artificielles faites de la main de l'homme, mais ce qu'on peut y voir en arrière plan. Des monts enneigés dans la chaîne de montagnes Guadarrama s'érigent devant un ciel nuageux et un soleil couchant. Une carte postale que nous n'avons jamais vue parce que le ciel est tout le temps couvert par une couche nuageuse, mais de particules d'oxydes d'azote, oxydes de soufre etc. J'accompagne la photographie du texte suivant : "En Madrid, no hay playa, pero sí hay sierra con montes nevados, cuando no hay esa boina de contaminación" ("A Madrid, il n'y a pas de plage, mais une chaîne de montagnes avec des monts enneigés, quand il n'y a pas cette couche de pollution" en français).

Je me mets à regarder les commentaires espagnols et français sur Facebook à propos du Coronavirus et ça me hérisse les poils et pas par sensation de plaisir ! Ce lynchage automatique de la population envers les gouvernements, ce défouloir de la populace bête et méchante de par les frustrations provoquées par l'enfermement ! Et malheureusement ce sont toujours les mécontents qui s'expriment avant ceux qui sont d'accord avec les mesures prises par les politiciens en place. J'acquiesce sur le fait que les mesures prises en Espagne de reprendre certaines activités non essentielles ou la France de rouvrir les écoles à partir du 11 mai, peuvent être sujettes à débat. Je crois que c'est une erreur. Mais de là à se mettre en porte-à-faux sur tout ce qui a été fait depuis le début de la crise et se présenter comme des experts en pandémie, il y a malheureusement un pas que seuls les ignorants peuvent entreprendre. Et c'est automatiquement l'ouverture à tous types de publications sur les réseaux sociaux des plus démentes.

Ce cher Donald Trump, Président des Etats-Unis, con fini et non pas confiné, annonce qu'il coupe les vivres à l'Organisation Mondiale de la Santé, de par sa supposée inaction dans la gestion de la crise. Les commentaires majoritaires en Espagne sont de l'acclamer, comme cette institution n'aurait servi à rien. Il faut dire que les éloges formulées par l'OMS au gouvernement PSOE – Podemos donc d'idéologie sociale et communiste rongent les partisans de l'autre clan. A l'autre extrême de l'éventail politique, l'extrême droite de Vox accuse d'euthanasie et donc de 18,000 crimes le gouvernement. Comment peut-on être aussi cynique et misérable ? Je devrais être habitué vivant depuis quatorze ans en

Espagne. Mais je ne peux pas me résoudre à la stupidité humaine multipliée par des millions faisant sortir leur rage intérieure, devant cette situation de crise planétaire inédite.

Je me réjouis des propositions du gouvernement espagnol à savoir augmenter le salaire minimum à 950 , des aides pour les autonomes, une augmentation des pensions des retraites, la limitation du prix des masques de protection, l'existence de scientifiques dans le gouvernement, l'interdiction de licenciement en période de pandémie et enfin un Revenu Minimum Vital pour que les familles puissent manger. Pour ma part, je ne crois pas sincèrement qu'un pacte de droite incluant nécessairement l'Extrême Droite aurait proposé tout ceci.

Futur : Au travail, les doutes s'installent très fortement sur mes penchants sexuels. J'ai bien dû avouer lors de mon confinement que je n'étais pas tout seul, au moins pour les collègues locaux. La version donnée était que j'étais en couple depuis peu et que je suis allé vivre la période de quarantaine chez ma belle-mère. En soi, je ne cache rien. J'ai avoué à la secrétaire qui a été renvoyée temporairement, que mon couple avait un sexe masculin et il n'y eut aucun problème, m'assurant qu'elle garderait le secret. Les mots trahissent lorsqu'ils sont associés d'un genre. Ils dévoilent des secrets que l'âme n'a pas envie de libérer donc le cerveau agit sur les paroles pour leur donner un genre asexué. C'est le jeu de ma vie ! Tout au long de mes études et carrière professionnelle, j'ai été entouré d'hommes et je le préférais grandement, car s'il existe des guerres de pouvoir, ils ne sont pas aussi tordus. Les hommes peuvent faire la misère à d'autres sur le plan professionnel, mais ils seront plus directs que les femmes entre elles qui peuvent sortir leurs griffes, mais dès que l'adversaire aura le dos tourné.

Je me suis déjà essayé à avouer mon homosexualité dans un autre travail et ce ne s'est pas bien passé. Là, dans mon entreprise, une commerciale de la zone de Valence très délurée, habillée en mode

"Desigual" (marque catalane avec des motifs voyants) et avec trois paires de lunettes sur elle de toutes les couleurs (une de vue de près, une de vue de loin et une autre paire de lunettes de soleil) me conseilla à l'époque que je ne dise rien, abondant tristement dans mon sens. Je sens que je peux le dire à deux ou trois collègues mais je sais que les doutes sont exponentiels, donc je reste pour l'instant sur ma position. Ma position d'ingénieur d'affaires, au sein de la compagnie, fait que je suis en contact avec énormément de clients de toute l'Espagne et beaucoup de groupes professionnels en interne comme le service d'ingénierie, les responsables commerciaux de zone, les responsables d'installations chez les clients et bien des supérieurs. J'ai de l'avenir devant moi dans cette entreprise et je ne voudrais pas remettre en question mon futur, en donnant des avantages à une possible fermeture d'esprit qui s'avère d'autant plus dangereuse, si elle prend de l'ampleur dans la force de travail, en s'associant à d'autres gens obtus.

Premier jour revenu de la quarantaine. Aucune effusion comme le demande le protocole d'aseptisation des relations sociales pour contrer la propagation du Coronavirus. Mon chef est dans son bureau, après un grand sourire et une demande de mes nouvelles : "¿Cómo lo has pasado con tu pareja?" ("Comment ça s'est passé avec ton couple ?" en français) et moi de répondre "¡Con mi pareja bien, hemos sobrevivido al virus y a la suegra!" ("Avec mon couple bien, nous avons survécu au virus et à la belle-mère !" Et immédiatement, changement de conversation "Au fait, est-ce que tu as pu parler au Directeur de l'entreprise intéressée par l'enrichissement du gaz naturel par des unités de pourcentage d'hydrogène ?".

Jeudi 16 avril

Passé 16/04/1999, Riom : Le soir, nous recevons un coup de fil de la part de ma soeur Eva , depuis un mois au Portugal. Je suis dans le couloir en haut, incliné sur la première marche des escaliers, voulant être témoin d'une situation que je voyais déjà désagréable. Tout n'était que mauvaises nouvelles en cette période-là, de toute façon. Eva parle d'abord à ma mère, visiblement en larmes, puis demande très vite à parler à mon père. Il ne s'y résout pas. Ma mère bien embarrassée au milieu de la jouxte qui s'annonçait, fait savoir à Eva qu'il ne veut pas communiquer. L'a-t-il déjà fait ? Avec ma soeur oui dans le passé, c'étaient les deux intelligents adultes de la famille. Aux deux plus petits, il leur réservait un silence fatal.

Devant l'apparente insistance de ma soeur, elle transmet à mon père qu'il s'agit d'un grave problème d'argent. N'y tenant plus, mon père prend le combiné et lui décoche en pleine figure, par téléphones interposés : "Quoi, qu'est-ce que tu veux ?" Elle dut s'étendre sur le sujet et je crois même percevoir sa voix à la fois furieuse et tremblotante, depuis les quelques mètres de hauteur qui me séparent de l'intrigue se déroulant sous mes yeux, voilée cependant par la rambarde d'escaliers. Mon père ne supporte plus un tel affront et déclare haut et vif "Ce n'est pas ton argent, je suis ton père, je fais ce qu'il me plaît. Tu en as besoin pour quoi ? Pour t'empiffrer encore comme un gros porc ?" Je devine qu'elle lui rétorque quelque chose comme quoi, la relation paterno-filiale est finie et mon père lui raccroche au nez. Quelques jours plus tard, elle m'appelle le mercredi après-midi, sachant que je n'avais pas de cours et me dit que notre père, après quelques jours arrivée au Portugal, lui déroba tout l'argent de son compte bancaire. Elle me dit : "Tu sais que notre père gaspille tout l'argent économisé de Maman au casino non, et qu'ils ont d'énormes problèmes financiers ?". Je ne le savais pas, même si je m'en faisais une petite idée.

Présent 16/04/2020 : Mateo lit les cartes de Tarot à un de ses amis durant l'après-midi. Avant le sport quotidien, il me fait savoir qu'il a lu aussi les miennes … moi je n'ai rien tiré comme carte, soit. Il me dit qu'il voit très mal notre relation dans le futur, que trop de "satellites" sont là pour embourber notre amour. C'est une façon indirecte de me faire abandonner les chats gays français de Facebook. Je m'emporte un peu en lui disant que dès les premiers moments, il était collé sur Instagram en me montrant des beaux hommes bien musclés et là il n'avait pas l'air de s'en rappeler. Je lui avais dit dès le début que pour moi Instagram, c'est le sommum de l'égocentrisme et je ne voulais pas que ce soit le motif de dispute. Il me dit qu'il fera un "lavage", un génocide massif des Apollons. Cela me redonne des forces pour le sport qui durera une heure vingt minutes et je lui signale que tout va bien, mais je ne veux plus rien de négatif en mon encontre, encore moins venant d'une pseudo-lecture de mon avenir. L'important c'est de rester positif en ces temps inhabituels. J'esquisse un sourire et à la fin de la session de sport, il m'embrasse tendrement au sol disant combien il m'aime. Je m'exécute au final, avec la suppression des différents chats Facebook, après tout si je suis cohérent avec mon discours, il faut bien que je le fasse. Je lui dis que je l'ai fait et il me répond qu'il en fera de même. Je lui rétorque que de toute façon, je n'irai pas le contrôler et que si cela lui permet d'avoir un jardin secret, c'est plutôt bon pour lui. Mon jardin secret s'est vu ravagé par une taupe sournoise, mais il me reste mon journal, contenu que je ne dévoilerais pas avant de le terminer et avant une grosse relecture.

Le soir ce sont de grandes retrouvailles définitives. Il me fait l'amour de biais et chose inédite, je jouis alors qu'il est encore en moi. J'ai du mal à parachever l'acte, en plein dans l'acte justement ! Le plaisir de l'anus est trop dissocié de celui du membre entre les jambes, comme si mon organisme ne savait pas distribuer la dopamine, l'hormone du plaisir, des deux côtés à la fois. C'est donc un vrai miracle qui vient de se réaliser ! L'énorme plaisir de Mateo suivi par le mien, fait place à une discussion apaisée. Je voulais en savoir plus sur sa famille, pour en savoir plus sur son passé et dans l'idée de pouvoir fertiliser mon jardin secret qu'est mon journal.

Je lui demande de me parler de son père. José González paraissait être quelqu'un de très avenant, d'origine paysanne, il avait travaillé humblement toute sa vie comme ouvrier pour faire survivre toute sa progéniture, mais aussi grands-parents, qui vivaient dans l'appartement où je suis actuellement. Donc le couple, les cinq enfants dont Mateo, quatrième de la lignée et les grands-parents, ne sachant pas exactement son nombre exact, dans un espace confiné de soixante-dix mètres carrés à peu près ! Soit, mathématicien oblige, je compte un espace d'entre cinq et six mètres carrés chacun … J'ai vécu dans un neuf mètres carrés pour ma première année à Nantes et cela tape tout de suite sur le système : cependant, même un enfermement obligé dans cet espace exigu, pour cause de virus planétaire, serait paradisiaque en comparaison.

José fumait beaucoup et avec l'aggravement d'une situation presque insalubre dans l'appartement, il enchaînait les angines de poitrine, puis ce fut l'anévrisme. Mateo annonçait bien avant ces problèmes-là à sa mère qu'il craignait que son père ne meure et avance un mois de mars pour la concrétisation de ce fatal événement, de par ses dons de vision sorcière. L'anévrisme fut poursuivi par des manques cardiaques et il fut opéré pour mettre en place un stimulateur cardiaque. Et là une erreur d'opération chirurgicale fit qu'une hémorragie emporta à tout jamais son père, en mars 2010. Mateo ne vécut pas l'annonce du décès de son père comme une tragédie, peut-être parce qu'il s'y attendait. Peut-être par la nature des relations profondément changées avec lui, à partir du moment où il a révélé sa bisexualité à son père. Cet homme distant mais noble, comprit la valeur de son quatrième fils. Le destin rompit cette relation à tout jamais, mais la sublima de façon éternelle.

Futur : En revenant en France voir ma mère, je lui demande si elle a des nouvelles de mon père. Elle me dit qu'elle ne sait pas, tout en regardant à droite de moi, pour éviter mon regard. Je connais cette déviation, ce que cela signifie. La première marque de mensonge est de ne pas pouvoir soutenir le regard de l'autre et plus, chez les Da Silva, qui ne savent pas mentir, même si le propre de cette famille ainsi que la Rodrigues, c'est de dire que tout va bien. Je le sais, je fais pareil avec tout le monde.

"Maman, raconte-moi !" insisté-je. Quelques négations de plus et c'est cette confession que mon père a eu le Coronavirus, il vient de sortir de l'hôpital donc apparemment ses jours ne sont pas mis en danger. Je tremble et me mets à repasser des images traumatisantes de ma vie, ayant voir avec lui. Il y en a peu, très peu mais tellement marquantes. Un souvenir cruel remonte, trop flou pour savoir exactement s'il est bien réel …

Vendredi 17 avril

Passé 17/04/1995, Riom : Je rentre de l'école et mon frère et ma soeur font de même un petit peu plus tard. Dans la cuisine, c'est le goûter, un des meilleurs moments de la journée. A cette époque, Antonio et Eva sont complices, alors que j'accapare encore toutes les attentions de ma mère. C'est donc une union provisoire qui se fait entre mes deux frères, eux qui pourtant, ne partageaient pas tant de choses que cela dans le passé.

Antonio, 16 ans, a toujours été celui qui était mis de côté, comme il se blindait devant quelconque geste d'attendrissement, sûrement depuis toujours. Mon arrivée n'arrangeait pas les choses, au vu de ma réussite certaine à l'école et à l'inverse, ses grandes difficultés. Il avait été blond durant ses quelques premières années d'enfant. Avec un nez proéminent dont la forme ne saurait être extraite de la génétique du père ou de la mère, il était frêle et déjà en contraste avec la grosseur de Eva ou mon embonpoint futur. Bref il avait hérité de très peu de traits de famille et communément, on disait qu'il était le fils du facteur. Inconsciemment, cela devait ancrer cette sensation de ne pas appartenir complètement à cette famille.

Eva a une énorme grande gueule du haut de ses 19 ans. Son physique accompagne ce caractère de tête de mule. Elle a des accrocs avec notre mère assez souvent, la défiant énormément. Ma mère la menace en retirant sa pantoufle et l'avançant dans sa direction, comme une promesse d'un futur lancer. Là ma mère faisait preuve de caractère, pas si évident chez la famille Da Silva. Je suis le chouchou de Eva , mais quand même je l'insupporte en mon état de "fayot". Heureusement qu'elle vogue à ses premières amours, roucoulant avec le voisin italien Danilo.

Aujourd'hui, Eva et Antonio semblent joueurs et veulent ridiculiser le petit Lionel. Le trône est pour ce petit être répulsif, pas de discussion possible. Mais ils veulent toucher là où il est le plus ignare. Ils me demandent tout à coup, "Tu sais comment on fait les bébés ?" Et moi de devenir un peu rouge mais voulant estomper cette apparence de gêne, je leur dis que oui, bien sûr. Ils insistent. "Allez raconte-nous !". Je refuse. "Ah ben tu ne sais pas alors ?". "Je sais parfaitement". "Dis !". "Je sais que c'est avec le zizi !", leur lançant un regard à moitié résolu, teinté d'une certaine appréhension dans le déroulement de la conversation. "Raconte plus, le zizi et c'est tout ?". Acculé, j'ose imaginer ce qui est pour moi la reproduction : "Le zizi va dans le trou-du-cul des femmes !". Mes frères se regardent entre eux et s'esclaffent sans prononcer de quelconques autres mots. Ma soeur m'acheva alors "Ah ben oui exact, le miraculé qui est né avec un stérilet !". Je pleure "Noooooooooooooon, je ne suis pas né avec un stérilet !" Je ne sais pas ce que c'est mais cela ne représentait rien de bon, sûrement la fourche du diable, quelque chose comme cela. Je sèche mes larmes, termine mon goûter et monte les escaliers pour faire mes devoirs, éprouvant une énorme sensation de malaise.

Présent 17/04/2020 : Ludivine, mon ancienne voisine de Riom, m'appelle par le biais du messenger de Facebook après ma sieste de deux heures revigorante. La tête dans le fumier, j'hésite un instant à réceptionner l'appel. Mais au dernier moment, je me dis que ce n'est pas bien grave, elle m'aura vu dans bien des états entre 1997 et 2003 et puis, cela fait vraiment du bien de revoir des gens qui ont compté et comptent toujours dans sa vie. Ludivine a un an de moins que moi, blonde aux yeux bleus, aux traits très fins, elle a été très jeune très masculine en détriment de son physique bien féminin. Elle faisait partie de l'équipe de basket-ball, puis abandonnant le sport, elle gardait au fil du temps une silhouette mince, tout comme l'autre voisine Aline, tout aussi mince, encore plus même et en version brune.

La première réaction de Ludivine est de rire en voyant les pics de mes cheveux dressés des deux côtés, tel un démon ensommeillé mais en quête de pouvoir. Elle prend des nouvelles avec son petit copain, puis me dit qu'elle veut m'annoncer une nouvelle. Là tout de suite le clic : le mariage ou l'enfant. C'est la seconde option qui m'est révélée. Je saute de joie et les félicite immédiatement. L'heureuse venue sera en octobre, en espérant bien pour elle que le Coronavirus disparaisse, du moins soit contrôlé.

Le soir, Mateo et moi nous nous allongeons torse nu. Nous commençons le film "Kiki, el amor se hace" ("Kiki, l'amour se pratique" en français). "Echar un kiki" en français, c'est "baiser un coup". Le film traite de cinq couples plus ou moins en crise, qui durant un été madrilène, voient leur situation évoluer, en donnant gré à des paraphilies sexuelles communes ou très peu : l'amour à plusieurs, le fétichisme, l'excitation provoquée par la souffrance de l'autre, des jouissances provoquées par des situations de peur extrêmes ou par le contact des plantes etc. Devant la vision de beaux mâles typiques espagnols, Mateo et moi ne résistons qu'une demie heure avant de faire l'amour très discrètement. Nous continuons le film et Mateo me demande si ça va, comme je me tais beaucoup plus que d'habitude. Ce film me renvoie à ma façon de voir le sexe, à des fois le diaboliser mais surtout le rendre protagoniste de ma vie. Je ressors de ce film satisfait parce qu'il est bien développé, dans des pratiques qui sont peu communes. Oui le sexe est quasiment tout pour moi, même s'il crée en moi beaucoup de préoccupations. Chaque personne a son propre univers sexuel. Mateo me demande : "Et toi, tu as des fantasmes?". A cette question, je réponds que non mais je reste dubitatif ...

Futur : Les quelques mois sortis du confinement sont un réel plaisir pour notre relation. Je retrouve enfin mon grand lit confortable. C'était la première chose que je voulais faire d'ailleurs, dormir dans mon lit douillet et non pas retrouver mes amis. Ne m'y méprenez pas ! C'est juste que je savais qu'il fallait continuer les distances sociales. Donc les retrouvailles avec les amis n'étaient pas pour tout de suite, du moins n'étaient pas conseillées, ou devant être peu effusives. Très peu pour moi, depuis autant de temps en

Espagne ! Je ne sais plus faire. J'ai besoin de toucher tout ce qui bouge, sentir les effluves de mes amis, en tout bien toute honneur bien sûr !

Hors saison de reconfinement, Mateo et moi prenons notre pied. Enfin tous nus et allongés dans un lit grande taille ! Des préliminaires à rallonge, lui me léchant l'ouverture qui vibre de chaque coup de sa langue et la mienne m'occupant de sa tige, d'abord le gland, jouant avec ce champignon décalotté et son ouverture à giclées laiteuses. Puis le tronc, des filets de bave s'échappent de ma bouche et j'ai souvent quelques accoups dans la gorge mais c'est pour mieux l'humidifier pour mon trou gourmand, pour ne pas qu'il souffre trop à la première invasion. Ah et cette rondelle, comme elle aime se faire défoncer jusqu'au bout, elle sait être toute molle comme du beurre, pour ensuite faire pression sur le piston ! Celui-ci s'imprègne par accoups de flux de sang, qui se ressentent aux contours boursouflés. Automatiquement, je gémis de vive voix ou effet inverse, révélant encore plus d'intensité. La voix se perd pour me confiner dans un mutisme de plaisir inouï. Quelques minutes plus tard, la spatule évacue son lait dans mon torrent boueux.

Assez souvent en pleurs les premiers moments, les quelques mois suivants font place à une petite lassitude. Rien de bien méchant, mais la complicité sexuelle doit être entretenue pour ne pas disparaître dans des abysses irréversibles. Je sais que Mateo a pu expérimenter des soirées sadomasochistes ou dans des darks rooms obscures. Sado-maso, disons que j'ai connu deux expériences pour ma part. Un italien qui m'encula bien bourré l'année dernière alors que je n'avais pas encore été opéré par une fistule. Cela fit mal (enfin je crois) mais il était tellement excitant à m'empoigner mes fesses et à me donner des tapes que je le priais de continuer, plus fort, encore, encore. Il n'y avait pas de limites ! La jouissance était proportionnelle à la douleur. Cela restera une de mes meilleures expériences sexuelles, plutôt dans la catégorie des élaborations inhabituelles. Mateo aussi l'a fait avant le Coronavirus, mais là la jouissance était inversement proportionnelle à la douleur, disons que c'était une punition pour m'être mal comporté la veille en soirée. Néanmoins je n'étais pas réellement rentré dans le jeu.

Suite à ma proposition, Mateo s'en réjouit et se munit de cordes pour m'attacher au lit bien fermement pour que je ne puisse en aucun cas m'échapper. J'essaye de l'embrasser mais il met son doigt sur ma bouche, en signe de refus et de m'obliger à obtempérer. Les gestes sont faits avec volupté, je crois que le message est très bien passé : je n'aime pas la violence dans l'amour mais un jeu de domination, soumission peut être excitant. Qui est le dominé d'ailleurs ? A priori c'est moi, mais j'ai plus d'un tour dans mon sac pour que les rôles changent d'un instant à l'autre, même attaché.

Samedi 18 avril

Passé 18/04/2001, Riom : Nous avons Canal Plus et une annonce est faite de la diffusion d'une nouvelle série qui a l'air percutante Six Feet Under. Je reviens de mon voyage en Andalousie avec plein d'images dans la tête. Dans deux mois, les épreuves du baccalauréat, auxquelles je me prépare comme un forcené. Ce soir, c'est donc libération complète du mental. Je m'installe tout seul tout excité à vingt-trois heures devant "Six Feet Under", en pensant que cela allait me marquer. Le mot est faible. Je ne me suis pas pris une claque, non, mais un énorme uppercut.

C'est l'histoire d'une famille à Los Angeles, les Fisher, dont le père tient une société de pompes funèbres. Après un accident malencontreux où ce même père décède, la gestion de l'entreprise devrait revenir aux deux fils, même si ces deux n'ont pas l'air ravi. L'aîné Nathan, se trouvait à l'aéroport et a rencontré une femme de façon casuelle, qu'il baise dans une espèce de pièce de rangement de produits d'entretien, lorsque l'annonce lui a été faite. L'autre fils, quelques années plus jeunes, est un homosexuel introverti qui entretient une relation cachée avec un policier noir. Enfin la plus jeune adolescente Claire, semble la plus rebelle et cherche son chemin. Elle reçoit la nouvelle, alors qu'elle est totalement droguée. Ruth, la veuve, doit assumer son rôle de capitaine de famille. L'épisode finit par Nathan faisant son jogging, comme s'il lutte contre son destin, puis finit par voir des apparitions de son père mort. Je sens que le personnage gay va donner beaucoup de jeu et que je m'identifierais totalement à lui. Je ne savais pas encore, mais "Six Feet Under" serait la meilleure série que j'ai jamais vue de ma vie. Tour à tour sarcastique, caustique, existentielle, délirante, autour des sujets épineux que sont l'absurdité de la mort et par conséquent son antagoniste, la vie, ce chef d'oeuvre me captiverait du début jusqu'à la fin. Merci les Fisher ! J'aurais été fier de faire partie de cette famille déjantée !

Présent 18/04/2020 : Mes deux colocataires ne font surface que vers treize heures. Les deux mère et fils n'ont pas réussi à s'endormir avant six heures du matin ! Toute la matinée, j'ai pu en profiter pour mettre plus ou moins à jour mon journal.

Les nouvelles du front sanitaire font état maintenant de plus de 20,000 morts et le Président annonce un autre rallongement du temps de quarantaine, jusqu'au 9 mai, avec peut-être un assouplissement des conditions d'enfermement des enfants dès le 26 avril. Les chiffres hebdomadaires de décès semblent stagner autour des 550 ces derniers jours. Décidément la course mortuaire de ce virus n'a pas l'air de donner de trêve.

L'après-midi, je me repose avec une bonne sieste, puis je vois la nouvelle saison de Masterchef. La cuisine me manque cruellement mais je laisse à Eleonora et Mateo cette activité dont ils ont réellement besoin. Puis le soir, Mateo et moi voyons Poltergeist, qui sera interrompue trois fois pour faire l'amour. Décidément, il est en forme. La veille, je comprenais que la vision de Kiki, le film sur les pratiques sexuelles peu courantes, puisse inspirer l'acte. Là, c'est moins évident. Mais devant autant d'initiatives de sa part, je deviens tout dur aux premiers attouchements et langues passées sur mon sexe.

J'avais vu quelques images de Poltergeist, mais jamais je ne l'avais vu en entier. Bon film d'anthologie sur des apparitions fantomatiques prenant en otage toute une famille et en particulier une petite fille, produit par Steven Spielberg, je ne le savais pas. Certaines scènes sont choquantes pour l'époque, comme le bain de boue autour des squelettes. Le film une fois fini, je consulte sur Internet, comme je savais que c'était l'un des films les plus maudits de l'histoire, de par le nombre élevé de décès de ses acteurs. L'interprète de la petite protagoniste blonde aux yeux bleus, Heather O'Rourke, décéda d'une insuffisance respiratoire, suite à une négligence médicale, à l'âge de 12 ans. Parfaite incarnation de l'innocence et à la fois cette froideur dans ces yeux qui semble la destiner à traiter des rôles paranormaux. Autre objetisation d'Hollywood aussi, phénomène récurrent dans les années 1980-1990 d'exploitation de l'image infantile pour des films à gros succès.

Soudain, je fais le parallèle de ce film sur la mort en définitive avec le sexe. Oui j'ai très souvent des associations saugrenues qui me laissent perplexes. L'acte sexuel, stérile entre deux hommes, est une affirmation de vie, de pouvoir ressentir tout son bienêtre inhérent, ou est-il une lutte désespérée contre l'inexorable mort qui nous attend ?

Futur : Une grande peur au niveau de la santé me fait revoir sérieusement mes plans de vie. De nouveau, les ganglions affleurent dans mon cou. Non, pas une deuxième fois, pas cette maladie innommable ! Ils sont légers et il est vrai que je sors d'une méchante grippe. Ces boules lymphatiques s'enflamment lorsque l'immunité du corps se retrouve attaquée. L'analyse de sang ne détecte rien. Plutôt positif en soi, mais je n'ai jamais eu de bilans hépatiques alarmants, même en 2009, lorsque la maladie posséda mon corps. L'oncologue ne veut pas perdre de temps, une autre biopsie de ganglions m'est pratiquée. J'ai donc deux cicatrices au niveau du cou. Esthétiquement, ce n'est pas disgracieux. J'ai une allure de "bad boy" avec ma barbe et mes cheveux bruns, parsemés de blanc par ci par là. Sauf que la localisation de ces deux cicatrices ne semblent pas indiquer des blessures de guerre ! Ce serait plus sexy dans une partie du corps qui est réellement accessible par la main de son adversaire. Excepté que l'ennemi est interne. Quand est-ce que son corps se met à dégénérer, au point de faire saboter entièrement son renouvellement cellulaire ?

Et si cette fois-ci, j'y "restais". J'avais 25 ans à l'époque, toute l'énergie d'un jeune homme pour combattre la maladie. Là les choses ont changé. Je ressens le besoin de relire mon journal Coronavirus qui me rappelle un temps de crise énorme au niveau sanitaire, mais à l'issue de laquelle, je ressortais vainqueur. Les images de ma vie se déroulent de nouveau à mes yeux et son ab-surdité en ressortent encore plus crûment. Elle n'a de sens que si elle s'interrompt un jour. Cependant c'est une vraie loterie mais une chose est sûre, on n'y échappe pas. Je prends mes dispositions pour rédiger un testament et léguer mes biens, ou plutôt l'argent économisé au fur et à mesure des années. Mon conjoint évidemment, mais pas que. Je sens que même dans la mort, je risque de surprendre mon entourage …

Je me mets à penser à ma cérémonie d'enterrement. Enterrement ou incinération d'ailleurs ? Ce n'est pas clair encore pour moi. Mais je veux que cette cérémonie ait un sens pour tout le monde. Elle ne sera pas gaie, mais je ne veux pas que les gens se mor-fondent. Et si je laissais aussi une préparation post-mortem, des matériels audios et vidéos à léguer après mon décès? Cela doit refléter ce que j'ai pu être dans mon vivant. Ils vont me détester de m'avoir autant aimé …

Dimanche 19 avril

Passé 19/04/1991, Riom : J'ai 7 ans et j'ai la coupe de cheveux des Beatles. Mes vêtements aussi hérités de mon grand frère me donnent un air de charlot misérable, mais je ne suis pas le seul à Riom, heureusement. Ma mère insiste pour que j'aille chez le coiffeur. Mon père m'y amène dans l'après-midi. Quel supplice ! Il m'amène dans cette caravane de la zone industrielle de Riom, quel glamour !

Je n'ai jamais aimé aller chez ce coiffeur. Je ne crois pas que ce soit à cause de lui, du moins de sa personne. Un homme brun d'une trentaine d'années, bien élancé. C'est plus tout le processus qu'il faut accomplir une fois là-bas qui m'angoisse. On rentre dans cette caravane aux rideaux orangés et banquette au fond de la même palette de couleurs. Le rituel est de s'asseoir donc dans l'arrière-train de cet engin roulant pour patienter, en attendant que l'exécution des autres hommes se réalise. C'est peut-être cela aussi qui me dérange, le caractère unisexe de cette fourgonnette obsolète, embaumant l'espace de sueur ouvrière et transperçant l'odeur habituelle des particules de laque. Le prix était dérisoire, quelques unités de francs. Par conséquent, il ne fallait pas s'attendre à de la haute aristocratie. Les clients en majorité étaient portugais et donc des fourrures de cheveux bruns, même noirs, recouvraient le sol.

"C'est à ton tour Lionel !", me dit le coiffeur avec un grand sourire bienveillant. Il connaît ma timidité et il devait assez bien deviner la réticence à me faire cisailler la tignasse. Puis il faut mettre la batte noire et je ne sais jamais si je dois la mettre debout et l'enfiler comme une chemise ou tout simplement, je m'assois et il me met dessus le tissu de protection. Et comme d'habitude, je prends l'option erronée. J'essaye de lui prendre la batte et il fait contre-pression. D'accord, il faut que je m'assois. Mon coeur bat la chamade. L'air me manque. "Ouvrez ces fenêtres coulissantes !", je crie en moi-même. Les larmes montent mais je me retiens. "Tu es ridicule, mon pauvre Lionel. Tu n'es pas dans un abattoir !". Me voilà prêt pour l'excision, il se munit de son peigne et ciseau et à chaque coupe, il claque les deux instruments comme pour donner un rythme à cette marche funèbre. Le temps est long, les minutes ne semblent pas s'écouler, comme les grains de sable dans un sablier de dix mètres de hauteur. Les mouvements s'enchaînent et je perds de mes cheveux, mais aussi de mon âme. Je fais une fixation sur les cheveux frontaux. Il coupe tout droit, enfin presque. Il y a un épi devant, caractéristique phénotypique de la génétique paternelle, bien sûr ! C'est donc impossible de sectionner longitudinalement, résultat qui serait de toute façon aussi ridicule ! La sueur perle sur mon front et les cheveux se collent sur moi, sur mon nez. J'ajoute à l'odeur nauséabonde de ma tribu portugaise. Je veux éternuer mais je contrôle le flux en moi. Enfin, il passe le petit plumet pour enlever la couverture de cheveux. Il m'a métamorphosé, passant d'une apparence de singe à une coiffure à la Mireille Mathieu, du moins sa frange. Il me fait voir par le jeu du deuxième miroir, l'oeuvre bancale. Je dis un "Ça va" très hâtif. Finissons-en ! Arrivé à la maison, je me regarde dans le miroir. Je ne vois que cette ligne droite, interrompue à un endroit par une mèche rebelle. C'est la première fois que je me préoccupe de mon apparence et cette expérience me déchire, fondant en larmes. Reprenant mes esprits, je vais voir ma mère pour avoir un gros câlin. Elle m'aimera dans toutes les circonstances que ce soit et me trouvera toujours infiniment beau.

Présent 19/04/2020 : Mateo se lève à dix heures et quart, car il a rendez-vous chez son médecin femme, pour lui couper les cheveux. Je ne saute pas de joie à cette idée que je trouve inconsciente. Mais après tout, si elle le laisse … Elle est saine et Mateo l'est aussi, s'il ne manifeste pas encore de signes … En tant que médecin, elle sait écarter toute probabilité de contagion de Coronavirus. Apparemment ce sont de grands amis et échangent par Whatsapp énormément ces jours-ci. Pendant ce temps, je profite pour écrire mon journal, mais aussi continuer ma lecture sur un thriller américain mêlant drogues et argent. Rien de bien folichon, mais il y a suffisamment d'action pour faire passer un moment. Tout est bonnes nouvelles et bonne sensations aujourd'hui : même le bilan mortifère de notre virus chinois est encourageant. 410 décès, j'ai envie de dire "seulement".

Cette petite escapade à la limite du légal rend à Mateo son sourire malicieux, le brillant de ses yeux remplis de vitalité, une forme que je lui vis entre fin octobre et début mars, quand nous nous sommes connus. Cela fait plaisir de le revoir ainsi, sans être atténué par une quelconque inquiétude ayant à voir avec la conjecture actuelle. Lors de la session de sport, par terre, je lui remercie infiniment en l'embrassant tendrement. Nous dérapons un peu en sentant notre entrejambe respectif, pour mieux nous imprégner de la sueur de l'autre, ces gouttes d'effort libérant des hormones de plaisir.

Futur : Mateo fait partie des premiers à pouvoir reprendre son activité publique, après l'allègement des mesures de distance sociale. Il est vrai que si ce n'est pas un besoin primaire, essentiel à la survie, les cheveux qui ont poussé depuis plusieurs semaines ne donnent pas une allure d'exécutif, mais plutôt reggae ! Et l'image est tellement importante dans notre société !

Le retour à son salon de coiffure "Arte 3" se fait sous certaines conditions. Entre les postes de coiffure, il doit y avoir au minimum deux mètres de séparation. L'espace n'étant pas énorme, il doit jouer sur ses horaires et ceux de ses deux nouvelles collègues. Ils ne peuvent pas être tous les trois ensemble, pratiquant de leurs mains habiles. Ils sont munis de gants et de masques sanitaires bien sûr, et ils ont tout un stock pour leurs clients qui doivent se servir immédiatement à l'entrée. Il est interdit pour les clients d'utiliser leurs propres "équipements de protection individuelle". Mateo n'est pas regardant tout d'abord, mais je lui souligne que c'est complètement inconscient. Il s'y résout, comprenant très vite que à part les clients, un autre funeste invité pouvait s'incruster de façon invisible …

Le moral de Mateo revient très vite avec la reprise de son activité et les clients affluent. Il songe déjà à se rendre indépendant. Je lui dis d'être patient car le Coronavirus peut reprendre sa force de propagation. Il en sera ainsi effectivement.

Lundi 20 avril

Passé 20/04/2001, Riom : Ce matin, c'est histoire au collège. Nous sommes en plein dans un chapitre éprouvant : le génocide juif durant la deuxième guerre mondiale. Comment les idées fascistes d'un seul frustré de par son échec dans les Beaux Arts, peuvent-ils plonger le monde entier dans un obscurantisme le plus total ? Nous parlons alors d'Auschwitz-Birkenau et les chiffres font froid dans le dos. Plus d'un million de Juifs exterminés, la grande majorité dès leur arrivée par train, ensuite gazés, mourant de maladie, de faim ou dans des expérimentations à but médical … Quelle horreur !

Promis un jour j'irai à Auschwitz, comme devoir de mémoire, pour ne pas reproduire cette infamie.

Présent 20/04/2020 : Je me lève à huit heures seize minutes, soit quatre minutes avant la sonnerie, miracle ! On va voir si bientôt, je pourrais être réveillé, non pas par moi-même mais par la sonnerie. Je ne m'en souviens quasiment plus de cette maudite mélodie ! La journée commence lentement, j'ai du mal à initier cette nouvelle semaine, mais très vite, je me retrouve ciblé de courriers électroniques, vidéoconférences et appels téléphoniques. C'est bien mieux ainsi !

Radio Coronavirus : les décès sont passés sous la barre des 400, bon 399. Mais aussi les entrées aux hôpitaux ont énormément diminué. Très encourageant pour l'Espagne, qui se fait rattraper par la France qui a dépassé aujourd'hui la barre des 20,000 morts, si je puis excuser ce langage de course de fond funèbre.

Nous mangeons à quatorze heures trente minutes avec encore un festin qui promet une discussion sérieuse entre Mateo et Eleonora. Aujourd'hui elle est particulièrement piquante envers son fils, lui jetant des dards gentillets. Le fils le prend avec beaucoup de philosophie. Il se met à étudier dans le petit salon, pendant que je télétravaille. Je suis assez surpris par ses activités : au-delà de son mysticisme, il m'avait dit combien il aimait passer son temps à la bibliothèque nationale dans le centre de Madrid. Je ne l'avais pas pris au sérieux. Pourtant il me montre ses cahiers. Il a un cahier sur la nutrition et il est vrai qu'il sait parfaitement les bienfaits et au contraire, effets néfastes de tel ou tel aliment. En général, il a complètement raison sur toute la ligne. Il me montre un autre sur la signification des couleurs au fil des civilisations et dans l'histoire de l'art.

Puis il possède un bloc de notes intitulé "Siècles X et XI". J'avoue que je suis agréablement surpris, c'est un féru d'histoire du Moyen-Âge. Si je n'ai pas retenu cette partie de l'histoire, c'est parce que cela ne me parle pas. Les combats primitifs entre différentes dynasties à coups d'épées de chevaliers me semblent bien trop lointains pour être réels. Cela ne me fait pas rêver, disons que ce n'est pas le but premier non plus. Cela m'évoque misère et sauvagerie. Les seules références actuelles peuvent être les films et séries, type "Gladiator". Les autres épopées médiévales et "fantasy" m'ennuient à mourir. Je suis allé voir "Le seigneur des anneaux" et je me suis juré ensuite de ne plus jamais voir un film de plus de trois heures sans m'assurer que cela peut être de mon goût. J'aurais pu me toucher pendant ce temps, libérant mes hormones d'adolescent prépubère, enfin dans mon cas non, vu ma pilosité portugaise ! Devant l'engouement de "Games of Thrones", je m'essayai à voir le premier épisode. Je n'y tins pas. Trop de personnages, trop de familles, trop de tout fait un vide dans ma perception. Pourtant le drame qui est mon domaine de prédilection est peut-être le genre qui s'en rapproche le plus. J'aime palper la tristesse chez un personnage et cette perception est d'autant plus forte si elle est actuelle. J'arrive mieux à me mettre dans la peau d'un homosexuel qui se fait chasser de sa famille, qu'une princesse dans son donjon attendant à se faire libérer, même si la scène de sexe crue est assurée !

Il fut un temps où j'étais excellent en histoire. Là je dois m'efforcer à me rappeler, tellement que les souvenirs remontent à loin. Ma spécialisation dans une carrière scientifique m'a fait oublier cette matière, enfin presque. Mon intérêt est proportionnel à l'écoulement du temps. J'aime particulièrement l'histoire contemporaine, celle du XXème siècle. Grande chance pour ma part, elle faisait toujours partie des programmes d'évaluation des épreuves finales, pour le brevet en Troisième puis pour le baccalauréat en Terminale. Néanmoins les histoires racontées sont des plus sordides : les deux guerres mondiales! Oh mon dieu, quelle barbarie ! Et il y a de ça 80 ans … Comment l'homme peut-il être capable d'autant de cruauté ? Je regarde la date et cela me dit quelque chose. Je vérifie sur Internet. Oui, le responsable du plus grand désastre de l'humanité est né ce même jour, il y a de cela 131 ans.

Futur : Un voyage que je me devais de faire, je me suis promis depuis toujours que je verrais de mes propres yeux l'abominable, c'est d'aller en Pologne. En soi, la Pologne n'est pas la représentation de la monstruosité. Mais elle renferme tristement l'une des représentations les plus lamentables de la haine et cruauté humaine, au-delà des limites de l'imaginable. Près de Cracovie, à environ une heure de route, je laisse mon homme qui ne désire pas voir cette horreur et préfère rester à Cracovie. Nous sommes en mars et le grand froid du temps était pour moi importante, pour vivre les conditions les plus pénibles qu'ont pu endurer les prisonniers. A une température de quelques petits degrés, je me munis de gants et d'un bonnet noir. A la station de bus, mon petit copain attend avec moi, il me signale des yeux qu'il sera avec moi. Il me demande à l'approche du bus si je veux réellement monter dedans, que je peux faire faux bond au dernier moment. Non, je dois le faire. Je prends le bus et fais un clin d'oeil à travers la vitre à mon conjoint, qui se veut le plus rassurant possible. Je reste collé à mon téléphone portable pour y voir les minutes s'écouler. Je prie qu'elles ne s'écoulent pas vite. Cela doit être la première fois que pour une visite dans un autre pays, je n'ai pas hâte de réaliser une "excursion", si je peux employer ce terme pour décrire l'indicible. A l'approche de ce lieu fantasma-gorique, mes mains deviennent moites, je commence à perler du front du fait du chauffage, mon coeur bat à toute allure. Nous voilà arrivés et j'ose à peine regarder devant moi, clignant de fa-çon incontrôlée les yeux.

Auschwitz a été établie à Oswiecim, une ville polonaise an-nexée par le Troisième Reich par les nazis. La première raison de la création du camp vient du fait que les arrestations mas-sives faisaient déborder les capacités des prisons en place. Le premier transport a lieu le 14 juin 1940. Tout d'abord à voca-tion de camp de concentration, il prit une ampleur encore plus macabre à partir de 1942 où la solution finale d'extermination des juifs est pratiquée.

Auschwitz I est l'emplacement du camp de concentration. C'est là que se trouve le fameux portail "Arbeit Macht Frei". Un énorme froid dans le dos me parcourt, froid glacial de l'extérieur et froid meurtrier à la vue de cette grille, se mélangent dans ma chair. Je ne suis plus un homme devant cette ignominie, je suis un ani-mal prêt à succomber. Je ferme les yeux et respire profondément comme si je venais de sprinter sur un centaine de mètres. C'est aussi à cet endroit que se trouve le musée où nous entrons dans les "Blocks", les bâtiments où sont affichées les histoires de ses habi-tants. Ces blocks au nombre de vingt, sont des édifices de briques et me rappellent vite fait les immeubles madrilènes faits de brique et cette couleur orange qui prédomine à Madrid. Cette soudaine comparaison avec Madrid me donne une sensation d'étrangeté. Comment mon cerveau réalise cet enchaînement d'idées des plus saugrenues ? Entre le block 10 et 11 s'amoncellent des fleurs et bougies, car c'est un endroit précis où les SS exécutaient les pri-sonniers comme des bêtes. Je régurgite de la salive qui me paraît être la plus sèche que j'aie jamais pu avoir dans ma bouche. Dans le block 11, il existe des compartiments de torture et des cellules d'un mètre carré pour entasser jusqu'à quatre prisonniers et un seul trou de 5x5 cm pour respirer. Les prisonniers pouvaient passer jusqu'à une vingtaine de nuits, tout en devant travailler toute la journée. Je n'en peux plus et me retire d'ici à grands pas. Je sors de ce block pour reprendre l'air froid qui me réveille de ce cauchemar surréaliste …

Il me "reste" Auschwitz II – Birkenau, camp d'extermination. C'est dans cet endroit sinistre où se trouvent les chambres à gaz, fours crématoires et baraquements des prisonniers destinés à une mort certaine. L'entrée est tout aussi célèbre par sa cruauté avec les rails qui rentrent en son intérieur par un petit portique. Ce qui frappe immédiatement, c'est l'étendue des lieux. A perte de vue, s'érigent les bâtiments. Les fours crématoires ont été presque entièrement saccagés par les nazis avant leur fuite donc à ma surprise, ce fut peut-être un des éléments les moins gênants que j'ai vus durant cette journée maudite. La destruction machinale pouvait-elle dématérialiser la destruction charnelle dans mon inconscient ? Puis nous visitons les baraquements et je vois déjà au loin des personnes qui renoncent à y entrer en pleurant. A la porte, je contemple l'étendue des "lits", des planches de bois où devaient s'amonceler des milliers de personnes. Je fais demi-pas et me mets à pleurer à quelques mètres, assis sur le sol. Une femme avec gants et masque vient me réconforter sans me connaître. Du désespoir le plus profond, peut sortir une lueur de solidarité capable de sauver le monde …

Je retrouve mon homme, le soir à l'hôtel de Cracovie. Je m'effondre dans ses bras, inconsolable, pensant que l'humanité est complètement insensée et que nous finirons par tous nous entretuer … Il me sèche les larmes et me dit que tant qu'il y aura des démonstrations d'amour comme nous le faisons en ce moment, la destruction totale ne peut pas remporter la victoire. Je reste allongé toute la nuit dans son lit, une place, me rappelant des moments concrets de mon passé. Je respire mieux et petit à petit, tout lentement, m'abandonne au sommeil, espérant que le lendemain efface ce jour, comme s'il s'agissait d'une invention macabre de mon imagination.

Mardi 21 avril

Passé 21/04/2019, Madrid : Cela fait presque deux mois que je suis revenu de Bordeaux, où j'ai vécu quatre mois dans le cadre d'un programme européen de mon entreprise pour me faire découvrir de fond en comble une de ses activités. Je me dédiais à la revalorisation des gazoducs dans le but d'allonger leur durée de vie, tout en y incorporant une composante de préservation de l'environnement. Passionnant, le mot est faible ! Et j'avais besoin de cette coupure pour enterrer ma relation de sept ans et demi avec David qui termina de façon abrupte fin août 2018, le jour de son anniversaire. Oui, vous allez me prendre pour un monstre ! Mais les circonstances d'alcool et de drogues en ont décidé ainsi, plus que ma propre volonté raisonnée.

Bordeaux était donc devenue l'endroit pour me recréer une vie et où personne ne me connaissait. L'une des plus belles villes françaises, le Paris de la Province. A quelques dizaines de kilomètres, le bassin d'Arcachon et sa fameuse dune du Pilat. Quelle merveille de la nature ! Des bois verts foncés à perte de vue, à gauche, la mer bleue à droite et ces deux éléments séparés par cette imposante étendue de sable ! Que quelqu'un me prenne dans ce décor paradisiaque !

Justement il y eut une histoire d'amour commencée sur les chapeaux de roues avec Antoine mais qui s'essoufla par la suite, dans un de mes coups de réalisme induits par le devoir de retourner au bercail ibérique. Quoiqu'il en soit, Antonine a été d'une gentillesse et tendresse inouïe et rentra dans mon trou provoquant les larmes par reáctions hippotalamiques de plaisir intense. Bravo Antoine ! Je rentrais à Madrid début mars, ayant récupéré une santé mentale.

Ce fut malheureusement de courte durée. Pendant mon séjour à Bordeaux, Vanessa, une de mes meilleures amies du moment (j'en ai toujours eu des pelletés de meilleures amies) faisait face à la même épreuve que David et moi. Elle et Javier rompaient après six années ensemble. Disons que les projets d'avenir de chacun ont changé. Cela faisait un bon moment que Vanessa ne voulait plus sortir, alors que Javier continuait à enchaîner des sorties jusqu'à point d'heure, avec la stimulation de substances illicites, même si une hernie commençait à mettre fin à cette vie de débauche. Il en était trop tard. Javier pour sa part, se rendit compte aussi qu'ils n'avaient pas beaucoup de passions et loisirs en commun.

Vanessa rencontra un autre Javier deux semaines plus tard (!) grâce à Tinder, cette fois-ci un pianiste talentueux, qui cherchait à se faire un nom sur la scène musicale. Ce même Javier est plus tumultueux avec un passé familial lourd à porter, ce qui donne lieu à de grands accrocs entre eux. Mais elle n'a jamais connu une relation aussi intense de sa vie et ne veut pas passer à côté, même si elle sent que à long terme, cette passion arriverait à terme justement. Malheureusement, le deuil n'est pas fait du précédent Javier et des liens d'amitié forts existent, provoquant une certaine jalousie chez le nouveau Javier. Bref, une morosité ambiante s'installe, teintée de nostalgie du passé et d'inconfort par rapport à la situation présente. Vanessa et moi ne sommes pas présents pour l'autre, endurant chacun de son côté les épreuves respectives, qui sont, somme toute, comparables.

De nouveau, cette sensation d'avoir fait le tour de Madrid. Cela fait bien maintenant deux ans que je traîne ce sentiment, que je veux partir de cette ville qui inspire en moi, adoration et répulsion, tour à tour, comme la descente et montée de montagnes russes. Il ne me reste qu'à être patient, attendre un an et pouvoir repartir trois mois, pour mon deuxième séjour à l'étranger que je dois faire pour compléter le programme européen. J'espère que cela se fera dans un pays scandinave. A vrai dire, ce n'est pas à moi de choisir le pays, c'est plutôt ma "mission" qui détermine quel est le pays de destination. Et bien sûr les accords existant entre mon entreprise espagnole et les autres centres étrangers.

J'allume Grindr et invite le quatrième sud-américain de la semaine pour me faire prendre. Cette semaine, j'ai enchaîné les nationalités différentes d'Amérique du Sud : vénézuélien, dominicain, mexicain et maintenant cubain. Ce n'est pas habituel un enchaînement comme cela et il semble que plus je fais de galipettes, plus l'excitation est importante au moment de l'acte et plus la chute du moral est vertigineuse. Passé une heure de la copulation spontanée, je fume de la marihuana, je me connecte sur Skype et j'ai un appel d'un arabe, qui a un corps de fou, pour du cybersex. Il faut que je finisse en beauté cette journée de luxure, afin de finir d'enfoncer mon auto-estime.

Présent 21/04/2020 : Aujourd'hui ce n'est pas mon jour. Le projet que je pensais être gagné fait l'objet d'une revue par rapport au plan de maintenance des équipements. Nous risquons de perdre l'affaire de par ce petit détail qui n'en est pas réellement.

Mateo et Eleonora semblent être aussi d'humeur irascible. Mateo est réveillé par un couple qui siffle dans la rue car ils ont perdu leur chat sûrement. Eleonora de même, mais elle n'apparaîtra que vers onze heures. Ils grignotent de leur côté, alors qu'il doit y avoir cinq plats déjà cuisinés différents ! Mateo répète à longueur de journée "Un jour de perdu, je me réveillerai plus tard !". Je lui réponds "Mais tu préfères t'endormir à six heures du matin en passant toute la nuit avec ton téléphone portable ?". Apparemment oui. Je n'insiste pas, c'est le jour typique où un seul mot de travers peut tout faire chambouler dans une apocalypse sans issue. Il me fait de la peine, lui qui a des milliers d'activités en temps normal, en passant par la coiffure, une invention à but de protection pour trottinettes dont il a déjà un pré-modèle, les arts et aussi l'astrologie et la divination (même si ces deux derniers secteurs m'enchantent bien moins).

Le soir il ingurgite des mini brownies incrustés de Smarties, des fraises, dans une boulimie incontrôlée. C'est bien lui, tout dans l'extrême, même s'il ne voit pas qu'il peut être comme cela.

Nous jouons aux dés et ensuite, nous nous couchons tranquillement dans le même lit, les caresses apaisant la morosité générale de la journée.

Futur : Me voilà à Malmö en Suède. Je suis excité et à la fois peiné. Excité, parce que j'ai obtenu exactement ce que je voulais. Je vais étudier des installations qui se dédient à la fabrication du biogaz, produit à travers la putréfaction de la matière organique et en atmosphère anoxique. Et oui je voulais que ce soit un pays scandinave pour pouvoir ressentir ce renouveau qu'a provoqué en moi, l'Islande durant l'été 2019, à travers le vert des reliefs et des plaines. Nous sommes au printemps donc il semble bien que le blanc de la neige puisse prédominer.

A la fois, je suis peiné parce que je laisse derrière mon petit copain. Il craignait tant ce nouveau séjour. Je lui dis que pourtant trois mois, ce n'est rien. Néanmoins, je sais où le bât blesse. C'est au niveau du sexe. Le connaissant, je savais qu'il aurait des pulsions, auquel il répondit que moi aussi. Bizarrement, moi je me sens plus fort que jamais pour ne pas tomber dans cette nymphomanie qui me caractérisait. Il ne s'agit pas de baiser à tout-va, mais de "craquer" ponctuellement. Je lui dis que c'est normal si un jour, il veut se soulager, tant que c'est fait avec protection. L'idée me déplaît sincèrement, mais je ne peux pas contrôler tout cela. Je lui dis de ne pas me raconter si effectivement, cette infraction à notre couple arrive. Il me répond que de même pour moi. Je lui rétorque que les blonds en général ne me plaisent pas tant que ça. Je suis beaucoup plus attiré par les petits ou plus ou moins comme moi de taille et bruns. Je ne crois vraiment pas que le cas se présente, confiant plus que jamais dans ma promesse de fidélité.

J'arrive enfin dans la rue de l'appartement que j'avais réservé par Internet. Je suis choqué par l'absence des déguisements habituels en Europe : les gants et masque de protection contre le Coronavirus. Je suis le seul dans la rue, affublé de la sorte. Il est vrai que les suédois depuis le début de la crise, avaient parié sur une stratégie d'immunité de la population, en passant tous par la maladie en quelque sorte. Je sonne à la porte. Le propriétaire m'ouvre et je reste planté devant son charme, son physique hors du commun. Grand, brun aux yeux verts clairs, d'une quarantaine d'années excellemment portées, en chemise à carreaux, allure Viking que j'adore … Il me sourit par le moyen de dents blanches irréprochables, ce qui me rend honteux des miennes, même cachées par un masque. Un petit pas en arrière incontrôlé de ma part, s'ensuit un clin d'oeil du propriétaire et une main d'invitation à ce que je rentre chez lui. Ce clin d'oeil est un de mes ressorts pour draguer, mais aussi avec les gens en Espagne avec qui j'ai du feeling, sans nécessairement de l'attraction physique. Chez lui, qu'est-ce que cela signifie ? Il continue: "I am Andreas, nice to meet you. Welcome home !" ("Je suis Andreas, enchanté. Bienvenu chez moi !" en français). J'ai hâte de rentrer chez toi effectivement.

Mercredi 22 avril

Passé 22/04/1999, Riom : Rentré du collège, je vois ma mère dans sa chambre en train de fouiller dans son armoire. Ce n'est pas une simple exploration qui nécessite tout simplement de retirer deux ou trois vêtements et de les ranger immédiatement. Non, c'est un champ de bataille textile. Le sol ne laisse plus apercevoir la moquette, il est jonché de lin, de soie, de coton, de synthétique et de toutes les couleurs de l'arc-en-ciel, passant aussi par des palettes de couleurs sombres : marron, gris, noir, blanc. Mais qu'est-ce qui peut justifier un tel bazar si peu judicieusement étudié ? Je m'approche de ma mère. Elle transpire et est tremblotante. "Maman, qu'est-ce qu'il se passe ?". "Rien mon chéri, tout va bien !" Première réaction typique chez les Da Silva, ainsi que chez les Rodrigues, à la question "Ça va?", suit une réponse immédiate "Oui", même si la personne en question a un aspect déconfit, décomposé, déchéant.

Avec un peu d'insistance, elle me confesse qu'elle ne retrouve pas son passeport et elle m'assure qu'il n'a pas pu bouger de place, que nécessairement quelqu'un de la maison l'avait soutiré. Et à ce moment là, mon frère surgit de nulle part, tout en sachant qu'il allait être confronté à des heurts inévitables. Effectivement les reproches ont fusé, d'abord en portugais. Il est beaucoup plus facile de s'énerver dans sa langue d'origine. De même que pour compter mentalement. Peut-être parce que le cerveau qui éponge autant de connaissances aux origines, aussi basiques soient-elles, a été programmé ainsi. Ma mère sait que c'est Antonio qui a fait cela. Il a 21 ans, il a fait des fugues, il s'est confronté à la police certaines fois, mais pour des délits mineurs. Et là, à supposer que le vol était véridique, quel intérêt y a-t-il dans cette manoeuvre sournoise ? Il lui souligne tout cela, mais rien n'y fait. C'est même un flot de menaces qui sont proférées et un discours qui se perd dans l'obscurantisme total. Une conspiration d'identité volatilisée, tirée par les cheveux avec les voisins qui parlent mal d'elle à Antonio. A ses yeux, il est à n'en pas douter l'instigateur de ce complot de quartier ! Il claque la porte derrière lui et fait de même avec la porte de notre chambre …

Je suis glacé par cette scène et vais m'isoler dans la chambre de ma soeur. Je me demande ce qu'elle fait en ce moment au Portugal. Est-elle heureuse de ne plus voir ce panorama déplorable ? Et que fait mon père ? Cette question, je me la pose de plus en plus souvent et je m'interrogerai tous les jours dorénavant. Il doit jubiler certainement devant les lumières et autres sons des pièces métalliques tombant de ces robots et lui remplissant le corps d'une dopamine que ne lui ont jamais procuré ses proches.

Présent 22/04/2020 : Le jour se présente plutôt bien. Mon Directeur rabaisse ses expectatives par rapport à l'offre pour le client et donc nous avons une vidéoconférence pour lui expliquer le plan de maintenance des installations. Soudain, en pleine conversation avec le client, une voix se lève dans la cuisine. Et c'est la même rengaine, heureusement que j'avais la porte ouverte parce que les voix hautes de réprimande de Mateo envers Eleonora auraient été entendues, faisant rougir et transpirer mon visage. J'entends tout de même quelque chose comme : "Cette femme, elle commence à m'attaquer dès la première heure de la matinée !". Encore une bataille pour le contrôle des rênes de la cuisine. Mateo sûrement a commencé à cuisiner et Eleonora est venue pour reprendre la main ou le conseiller ou lui dire que ce n'est pas comme cela que doit se faire telle ou telle élaboration. Dans un premier temps, énervé de ce manque de discrétion alors que j'étais connecté, je viens le voir tout calmement pour savoir si tout va bien. Il me dit que c'est toujours la même chose. Toute la journée, ce sont des pics qu'ils s'envoient. Le sujet de discussion du jour était la quantité de viande qu'a réservée Eleonora pour cette semaine et devant cette quantité astronomique, Mateo a explosé pour ne pas jeter par la fenêtre le régime alimentaire drastique qu'avait suivi Eleonora. Il lui suggéra d'aller chercher elle-même au marché la nourriture. Elle se munit de son masque et gants, amorçant ainsi sa première sortie de l'appartement depuis près d'un mois et demi. Je ne suis pas sûr du bien fondé de tout cela mais je ne riposte pas. J'échange par Whatsapp sur la situation avec la soeur de Mateo, Carmen, qui connaît très bien ce genre de disputes entre eux et me dit de rester à l'écart autant que je peux. C'est ce que je fais, en réaction à toutes ces occurrences.

Rien ne me perturbe aujourd'hui et je reste discret dans le salon, d'autant plus que le client nous communique dans l'après-midi l'acceptation de la nouvelle offre. J'ai la surprise aussi de voir le petit chat noir aux yeux verts Max, qui vient vers moi aujourd'hui. C'est un autre habitant dans l'appartement, mais tellement discret, qu'il apparaît simplement comme personnage secondaire dans ce conte fantaisiste. Lorsque les lits superposés sont mis en place, il peut passer toute la journée sur le lit du haut. Lorsqu'ils sont rangés dans l'armoire, il peut avoir un moment de ne pas savoir où se mettre, de miauler entre la chambre de Mateo, la salle à manger d'Eleonora et passant par "mon" petit salon, pour aller faire ses besoins dans la terrasse. Là il réclame du pâté, que je lui donne pour la deuxième fois, depuis que je suis ici et cela lui a paru suffisant pour jouer un temps avec moi. Il retourne ensuite à ses besognes harassantes de siestes à répétitions sur le lit de Mateo, mais ce petit moment avec Max est un vrai plaisir pour moi, lui étranger à toute discussion.

Futur : Eleonora De Juan sort de son confinement. Elle n'en pouvait plus pour ses nerfs, déjà mis à rude épreuve pour nous les "jeunes". Mais en plus, elle est des dernières à pouvoir sortir du fait de son âge avancé et de sa localisation, dans la région la plus touchée de l'Espagne, la Comunidad de Madrid. Elle a vu comment les îles Baléares et Canaris sortaient en premier, puis les autres régions. Seules la Catalogne et la Comunidad de Madrid devaient faire preuve de plus de résistance, comme en ligue 1 de football où on exige du FC Barcelona et du Real Madrid non pas un excellent jeu, mais la victoire.

De plus en plus dépitée, elle vit mon départ de l'appartement comme une péripétie de plus, mais cette fois-ci ce serait la goutte d'eau, qui ferait sûrement déborder le vase. Elle aime jouer avec son fils, l'amener dans ses retranchements. Elle sait qu'il l'aime, elle sait que des fois elle n'est pas raisonnable, elle sait qu'il la remet à sa place, mais elle sait aussi qu'il est très susceptible. Ce sont de longues années, quarante-trois au total, où elle le pousse vers ses limites, si fines que des fois un simple mot banal pouvait déverser un torrent de reproches. Là elle avait pris conscience de cet effet apaisant que ce total étranger dans tous les sens du terme, avait apporté dans son propre foyer. Elle n'avait pas parlé avec lui par le biais d'une franche, longue conversation. Elle s'amusait, des fois à la limite de l'agacement, de son manque cruel d'effort dans certaines tâches ménagères, surtout pour laver la vaisselle. Elle avait compris qu'il avait laissé ces tâches aux habitants du foyer original, par leurs manques respectifs d'activités. Mais surtout, elle avait vu en lui l'élément stabilisateur. Heureusement qu'il avait été là, car mère et fils auraient fini par s'entretuer littéralement. Ce fut ainsi les jours d'après.

Cependant une fois la date de sortie prononcée par le président du gouvernement, les choses se rétablirent, comme si un tsunami avait ravagé le paysage, mais une fois passée cette vague énorme, l'océan s'était habillé d'une plaine paisible bleutée, sans aucune ondulation froissant sa couche superficielle.

Eleonora avait entamé une relation avec son nouveau prétendant Jesús, lui aussi veuf et amateur de jeux de cartes et autres jeux de tables comme le bingo, un peu avant cette période éternelle de confinement. Elle n'avait pas osé faire le pas et pourtant, elle en avait eu des prétendants depuis sa perte de poids conséquente. Passant d'une obésité préoccupante à une grosseur gracieuse, ornée d'une coupe de cheveux auburn façonnée par son fils, elle connut un changement de look spectaculaire. Et ces damoiseaux sur trois pattes en général, avaient apprécié cette métamorphose spectaculaire.

Enfin, elle revoit son prince charmant ébréché par le temps. Elle le voit plus ridé que la dernière fois. Cette solitude durant ces semaines de confinement ont eu l'air de l'abîmer. Là, elle se dit qu'elle aussi a dû souffrir physiquement de cet enfermement interminable. Elle se repeigne en levant la main droite et par derrière, marquant d'un geste féminin son désir de plaire. Il l'invite à un vermouth qu'elle accepte de suite. Après quelques minutes de retrouvailles, elle lui demande de jouer au "chinchón" (jeu de cartes espagnol), comme ils le faisaient avant le Coronavirus. Elle gagne la plupart des parties, tout naturellement ou bien Jesús l'at-il laissée faire, pour la voir sourire de part en part ? Elle l'embrasse effusivement, sans préparation. Jesús en est surpris, mais tellement heureux de ce geste inopiné. Il lui demande si elle veut dormir cette nuit. Elle acquiesce sans l'ombre d'une hésitation. Elle se sent enfin prête pour consumer avec ce gentleman, enterrant pour de bon ses souvenirs nostalgiques avec le père de ses enfants.

Elle lui demande d'aller dans la cuisine pour faire une "empanada", une sorte de tarte salée, au thon, une de ses succulentes spécialités. Elle s'attelle à l'élaboration de la pâte et Jesús apparaît dans la cuisine, voulant lui donner la farine et autres ingrédients. Elle ne peut pas réprimer un soupir et soudainement repense à son ex-mari. Une sensation de déjà-vu passe par son corps lui provoquant une chair de poule glaçante.

Jeudi 23 avril

Passé 23/04/2012, Egypte : Nous voilà depuis quelques jours en Egypte et je crois définitivement que ce sera le meilleur voyage de toute ma vie ! David et moi avons pris un voyage tout organisé d'une semaine, se composant de trois jours dans la zone du Caire puis quatre jours en croisière sur le Nil. Il connaissait déjà, comme il y avait été quelques années auparavant avec son meilleur ami Jorge. Nous avons profité d'une accalmie entre deux tempêtes dans le pays, en plein soulèvement du printemps arabe. Par conséquent les prix étaient cassés, une vraie aubaine ! Nous avons un guide pour nous et un touriste argentin tout simplement. Nous sommes inconscients depuis l'achat des billets et du package complet, jusqu'à l'arrivée à l'aéroport du Caire.

Toujours aussi fougueux qu'au début, avec en prime, la pénétration enfin promise, dans l'avion, nous avions mis une couverture par-dessus pour nous toucher les membres virils respectifs en latéral. Sauf qu'un égyptien barbu derrière nous capte et intervient depuis son siège. Il nous susurre que ce que nous faisons est puni par la loi dans son pays. Ce petit avertissement nous glaça le sang et nous restions sans dire mot jusqu'à l'atterrissage.

Enfin arrivés dans la ville la plus chaotique que j'ai jamais vue ! Des immeubles à perte de vue en chantier, qui ne doivent pas être habités, comme s'il ne manquait plus que la façade à construire. Des fois ces mêmes immeubles sont munis de plusieurs paraboles, donc il y a peut-être des gens résidant en son intérieur … Le centre-ville est un grand désastre. Il n'y a pas de feux, donc les intersections sont forcées, à l'initiative des plus téméraires, qui empoignent le volant et contraignent les autres à laisser le capot de leurs voitures s'infiltrer. Nous avons même pris un taxi, enfin une voiture comme les autres sans distinction officielle, avec comme seule condition qu'il y ait un passager à l'avant droite, qui soutienne la portière parce que celle-ci fermait mal.

Les pyramides de Khéops sont l'attraction sans égale au Caire. Imposantes, elles s'érigent avec comme fond de carte postale le chaos du Caire embourbé de particules de sable. David et moi avons fait une excursion hors programme, avec notre guide, à cheval, à l'aube. Sauf que le cheval de David souffrait de fatigue et finit par tomber, avec David faisant un plongeon en avant et par conséquent, il eut une énorme égratignure à l'épaule droite. Peiné le guide se confondit en mille excuses et nous ne dirions rien, tout simplement nous lui avons signalé qu'il ne pouvait pas avoir des chevaux dans cet état. Nous avons vu un cheval mort en plein chemin vers les pyramides, tiré sur le sol …

Puis ce fut les quatre jours de croisière sur le Nil avec la contemplation de temples tout aussi magnifiques les uns que les autres. L'amplitude de ces oeuvres paraissait vraiment qu'elles étaient sorties d'un autre monde. Les statues de l'entrée de Louxor, les colonnes colossales de Karnak et les grottes profondes repleintes de hiéroglyphes jusqu'à l'emplacement du sarcophage des pharaons dans la Vallée des Rois ! Les mots les plus grandiloquents pour décrire de telles oeuvres architecturales ne constituent que de pâles euphémismes.

Il y eut aussi l'excursion jusqu'au temple d'Abu Simbel pour lequel nous devions nous réveiller à trois heures du matin pour traverser tout un désert pendant des heures, afin d'accéder au site. Sauf que la veille, c'était un festin à bord de salades tropicales et autres plats épicés. On m'avait mis en garde contre la nourriture égyptienne mais jusque là, je n'avais pas souffert d'un quelconque symptôme d'intolérance donc je me donnais à coeur joie, surtout qu'avant d'aller dîner, nous fumions un joint, pour nous mettre en appétit. Lorsqu'il voyageait, David mettait toujours dans son boxer les joints, avec un total sang-froid, sans trembler en passant par les portiques de contrôle de police de l'aéroport.

Particulièrement en appétit ce soir-là, je me fis un plaisir de goûter à tous ces mets locaux. Erreur ! Toute la nuit, une gastro entérite me prit et me convulsa jusque dans le mini van qui devait nous mener à Abu Simbel. J'ai réussi à me retenir dans le chemin de quelques heures. Me voyant tout pâle, David me prit dans ses bras et là un gros coup de frein en plein milieu du désert. Le conducteur fit savoir à notre guide, qui passa par l'argentin nous accompagnant, d'arrêter, qu'une telle démonstration d'empathie entre deux hommes ne pouvait se faire ici. Nous reprenions la traversée du désert sans plus de heurts. Nous avions compris la leçon ! Arrivés à Abu Simbel, je contemplai à peine la majestuosité du temple, tellement qu'il me fallait trouver les toilettes pour évacuer du derrière … Cela resterait une très bonne anecdote à raconter !

Au-delà des temples, que dire des couleurs observées depuis le bateau de croisière ! J'étais impacté chaque soir par le coucher du soleil. Le jaune du sable du désert au loin se teintait de reflets cuivrés. Le vert abondant du bord du fleuve où des bovidés baignaient et broutaient avec de l'eau jusqu'en haut de leurs pattes, ressortait sur le bleu de l'eau qui virait au blanc, au fur et à mesure que le soleil se confondait avec l'horizon. Ce coucher de soleil s'étendait sur plusieurs heures à notre plus grand bonheur, esquissant dans le ciel des couleurs inimaginables : du jaune éclatant, en passant par un orange obscur, un rouge vif jusqu'au violet pourpre, laissant enfin place à la noirceur totale. Si je pouvais croire en l'existence d'un Dieu, moi qui suis athée, ce serait bien à ce moment-là !

C'est notre dernier jour aujourd'hui. Avant la contemplation de ce spectacle divin, nous fumons notre dernier joint pour aussi nous exciter et faire l'amour. Dans notre cabine qui paraissait à mon goût bien luxueuse, nous nous en donnons à coeur joie. C'est tout simplement surréaliste de le faire dans un décor pareil. Les rideaux bien tirés, rien ne peut nous extraire de ce plaisir aussi exotique qui nous est donné de partager. Ce qui est dehors n'a plus d'importance, aussi beau soit le paysage. Il renforce ce sentiment d'atteindre le septième ciel. Mais au loin, se profile un autre bateau de croisière qui semble s'approcher dangereusement. Nous regardons par la vitre et décidons de continuer, le climax est proche! Quelques minutes plus tard, nous entendons des voix s'élever. Des touristes sur le haut du bateau contemplent cette scène pornographique et entonnent un "Oooooooooooooooh !". David et moi élevons nos têtes et voyons à quelques mètres de nous ces touristes voyeurs éberlués. Nous nous levons vite éhontés et refermons les rideaux à toute vitesse. Nous nous vautrons sur le lit, tous nus et nous explosons de rire. Quelle inconscience fougueuse des amoureux durant les premiers mois !

Présent 23/04/2020 : Une autre journée commence, bien similaire aux autres, avec un Webinar proposé aux entreprises externes sur des installations de centrales électriques. C'est une pratique corporative bien commune maintenant, comme de nombreux professionnels ne peuvent pas aller à leurs lieux de travail, ni faire une visite à de potentiels clients.

Le soir, après le sport quotidien, Mateo respire mon entrejambe. Il me demande de laver mes fesses dans le bidet. Je n'aime pas trop cette installation : elle me rappelle la réserve des chambres pour invités, chez ma grand-mère paternelle au Portugal, avec cette odeur particulière de naphtaline embaumant chimiquement toutes les pièces. Je m'y résous de façon maladroite. Je retourne dans ma chambre et ferme la porte. Mateo la laisse entrebâillée, car le chat Max, doit pouvoir aller et venir à sa guise, du balcon à la chambre. Et si Eleonora voyait la porte fermée, cela lui mettrait la puce à l'oreille. Je le laissais faire, caressant l'idée excitante de nous faire prendre en flagrant délit.

Si les pénétrations sont maladroites, du fait que j'ai le dos baissé et lui doit monter un peu sur la pointe des pieds, étant légèrement plus petit, les outils s'encastrent ensuite magnifiquement, tel la pièce L du Tetris, savamment tournée pour compléter une ligne. Vers la fin, il prend mes fesses avec une avidité fougueuse et je crois même à un instant qu'il me soulève, moi qui dois peser bien dix kilogrammes de plus que lui. C'est la jouissance qui défie la gravité du trou noir. A ce moment, la porte de la salle à manger s'ouvre, puis se referme quelques secondes après. Mateo et moi nous regardons gênés, des visages de petits enfants ayant commis des bêtises, prennent place sur nos expressions de plaisir.

Futur : C'est le week-end, Mateo vient chez moi avec l'idée de pimenter nos jeux sexuels. Munis d'une caméra sur un trépied, il veut nous filmer en plein acte, mais aussi avec des déguisements de masque et gants de protection de Coronavirus. Ma première réaction est de dire non. Puis je me ravise à partir du moment qu'il me dit qu'il n'a jamais fait de vidéos avec qui que ce soit. Moi non plus d'ailleurs, donc si nous le faisions, ce serait un souvenir excitant rien que pour tous les deux, nous promettant que si la relation devait s'achever, que ce matériel ne serait pas diffusé, qu'il resterait confidentiel en somme. Et puis si c'est peu ragoûtant, nous aurons au moins un souvenir comique.

Au début c'est compliqué d'oublier cet acteur immatériel mais la passion nous gagne très vite. Les seuls accoutrements des gants et masque vont très vite être enlevées. Tout d'abord le masque qui empêche une respiration haletante, puis ensuite les gants qui empêchent toute sensation tactile. Résultat : une heure et demie de tournage avec de multiples positions très bien exécutées. Bravo ! Enfin, peut-être que le visionnage n'est pas à la hauteur. Le soir même nous regardons la vidéo. Je ne peux pas au début et je répète "Quelle honte ! Enlève ça !". Je fais une fixation sur mes fesses bombées et ces quelques bourrelets disgracieux et mon ventre flottant lorsque je suis pris en levrette. Je me cache les yeux mais Mateo me les abaisse et me dit "Regarde, tu es magnifique !". Je fais un deuxième effort et il est vrai que j'ai toujours voulu savoir ce qu'il voyait, quand j'étais courbé et qu'il voyait le cul tout rond, bien travaillé par son sexe et mon dos épais. Je change le regard, puis au bout de quelques minutes, je saute sur lui de nouveau pour le faire à nouveau et obtenir cette mise en abyme de sexe, avec la vidéo se déroulant sous nos yeux.

Vendredi 24 avril

Passé 24/04/2009, Madrid : 11 février 2009. Le pire jour de ma vie ! A trois jours de mon anniversaire, nous allions au bar "Chill Out" du quartier Malasaña avec Victoria et Markel. Nous aimions particulièrement cet endroit qui passait de la musique rock anglaise des années 70, 80, 90 et c'était toujours l'occasion de parler à beaucoup de gens différents, les langues se déliant comme s'enchaînaient les verres d'alcool. Ce soir, ce devait être une fantastique soirée, pleine d'insouciance, il n'en fut pas ainsi. Après deux ou trois verres de rhum coca, je me faufilai dans les toilettes pour évacuer pour la première fois. Je savais pertinemment que cela serait suivi par de nombreux nouveaux flots de résidus jaunes, prenant de plus en plus une apparence transparente, comme la nuit avançait et se faisait plus trouble.

Je me jetai sur le premier urinoir, sauf que le sol avait une énorme flaque d'eau, d'urine ou autre, qui sait ? Je tombai à la renverse et ma tête se dévia de son tronc pour que dans ma chute en arrière, mes dents venaient choquer contre la porcelaine du robinet pour se laver les mains. Je restai abasourdi quelques secondes, plus de peur que de mal je pensais, n'ayant pas de douleur aux fesses ni au dos. Je me levai en appuyant mes mains sur le sol et je voyai une énorme tache rouge se mêlant à cet étang de résidus. Je levai mes mains vers moi et aussi, elles étaient ensanglantées. Je redressai ma tête pour contempler le miroir, avec une certaine appréhension. Je fermai les yeux. J'ouvrai petit à petit, les lèvres étaient ankylosées et gonflées, j'ouvrai alors ma bouche tremblotant. Et une vision d'horreur apparut. J'aurais pu voir un fantôme, un Frankenstein apparaître derrière moi, cela aurait eu un effet minime. Mes dents supérieures de devant avaient bougé et une des deux étaient coupées en diagonale, mais une diagonale entrecoupée d'entailles.

Je sortais en prévenant mes amis en pleurs et prenais le taxi pour rejoindre l'appartement avec Carine. Elle prit soin de moi, de suite. Le lendemain, elle me faisait prendre un bain moussant et me réconfortait en disant qu'il y a des solutions. J'étais inconsolable. Comment vit-on dans ces conditions, dans une capitale où l'apparence compte plus qu'autre chose ? Nous voyions un dentiste d'urgence, Victoria nous y rejoignit. Des radios étaient nécessaires pour la reconstruction mais aussi voir si des possibles nécroses s'étaient produites par la suite.

Le lendemain, pour m'occuper devant ce dépit qui m'accablait, je faisais une recette de cheesecake à la confiture de fraises pour célébrer mon anniversaire au laboratoire le lundi. Comment j'ai pu me présenter avec cette tarte à mon laboratoire, les pignons totalement ébréchés ? C'est moi qui avais l'air d'une tarte !

Très vite, ma dentiste, choisie comme étant l'une des meilleures de la capitale pour des reconstructions esthétiques et donc, délivrant des prestations au prix proportionnel à son talent, prit les mesures de mes dents, pour commander mes nouveaux chicots artificiels, sachant que la dent moins ébréchée avait fait une nécrose. Ceux-ci s'entachèrent de gris, mais en comparaison avec un aspect de "paleto de pueblo" ("Paysan de village" en français, encore plus péjoratif dans le terme espagnol), c'était vraiment un moindre mal.

Elle avait enlevé mes fausses dents le vendredi dernier et le week-end, je restais chez moi avec les deux fondations de devant destinés à sustenter mes nouvelles dents. Je prenais des photographies avec mon appareil et en faisant le vampire comme dans ma série préférée de l'adolescence, "Buffy contre les vampires", en ouvrant haut et fier ma bouche avec ces deux bâtons de métal accrochés à ma gencive supérieure. C'était vraiment du matériel sensible, pour des yeux sans prévenir de la violence des images dépeintes !

Aujourd'hui, c'est le verdict. Le jour de la reconstruction finale ! La dentiste me dit qu'elle va mettre beaucoup de ciment ("cimiento" en espagnol) et là j'imaginais le travail de maçon portugais qu'elle faisait, en bétonnant autour des aciers et attendant vingt-huit jours pour que le béton soit solidifié et ait acquis toutes ses performances de compression, traction et flexion. Je le sais très bien, c'est mon sujet de travail au laboratoire, les bétons incorporant des résidus de construction et de démolition ! Là il s'agit de dents "plastiques" aussi et c'est un travail minutieux qu'elle réalise, tel un sculpteur voulant donner le plus de détails possibles pour la lecture de son oeuvre à son public. Heureusement ! Je crois que ma dentiste est perplexe envers moi, elle semble voir quelqu'un de très sensé, mais qui a perdu toute raison ponctuellement. Je pense qu'elle m'apprécie, je suis un patient hyper patient ! Je ne bouge pas le contenu de ma bouche d'un poil, bien trop peur de gâcher le travail d'orfèvre. "Voilà, ça y est !", me dit-elle fièrement. Je vois à son visage que c'est réussi. Effectivement, mes deux nouvelles dents étaient réussies et mêmes d'un meilleur ton que les antérieures, me confirmera aussi Carine. "Combien de temps cela dure ?" lui demandé-je. Elle me dit que ce sont des éléments artificiels, donc les gencives risquent de se rétracter, mais elle dit qu'en moyenne douze ans. Douze ans, bon pour moi ce sera moins ! Mais je me dis que ce sera suffisant pour "tenir", si je survis d'ici là aux péripéties de la vie !

Présent 24/04/2020 : Le bilan des morts est bien au-dessous de 400, soit 367 décès en tout. Mais aussi pour la première fois depuis longtemps, le nombre de gens guéris dépasse celui des nouvelles admissions en hôpital. Une bonne nouvelle, qui j'espère confirmera une tendance d'allègement des établissements sanitaires. Le cher Président américain Donald Trump demande à un conseiller médical si le désinfectant désintègre le virus, s'il n'est pas possible de l'injecter dans le sang … Cela devrait faire peur d'être gouverné par un type pareil, et pas n'importe quelle puissance mondiale!

En parlant de bizarreries, le soir, Mateo et moi continuons notre exploration cinématographique dans ce domaine. Hier, nous avions vu "Misery", peut-être un des meilleurs titres de livre de Stephen King porté à l'écran. Kathy Bates dépeint Annie Wilkes, fan de son écrivain préféré, Paul Sheldon, qu'elle sauve d'une mort certaine après un accident dans un paysage enneigé. S'installe alors un thriller, un suspense qui va crescendo au fur et à mesure du déroulement de l'action. Infirmière, elle prend soin de son écrivain favori, cloué au lit. Sauf que ses humeurs bien changeantes profilent une villageoise psychopathe qui ne se résout pas à ce que la protagoniste "Misery" meure. Elle lui somme alors de réécrire son livre, recourant à une violence inouïe. Ce film comporte une scène mythique très désagréable à la vue. Pendant le film, je pense à mon journal et comment il influence mon quotidien. Je ne vis que pour lui. Où est la limite du réel ? En quoi le besoin d'alimenter la fiction me fait avoir certaines conversations bien ciblées avec Mateo ?

Aujourd'hui, c'est "La cabane dans les bois" que nous regardons. Je l'avais déjà vu il y a quelques années avec David et je savais que Mateo ne serait pas insensible. A vrai dire, personne ne peut l'être. Cela commence par un week-end de cinq personnes adolescentes typiques des films d'horreur : il y a nécessairement la blonde, la rousse moins bête qui devrait être l'héroïne, le beau gosse, l'intellectuel mais aussi avec un corps à tomber par terre et le garçon bizarre, celui-ci fumant de la marihuana. Il y a la scène typique du plongeon dans le lac des protagonistes et les jeux "Action vérité" qui amènent très vite à des situations macabres. Le film est bien plus que cela et sa rareté plaît à Mateo.

Nous commençons alors à nous échauffer en nous embrassant. J'ai besoin de sentir sa rareté physique. Il n'a pas de nombril, du fait qu'il ait fait une liposuccion, il y a plus de dix ans, mais l'opération a mal tourné et la zone du nombril a nécrosé. En vue de cette atmosphère de paranormal, je baisse ma tête pour lécher tendrement son non-nombril. Il n'est plus connecté à Eleonora, il le sera de nouveau à moi à travers mes coups de langue. L'amour qui s'ensuit est tellement excitant que j'en tremble de mes jambes. Il me faut quelques minutes pour récupérer ma fréquence respiratoire, terriblement haletante, même si silencieuse. Cela me rappelle plein de fois où nous le faisions chez moi, dans mon grand lit.

Futur : Il est temps de faire face Lionel. Tu n'as pas été gâté par la loterie de la génétique au niveau de la bouche. Une dentition qui t'a toujours fait honte et des gencives dangereusement rehaussées. Tu as vu comme tes amis avaient les dents blanches, même au fur et à mesure des années. C'est d'ailleurs une constatation que tu avais fait en arrivant à Madrid, les gens avaient une blancheur en comparaison aux "paletos" de Riom. Encore un effet pervers de la capitale espagnole, où nombre de ses habitants semblent vagabonder par ses rues de façon négligée, mais cette prétendue négligence était savamment étudiée, en général.

Les fausses dents de devant ont duré beaucoup plus que ce que tu pensais. Avec l'érosion progressive des gencives, accentuée par le tabac et aussi les nombreuses sorties et ta période de drogues en tout genre, tu as très vite fermé ta bouche. Tu es très expressif et te considères beau, donc tu considères comme une ironie du sort cette disgrâce physique. Tu as appris à faire avec. Les explosions de rire étaient nuancées nécessairement par la lèvre du haut, qui ne laissait entrevoir que l'extrémité des dents, surtout pas leurs racines rongées par le temps. Le Coronavirus t'aura été utile avec son masque de protection, protégeant par là-même ton sourire de l'extérieur.

Rendez-vous chez ta dentiste. Celle-ci ne t'attendait pas après autant d'années depuis 2009 et elle a commencé à refaçonner ton sourire. Cette fois-ci, il s'agit de porter un dentier. Tu es tout aussi discipliné, tu ne bouges pas d'un iota, pour qu'elle puisse recréer un sourire acceptable, sans avoir honte d'ouvrir la bouche. La dentition une fois mise en place, elle te dit de regarder dans le miroir et de juger le résultat. Comme d'habitude, tu esquisses un timide sourire avec la lèvre supérieure baissée. Elle insiste et tu ouvres petit à petit laissant entrevoir le nouveau prodige de cette professionnelle. Pensif, tu te demandes comment seront tes interactions avec les gens dorénavant, sans masque de protection du Coronavirus. Autant d'années de sourires éhontés, je peux maintenant réellement rire aux éclats ?

Samedi 25 avril

Passé 25/04/2013, Madrid : David et moi regardons un film sur l'ordinateur "Dans la maison" d'un de mes réalisateurs français préférés, François Ozon. J'aime particulièrement ce réalisateur, par son univers ambigu, ces drames quotidiens dépeints avec justesse, mêlés de temps à autres à des situations qui semblent fictives et sublimer le réel. Bien sûr, l'homoérotisme est souvent présent, bien qu'il ne soit pas clairement représenté des fois.

Le film décrit l'histoire d'un adolescent Claude, élève brillant en littérature qui dépeint dans ses écrits, la vie de famille d'un de ses camarades de classe Raphaël Artole et à ses dépends. Une relation forte se noue entre lui et son professeur Germain, qui l'encourage à créer, tellement qu'il est talentueux. Claude entre de plain pied chez la famille Artole, qu'il envie tout particulièrement et pour alimenter son récit, il commence à séduire la mère. Peu à peu, il s'immisce aussi dans la vie de son professeur, au fur et à mesure que les liens grandissent entre eux, justifiés par la nécessité de développement de la littérature. Encore une fois chez François Ozon, il existe un jeu de dépassement des limites. En quoi l'art peut-il mettre en danger le réel ?

Je me mets à regarder sur Internet pour en savoir plus sur ce film fabuleux. Tiens, l'histoire est inspirée d'une pièce de théâtre d'un dramaturge espagnol, Juan Mayorga, "El chico de la última fila" ("Le garçon du dernier rang", en français). J'en suis d'autant plus heureux. Il semble que ce chef d'oeuvre cinématographique aura une grande résonance en moi.

Présent 25/04/2020 : Aujourd'hui comme bien des samedis, je rattrape le retard dans l'écriture de mon Journal. Les premiers jours de la semaine, je tiens à peu près à jour, enfin à un jour près, la tenue de mon Journal, tout en conciliant mon activité professionnelle. Je remplis souvent les trois sections de la veille. Puis le mercredi et le jeudi, je me laisse aller, des fois bien épuisé par les multiples vidéoconférences avec les clients et en interne à mon entreprise. Après les heures de travail, me remettre à la prose et encore devant l'écran d'ordinateur abîmant ma vue, même si je n'ai pas encore besoin de lunettes, peut devenir difficile. Et puis, je sais qu'un long week-end arrive, avec bien peu d'activités à réaliser, donc j'aurais tout le loisir de le compléter.

Cette semaine, au fil des visionnages de films avec Mateo, la rédaction de mon Journal met en avant un aspect jusque là noyé par la situation sanitaire. Le Coronavirus, être invisible, pourtant omniscient de mon récit, déterminera la chute de mon roman. Pour l'instant, nous allons sûrement jusqu'au 9 mai. Je pense avoir des billes pour raconter les anecdotes du passé pour cette date, peut-être jusqu'à fin mai, mais je ne pense pas tout le mois de juin. Le Coronavirus doit s'arrêter à temps ! Non pas pour ne plus avoir de décès, mais pour achever le Journal. Ouille, cette pensée est bien laide, je suis sarcastique évidemment ! Le 9 mai est la date idéale, car moins de morts si tant est que ce virus est enfin contrôlé.

Et voilà que le Président espagnol annonce qu'à l'instar de la France, le jogging sera permis à partir du 2 mai. Mateo me dit que nous allions faire un footing au parc, au moins une fois par semaine. Ma réponse est un "non" retentissant. Il profile une moue surprise à mon égard. Je lui explique que je respecterai l'enfermement jusqu'au bout, parce que je ne veux pas contagier Eleonora. C'est dans cette optique que je suis venu à l'appartement et je n'y dérogerai pas. Et c'est aussi consistant avec mes commentaires sur Facebook, disant aux français que je ne comprenais pas cette exception liée au footing. C'est une vérité en demi-teinte.

Ces arguments sont valides mais il existe aussi une autre considération. Le Journal s'arrêtera quand je retournerai chez moi à Madrid, à dix kilomètres d'ici. La liberté soudaine retrouvée, comme un prisonnier arrivant à bout de sa peine d'incarcération, doit être intacte. Je ne veux pas de contact avec l'extérieur jusqu'à cette date butoir.

Ces jours-ci, en faisant un petit retour en arrière, j'analyse mes pensées. Il y eut quelques aléas avec Mateo, provoqués par ses changements d'humeur de façon indirecte et mes envies de sensations fortes, destinées à alimenter mon bébé. Il y eut des conversations provoquées notamment pour mieux connaître la famille de Mateo, surtout son père, décédé bien des années auparavant. Je ne suis pas un monstre, je me soucie réellement des liens familiaux de Mateo, qui sont déterminants dans sa manière de vivre ce confinement, jusqu'à présent, une certaine passivité face à ce retournement de situation planétaire. Mais aussi indirectement, pour faire apparaître ce personnage clé qu'est mon père, bien inexistant au début du récit. C'était aussi intentionné. Les conversations quotidiennes étaient de plus en plus du blé à moudre pour ma matière première.

De façon très schématique, le Coronavirus, le vilain de l'histoire, plonge l'humanité dans un confinement planétaire. Le héros dans ce récit est mon Journal, qui occupe toutes mes pensées et me replonge dans des expériences du passé traumatisantes, pour une sorte de réparation psychologique. Une fois le monstre anéanti, le bien remporte la victoire et mon ange-gardien pourra partir sauver une autre âme en peine. Ou bien fait-il la même action dans d'autres foyers déjà ? Est-il présent sous une autre forme ? Une peinture ? Une sculpture ? Une composition musicale ? Cette période-ci sera-t-elle une explosion artistique ? L'année des Nouvelles Lumières ? Je l'espère sincèrement.

Futur: Le lendemain de la sortie du confinement et me retrouvant donc à la maison et surtout mon lit double, je termine le récit du dernier jour de mon Journal. Je savais exactement comment clore depuis mi-avril à peu près. Une fois la tâche réalisée, je me sens extrêmement fier du manuscrit en général, mais de sa fin précisément. C'est d'ailleurs le seul jour qui bénéficie d'une relecture et de modifications précises.

Les jours suivants, je reprends la lecture depuis le début, tout en sachant son énorme potentiel mais aussi les grands inconvénients inhérents à cette structure rocambolesque entre passé, présent et futur.

Mon nouvel ami virtuel, François, premier à lire le Journal, me dit que je dois le publier. Oserais-je le faire ? Comment publie-t-on un livre? Quelles maisons d'édition contacter, moi qui ne vis pas en France, en plus ? Et je me rappelle de cet écrivain qui racontait son histoire dans un village picard et toutes les souffrances qu'il a pues endurer par son homosexulaité, au collège allant jusqu'aux crachats des autres élèves et sa famille ouvrière dont il eut tellement honte. Mon histoire est d'apparence plus facile, du moins mon enfance et adolescence, mais la lecture de ce livre "En finir avec Eddy Bellegueule" fit énormément écho en moi. J'ai son auteur sur Facebook, enfin je le suis. Je me mets à écrire sur le messenger d'Edouard Louis. Soyons fous, comme toutes ces semaines-ci l'ont été, de toute façon ! "Bonjour Edouard,".

Dimanche 26 avril

Passé 26/04/1998, Riom : Ce soir, c'est une boom de garage où nous avons l'habitude d'aller toute la classe européenne espagnole. C'est assez excitant d'y aller. Pas par une volonté de draguer qui que ce soit. Je ne suis pas porté par la chose, comme je peux voir les autres garçons de Troisième sauter le pas et s'adonner goulument au léchage de bouches avec d'autres filles. Je suis gêné par ces scènes sincèrement. Moi j'avais déjà franchi cette étape l'année dernière avec ma voisine brune Aline pendant un temps bien limité, parce que c'était plus l'autre voisine blonde Ludivine qui m'attirait. Je sortirais avec elle en secret mais très peu de temps, parce que ce sera très vite mis à jour et déplaisait fortement aux gens. Soit. A vrai dire, je ne sais plus trop. Depuis quelques mois, je vois aussi les garçons autrement. Mais franchement, ce n'est pas mon truc. Laissons aux grands gaillards le soin de se pavaner devant ces filles. Moi j'ai toute la satisfaction de pouvoir étudier tous les domaines qui m'intéressent.

Les booms entre européennes le samedi après-midi dans les garages n'étaient vraiment pas méchantes. Pas d'alcool ou bien des bières 0%, panachés pour faire semblant. C'est esprit bon enfant ! C'est d'ailleurs cela oui, nous ne nous résolvons pas à quitter l'enfance, du moins cette insouciance, ce cocon qui la caractérisent. Cet après-midi pourtant, est vraiment spécial car nous allons nous déguiser en Spice Girls, bande incontournable ces deux dernières années, bien plus que tous ces boys band bien pâles, succédanés de musique pop. Il y a deux garçons, Romain et moi qui nous déguisons en Mel B la sportive noire et Emma respectivement. Oui, je suis la petite blonde, à cause de ma petite taille et aussi un peu par élimination.

Nous nous sommes réunis chez une des filles pour inventer la chorégraphie qui est simplette, mais bien visuelle. Je me suis tellement préparé, chaque soir à répéter avec le CD dans la chaîne stéréo. On nous dit d'aller dans la pièce d'à côté et nous enfilons nos déguisements. Je mets ma robe rose type tutu et la perruque blonde d'Emma. On nous annonce enfin et le rythme sanguin monte tout à coup. Je souffle deux fois et inspire une seule fois mais longuement, comme les sportifs le feraient. La musique commence et je me métamorphose en show-man transformiste. Non rien ne m'arrêtera. Et effectivement nous entrons sous le regard étonné des européennes qui n'étaient pas du tout au courant et enchaînons les pas en toute beauté, tous les cinq. On nous acclame à la fin. Je transpire de l'effort mais aussi de l'émotion. Je mérite amplement un verre énorme de Coca-Cola et ce bain de foule, pour recevoir les remerciements, avant que le rideau tombe et la réalité reprenne le dessus.

Présent 26/04/2020 : Aujourd'hui les activités sont diverses pour bien profiter de ce dimanche : activités individuelles surtout. Je vois Masterchef saison 8, puis une sieste avec Mateo après avoir mangé, un peu de lecture. Enfin rien de bien passionnant. Le point culminant de ce dimanche banal de confinement est une chorégraphie sur la musique de Jain appelée "Alright", tout ça pour souhaiter l'anniversaire de Victoria, le 13 mai prochain. La musique est assez entraînante et le refrain répétitif "Things gonna be alright, things gonna be just fine, if love is around" ("Les choses iront bien, juste bien, si l'amour existe autour" en français) entre très vite en tête de quiconque l'écoute, même si à la base, la chanson décrit une rupture, mais le positif reprend le dessus. Très bonne métaphore aussi de la conjecture actuelle en rapport au Coronavirus, un message d'espoir dans ces moments difficiles.

La chorégraphie doit refléter qui je suis, donc un peu de folie allant jusqu'à la psychiatrie et de la sensualité, mêlée de timidité. Tout d'abord, Mateo veut m'enregistrer avec le téléphone portable, mais je sais que je serais coupé dans mon élan. Donc je réussis à faire tenir le téléphone dans une rainure du router, puis le faire tenir par derrière sur l'autre engin qui pourrait être celui du TDT. Je ne suis vraiment pas bon pour tout ce qui est technologie décidément !

Je commence accroupi, les coudes sur la table en appuyant à ma droite sur le bouton de lecture de la musique sur Youtube. J'ai le bérêt de "chulapo" (costume traditionnel de Madrid) qui correspond en plus à la période de l'anniversaire de Victoria, coïncidant plus ou moins avec la fête locale madrilène de San Isidro du 15 mai. Je regarde le téléphone avec des yeux grands ouverts et sans sourire. Ensuite je m'éloigne du bureau où est posé le téléphone portable, donnant une vision complète de la chambre de Mateo. Je suis habillé avec une tunique toute noire et des élévations intérieures au niveau des épaules. Sur ces mêmes épaules, j'ai un châle rouge avec des petites lanières. Je prends mes distances par rapport au téléphone, mais levant mes mains vers lui. Très vite au premier refrain, je lance mon bérêt et joue avec le châle rouge en le faisant s'onduler en l'air. Je lance nonchalamment le châle et me retrouve simplement vêtu de la tunique noire. J'ai l'apparence du meurtrier de "Scream", avec des nuances féminines comme je tourne sur moi-même en girouette d'une façon peu virile. Puis j'enlève ma tunique petit à petit en revenant vers le téléphone, en cachant d'abord toute ma tête et après, dévoilant mes yeux séducteurs pour le téléphone. Je me retrouve torse nu et en short bleu. Je me munis encore du châle rouge, que je mets cette fois-ci autour du bassin, pour faire chalouper le tissu entraîné par mon mouvement de fessier et faisant voltiger les lanières telles une Shakira endiablée, avec moins de grâce et dextérité, ceci dit ! Dernière scène correspondant à l'ultime refrain : je reviens devant le téléphone, ne découvrant que mes épaules et mon torse et je saisis mon invitée surprise que j'appelle Gwendoline, qui est une mannequin de tête de Mateo pour s'entraîner à la coiffure. Je gigote Gwendoline accompagnant mon mouvement de tête puis la ramène devant moi, pour l'embrasser tendrement.

Je suis content du résultat qui me fait bien rire et je pense que cela aura le même effet escompté lors du visionnage de Victoria.

Un gros grain de folie, en adéquation totale avec cette période d'hystérie collective que nous vivons tous.

Futur : Ce soir, j'assiste à un concert d'un autre type, comme nous n'avons jamais pu voir, nous spectateurs. Le Coronavirus a repris de plus belle et les chanteurs doivent se réinventer d'une certaine manière. Comme il s'agit d'un concert sans public réel, le prix est bien sûr revu à la baisse, ce qui permet tout de même aux chanteurs d'agglomérer des foules, appréciant leurs shows de façon virtuelle. Je suis au premier abord très dubitatif mais à l'affiche de cette soirée moitié publique, moitié privée, c'est le groupe Depeche Mode que j'affectionne tant. Je les ai vus avec deux amies en 2009 et la mise en scène, les couleurs, les écrans et l'ambiance, tout, vraiment tout était génial.

Je suis prêt pour cette découverte incongrue d'un concert d'une de mes bandes de musique favorites mais en version virtuelle. Je m'installe devant mon ordinateur et attends que la session s'ouvre. Plus que cinq minutes, quelle impatience ! Pour cet événement, rien ne doit être laissé à la légère. Chips, pizza et alcool, du bon rhum Cacique au coca-cola et glaçons énormes à l'espagnole. Bien évidemment, je ne dispose pas des moyens technologiques pour admirer la qualité virtuelle du concert. Certains ont des ordinateurs dernier cri, qui donnent une sensation 3D, comme si le chanteur était là, juste en face de toi, mais aussi des hauts-parleurs avec un son Dolby Surround qui fait qu'on a l'impression que le Groupe est dans ton salon, à faire résonner tous les murs. Ce n'est pas mon cas, moi qui suis toujours réticent à quelconque avancée de la technologie. Je finis par avoir tout ce que les "high techs" possèdent, mais en général entre trois et cinq ans plus tard.

La bande rentre en scène et c'est haut en couleurs qu'ils commencent avec un de leurs tubes phares "I feel you" et ce sera un non-stop pendant deux heures et demie. Les nouveaux morceaux entrecoupent les musiques connues de toujours comme "Personal Jesus","I feel you", "Dream On" etc. Pour tous ces hits-là, les couleurs sont vives et font même apparaître des hologrammes d'eux-mêmes, mais aussi des paysages naturels fascinants. Il paraît que certains peuvent voir les cascades tomber comme si nous accompagnions nous-mêmes le flux de l'eau torrentielle. Quel vertige ! L'excès de couleurs me renvoie à ma visite de Times Square à New York en 2017. Lorsque David, deux amis et moi sommes arrivés à l'entrée de Times Square, ce mélange d'ampoules à l'infini sur les façades des immeubles, les annonces publicitaires gigantesques faisaient automatiquement lever les têtes vers ce spectacle. Moi je fis de même, mais je rabaissai tout de suite la tête, comme dans une volonté de protection contre cet ennemi stroboscopique qui veut provoquer en moi une épilepsie.

Heureusement en plein milieu, ils chantent "Home", une musique toute douce que me fit découvrir mon amie brésilienne Monica, lors du concert en 2009. Et le sujet me parle beaucoup, c'est une chanson de remerciement à son couple pour lui faire découvrir le chemin de la maison qui est un réconfort contre les multiples dangers de l'extérieur. Là Depeche Mode fait le lien avec le Coronavirus avec des images bien sélectionnées, des villes vides, des hôpitaux mais qui très vite changent avec des scènes gaies de retrouvailles entre amis, de préservation de l'environnement. Je ne peux pas m'empêcher de verser une larme. Quelle émotion !

Le concert finit en apothéose avec une version longue de "Enjoy the silence", tour à tour version électro, version africaine, version ballade romantique etc. Le lien avec le Coronavirus est aussi évident : la menace de la maladie nous plonge tous dans un silence, mais qui peut être thérapeutique si nous réservons ces multiples heures à nous-mêmes. Les dernières images de la chanson ne font pas apparaître clairement le Coronavirus, mais des gens dans leurs maisons qui chantent, sautent, dansent, peignent un tableau, cuisinent, lisent, écrivent, s'embrassent tendrement etc, faisant écho aux conditions de confinement. Le concert finit par la fenêtre qui diminue petit à petit, se transforme en cercle et se réduit de plus en plus, jusqu'à devenir un point centrique de l'ordinateur qui disparaît.

J'en sors particulièrement ému. Néanmoins, après quelques minutes d'hébétude, je me retrouve très mitigé. Je ne peux pas m'empêcher de me demander ce que je viens de voir. Notre vie ne se résume-t-elle plus qu'à une interdiction de toute réalité ?

Lundi 27 avril

Passé 27/04/2017, Madrid : Mon chef Miguel demande à ce que je vienne à première heure dans son bureau. Je sens que cela aura à voir avec la "talibane du désert" Fatima, comme ils se sont bien rapprochés. Naturellement, elle se sera portée en victime, maintenant qu'elle goûte aux mêmes remèdes que moi, au début avec elle : la stratégie de la peur. Ces derniers temps, je me suis montré implacable avec elle et j'ai voulu lui exiger qu'elle travaille comme chacun d'entre nous. Elle peut être la fille du directeur d'un des plus grands chantiers de raffinerie en Algérie, je n'en ai que faire. Comme si elle était la fille de la reine d'Angleterre. C'est bien au contraire, quand tu as autant de privilèges en tant que piston que tu dois encore plus faire tes preuves que la population "normale". Je pense que la situation est comparable pour un immigrant. Étant justement dans cette catégorie, j'ai dû démontrer mes capacités à m'intégrer localement, en plus des compétences exigées pour un quelconque poste. Dans le cas de Fatima, il s'agissait pour elle de fournir un travail irréprochable pour outrepasser sons statut de professionnelle privilégiée. C'était bien loin d'être le cas. Au lieu de cela, si Miguel n'était pas présent, elle se permettait d'arriver vers onze heures. S'il était là, très tôt, bien sûr qu'on voyait sa bouille orientale et sa langue fourchée apparaître dès neuf heures, telle Salma Hayek et le serpent qui danse dans "Une nuit en enfer". Là c'est toute une vie en enfer avec ce démon déguisé en petite femme.

Puis il y a cette chère Anabel, cette secrétaire complètement idiote. Je nourrissais aussi une rancoeur particulière à son égard. Mes amis m'avaient prévenu, en me disant que c'était elle qui avait envenimé la situation, à ne filtrer aucune des conversations avec Fatima. Ces conversations sur Skype où la talibane me décrivait comme une personne anormale, une aberration de la nature, directement renvoyée par Anabel, oui je les gardais très précieusement pour le jour où je m'en irais. C'était d'ailleurs bien décidé que je parte. Lorsqu'une personne n'est pas satisfaite par son travail, elle passe généralement par une phase de négation "Oh, tu n'es pas si mal ! Le travail est stable mais il est passionnant". Là le fait d'être payé comme si j'étais en stage et ajouter à cette situation explosive : une talibane, une écervelée et un gay (on dirait une blague typique présentant des stéréotypes propres à trois nationalités différentes présentes dans un bateau qui coule ou une montgolfière qui se dégonfle et où il faut lâcher du lest), pourraient être des arguments plus que suffisants.

Il me fallait un déclic fort. Je l'ai eu il y a quelques jours, lorsque Anabel me posa des questions idiotes sur un voyage à Rome qu'elle devait organiser pour Miguel. "Et pour faire la réservation, je peux réserver un siège ?", "Et le restaurant aura un porte manteaux ?" Etc. Et j'avais envie de lui répondre : "Tu crois que ta tête a un emplacement pour un cerveau en conditions de fonctionnement ?". Je ne m'empêchais pas de penser au pauvre enfant en bas âge qu'elle avait. Il était le spermatozoïde vainqueur, mais il n'avait vraiment pas de chance dans la roulette de la fortune de la naissance. Je ne me reconnaissais plus à vrai dire. J'ai toujours été sarcastique : l'ironie était mon fort, ma défense pour ne pas heurter ma sensibilité, mais aussi ma forme de séduction. Les gens s'attachent à moi, lorsqu'ils captent mon sens de l'humour fracassant, bien souvent au second degré. Cela peut provoquer des malentendus, pour la foule peu habituée à ces schémas caustiques, mais disons que j'ai aussi un incroyable sens d'adaptation. J'use d'ironie lorsque mon public est ouvert à cela. J'use d'ironie mais cette fois-ci méchante, lorsque je fais face à la bêtise humaine. Mes propres amis ne me reconnaissaient pas : Vanessa me disait que vraiment, je filais un mauvais coton. Et mon couple David, qui a déjà tellement supporté de moi, en plus de mes excès de colère lors de nos beuveries, là il devait supporter une mauvaise humeur et une haute tension généralisée. Il avait décidément beaucoup de patience.

Le fait est que Anabel me sortait son flot d'interrogations pour l'organisation de ce voyage et j'étais éreinté physiquement et psychologiquement. Je répondais aux questions et mon coeur s'accélérait, de plus en plus. J'avais du mal à respirer. Je sortai sans crier gare. Mon amie secrétaire de l'autre immeuble, Isabel vint à ma rescousse dans le bar d'en bas, où je m'apprêtais à prendre un café noir et amer comme ma vie, dans le but de me réveiller. Isabel rentra dans l'établissement et interrompit la commande "Noooooooooon, un café non !". Elle qui était sujette à des crises d'agoraphobie, claustrophobie etc, était là à mes côtés, me demandait simplement si j'avais besoin d'espace. Elle connaissait ces manifestations d'anxiété par coeur. Les gens en général s'affolent et s'entassent autour du sujet, ajoutant encore plus à cet effet d'hyperventilation, d'avoir la sensation de ne pas avoir d'air frais autour. Elle savait exactement quoi faire, quoi dire. J'arrivais à lui signifier qu'elle reste là, mais à quelques mètres et elle me disait de respirer profondément avant de rester dans un mutisme nécessaire à ma respiration. J'avais besoin d'une présence rassurante et effectivement, le calme plongea dans ma cage thoracique et une heure après, je reprenais mon poste après avoir remercié infiniment Isabel. C'est un geste que je n'oublierai jamais.

Cet épisode fut remarquable, dans le sens où Fatima n'était pas présente : elle était en voyage d'affaires en Algérie sûrement. Je me rendais compte que Anabel était la source de mes ennuis. J'aurais très bien vécu dans l'ignorance de la méchanceté de Fatima. Après tout, Fatima ne m'a jamais rien dit de mal, elle m'a fait voir que j'étais son ennemi, quand je l'ai provoquée sur sa relation professionnelle et paterno-filiale. Je disais donc à Anabel que je ne voulais même plus parler avec elle. Munie de son syndrôme de Stockholm, ou bien dans ce cas, je changerais le nom de la ville en syndrôme d'Alger, elle ferait face à moi avec son bourreau. Soit. Je ne retirerais jamais rien de l'alliance de la bêtise à la cruauté.

Aujourd'hui, Fatima est là, bien tôt, comme Miguel l'est aussi. Il est vrai que ces derniers jours, elle est même présente à des heures raisonnables, les heures réglementaires de travail, en somme. Elle a un sourire très sournois, je connais cette malice annonçant un cataclysme. Neuf heures, Miguel arrive et donc je rentre dans son bureau, comme il me demanda de faire, par mail, la veille. Il m'invite à m'asseoir devant son bureau. "Tu peux me dire exactement ce qu'il se passe avec Fatima ?", me décoche-t-il sans prélude. Usant du même ton sans introduction "Je suis gay, Miguel !". Et là il enchaîne direct en me disant que Fatima est là simplement pour rendre une faveur à son père, qu'elle ne se sent pas bien en Espagne, qu'elle ne va pas tarder à partir etc. Je lui signifie qu'il n'a pas idée de ce qu'est travailler avec elle, l'espionnage dont je fais l'objet et les choses qu'elle dit à mon égard. Je lui dis aussi que Anabel a peur de Fatima et que celle-ci l'utilise à son gré. Il m'assure que mon travail est remarquable et qu'il a besoin de moi, que je dois tenir un petit peu plus.

Trop tard ! Je laisse ma santé dans ces actes de corruption, dans une entreprise multinationale qui n'a aucune pitié pour ses employés travailleurs et honnêtes. C'est "Dallas, ton univers impitoyable !". Je ne lui dis pas à Miguel et transmets que oui, oui tout va bien, dans le meilleur des mondes ! Je ressors du bureau en me pavoisant, la tête bien haute, un énorme sourire en latéral aux lèvres peu ouvertes ceci dit, pour ces deux dames, surtout pour Fatima. L'autre cruche, qu'elle parle par Skype avec sa tôlière. Fatima croise mon regard et immédiatement fait semblant de se reconcentrer sur son ordinateur.

Je mets un cache entre elle et mon ordinateur, en faisant des gestes amples, et elle semble halluciner, même si elle se contrôle pour ne pas le signifier aux alentours. Allez ! Linkedin ! Les recherches commencent. Je veux une entreprise qui se soucie de ses employés et mise sur sa formation permanente. Je suis prêt à abandonner le domaine de la construction, trop rempli de vipères. Un seul bémol, devoir laisser le continent africain qui aura su attiser mon intérêt, au fur et à mesure des voyages. Justement bientôt, je serai de retour à Ouganda, un de mes pays favoris en Afrique !

Présent 27/04/2020 : La semaine commence sur les chapeaux de roue. Dans toute la journée, j'enchaîne cinq vidéoconférences. En plus de la fatigue de dormir dans ce lit inconfortable et les horaires de vampire nocturne de Mateo, cette dernière vidéoconférence se fait avec une personne au physique disgracieux, un chauve, yeux noirs et de grandes cernes, mais aussi une moue de mécontentement figée.

Mon travail me plaît par le contact avec les personnes et je suis un vrai caméléon, m'adaptant à toute situation. C'est un jeu de séduction que je dois mettre en place, par un enchantement permanent et la transmission d'une passion aux clients. Je dois parler aux clients, comme si je devais les convaincre de coucher avec eux. Excusez-moi cette comparaison saugrenue avec la prostitution ! Mais je pense sincèrement que mon homosexualité va en ma faveur. Mes clients dans la grande majorité ne sont pas gays, cependant, ils admirent mes efforts de résoudre leurs problématiques et les contenter, tant sur le plan technique comme commercial. Cela créé bien des frustrations aussi. Mes marchés ne sont pas évidents non plus : ils nécessitent d'investissements conséquents pour faire fonctionner une quelconque installation énergétique. Toutes les composantes environnementales agrégées à mon travail sont un vrai challenge à surmonter, comme l'Espagne est à la traîne par rapport aux autres pays européens du nord. Des années de gouvernement de droite qui ont imposé un impôt absurde sur le droit du "soleil", ressource abondante pourtant par ces latitudes.

Et puis il y a cet hydrogène, vecteur d'énergie du futur, encore science-fiction en Ibérie. Il est la solution à l'intermittence des énergies renouvelables mais reste une molécule bien chère par rapport au Diesel ou autres mobilités alternatives comme le GNL Gaz Naturel Liquéfié. Il y aura bien sûr un effet d'échelle, lorsque les véhicules arriveront à une commercialisation massive, ainsi que les stations de recharge à hydrogène qui pousseront comme des champignons. Je suis comme mon hydrogène aujourd'hui.

J'emmagasine de l'énergie prête à exploser à un quelconque moment ou bien à créer un courant électrique dans une pile à combustible, actionnant le moteur de la force mentale. Mais comme l'hydrogène, j'attends sagement pour libérer cette énergie et à bon escient. Aujourd'hui ce n'est pas le jour de provoquer une étincelle.

Futur : Enfin ce jour tant attendu est venu ! Je décroche mon premier contrat de production d'hydrogène par électrolyse de l'eau dans la zone de Madrid. Au point d'utilisation l'hydrogène réagit dans une pile à combustible avec l'oxygène de l'air pour créer de l'électricité et émettre simplement de la vapeur d'eau. Si on jette un coup d'oeil à toute la filière, le bilan carbone est excellent puisque l'hydrogène produit ne dépend pas des sources fossiles mais de ce bien universel (ou qui devrait l'être) qu'est l'eau. Ce projet d'avant-garde en Espagne sera relayé par les médias locaux et déjà je suis contacté pour expliquer l'application avec notre client final. Il a vu en nous un acteur émergent mais plausible dans le monde de l'hydrogène et nous fait déjà savoir que dans le futur, d'autres projets suivront. Est-ce enfin l'avènement d'un écosystème de l'hydrogène, soucieux de la préservation de l'environnement pour l'Espagne ?

Mardi 28 avril

Passé 28/04/2016, Madrid : Ce soir c'est vendredi et comme tous les vendredis où nous ne sortons pas, David et moi faisons l'amour, avec un joint comme stimulant, cependant. Cela devient une tradition de réaliser l'acte sexuel le vendredi soir, pour maintenir la flamme vivante. Mon accoutumance aux joints, cela dit bien contrôlée, pour ne pas accentuer une certaine sensation de paranoïa, mêlée à l'excitation, retarde mon érection. L'excitation est provoquée par la situation de fantasme de redevenir passif, mais la paranoïa s'incruste de plus en plus, en repensant aux trios avec David et à mes infidélités.

Je l'aime énormément David. Je peux dire même que c'est mon premier et je l'espère unique amour, même si j'arrive à en douter de plus en plus. Il est renversant de beauté, il est drôle, même si son humour des fois macabres peut me choquer. Il est généreux envers ses amis, qui comptent plus que qui que ce soit et pour moi, c'est une énorme qualité. Il se dévalorise beaucoup trop et a honte de son parcours à l'école. Pourtant, je décrirais son intelligence comme émotionnelle, qui prévaut pour moi sur l'intelligence qu'on retire des études, encore plus si elle se veut arrogante.

J'ai un grand problème ceci dit, de communication, avec lui. Je veux lui faire entendre que je veux me démarquer de ces soirées alcoolisées et maintenant de plus en plus droguées, chaque semaine. Mais quelque part, il a aussi raison de ne pas m'écouter, parce que mes agissements indiquent exactement le contraire de mes paroles. Je voudrais des fois aller au restaurant, mais nous n'osons même pas proposer à l'autre. Lui ne le fera pas, en tout cas, comme il n'arrive pas à économiser et a toujours cent euros en poche pour finir le mois, à tout casser. Je ne pourrais pas dormir bien sur mes deux oreilles, moi qui sais ce que coûte une opération d'esthétique des dents !

Les trios pimentent notre vie sexuelle, mais cela ne me convient plus. Il est extrêmement difficile que les deux nous plaisions dans la même mesure à l'heureux élu, moi qui suis poilu très brun, fort des bras et petit ventre et lui athlétique de par l'héritage génétique du côté de sa mère et imberbe. Un grand problème que j'ai et je le reconnais, c'est cette éternelle comparaison avec lui, cette compétition même, qui m'empêche en plus de mes troubles d'érection, de rentrer dans la dynamique de trio. Lui il sait que c'est du sexe et qu'il faut en profiter, un point c'est tout. Cette formule ne me convenant plus, je lui ai proposé d'être un couple libre mais raisonné. David ne veut pas arriver à cette extrémité qui, pour lui, signifie la mise à mort de la relation. Il n'a pas tort.

J'aimerais pouvoir parler plus de mon travail avec David, quand lui accapare toutes les conversations le soir, lorsqu'il rentre de la boutique de bibelots pour la maison, où il travaille. Il rentre à vingt-deux heures, parce que ce genre d'établissements ferme tard en Espagne. Je prépare la nourriture bien sagement pour lui, parce qu'il sait à peine cuisiner. Un jour, il m'a fait un oeuf au plat avec seulement la moitié de cuit. Le blanc n'était pas blanc, mais transparent ! Chaque soir, il m'inonde de paroles de ce qui lui est arrivé au magasin et très peu de fois, ne s'intéresse à ce que j'ai pu faire moi, au travail. De toute façon, je meurs de faim à chaque fois, donc pendant qu'il parle, je le sers à manger puis nous voyons une série avant d'aller dormir. Du lundi au jeudi, tous les jours cette routine.

Aujourd'hui vendredi, je parviens à évacuer les images de tromperies, qui des fois, je l'avoue, permettaient de m'exciter pour pouvoir pénétrer David. Je ne veux pas m'enlever de la faute, mais je défie quiconque après une relation de cinq ans, de ne pas penser à d'autres personnes, à leurs corps, pour se mettre en forme avec son partenaire. Nous faisons l'amour donc, assez machinal, les échanges de regards se font de plus en plus évasifs. Après, quand nous avons fini, je lui sors un" Quel dégoût !", mais ça c'est un jeu que nous avons depuis toujours.

Encore un peu hébété par les joints, en général, je me précipite dans la cuisine pour lui faire un plat très élaboré. C'est ma manière de lui signifier que je l'aime, malgré les difficultés qui apparaissent dans notre couple. Comme il fait encore frais, je fais un poulet fermier avec des pommes de terre. Je lui enfourne au préalable, un citron dans l'entre-cuisses et l'arrose de temps à autres d'un bouillon fait maison succulent et des herbes aromatiques de toute sorte. Le résultat est réussi et je lui dis que le jour où je ne voudrai plus le surprendre dans la cuisine, il aura du souci à se faire.

Présent 28/04/2020: Aujourd'hui, les humeurs de lassitude se ressentent dans le foyer, mais aussi dans l'actualité française, qui esquisse le plan de déconfinement dans le territoire.

Mateo et Eleonora se disputent une fois de plus pour la même raison : l'excès de nourriture. Il est vrai qu'il y a un énorme festin : Eleonora a fait son fameux "cocido madrileño" qui est un plat à cuillère typique avec des pois chiche, ainsi que de la viande de porc, chorizo et du boudin dans une cocotte-minute. Mis à part tout cela, elle avait fait la pâte des "croquetas" (beignets salés) de jambon et fromage. Là je peux vraiment juger si cette super Maman est bien la meilleure cuisinière espagnole et même mondiale. Tous les fils, absolument tous, vantent les dons de faire des croquetas de leur mère et les présentent comme les meilleures au monde. Bien entendu ils ne sont pas objectifs car bien d'autres génitrices âgées pourraient lui rafler la médaille dans le sprint final. Les croquetas d'Eleonora sont très bonnes mais je préfère tous ses autres plats à cuillère, qui sont tout simplement excellents. Elle aurait totalement ses chances à Masterchef. Je le lui ai dit d'ailleurs, mais le fait de courir dans les cuisines n'est pas une sinécure pour elle. Elle a besoin de temps pour exécuter à merveille toutes les élaborations.

Ensuite elle a fait au four deux pains. En temps de pandémie, la levure et la farine sont des biens prisés comme les gens ont tout le loisir de cuisiner. Il est apparemment fréquent que ces deux produits soient absents au supermarché. Là je sens une compétition très claire entre mère et fils pour la maîtrise de ces deux éléments. Mateo avait commencé très tôt à en faire : un tantôt salé, un tantôt trop dur etc, mais il maîtrisait de plus en plus et au fur et à mesure du long confinement, il réussissait à sortir du four à gaz, des pains dignes de boulanger d'antan. Cependant Eleonora lui faisait les critiques correspondantes, certaines bien objectives, d'autres moins. C'était toujours une lutte d'ego mais une dynamique bien installée entre eux. Le confinement ressort clairement ce combat perpétuel de coqs. Le clou du clou, c'est l'ananas que Eleonora garde dans le réfrigérateur et elle fait croire à son fils qu'elle l'avait jeté. Mateo est totalement indigné, lui qui n'aime pas jeter la nourriture, moi non plus d'ailleurs. Elle lui dit de suite que c'était une blague et lui, il rétorque qu'elle est vraiment de mauvais goût.

Pour ma part, je décidais dès le début de ne pas être une victime collatérale, mais un privilégié collatéral de ces joutes materno-filiales ! Je fais la lecture de deux êtres qui s'aiment énormément, se chamaillent comme frère et soeur. Le confinement fait qu'ils se battent en duel dans la cuisine, à coup de spatules, en guise de fleurets d'escrime. Comme ce cher Coubertin le soulignait, l'important n'est pas de gagner mais de participer.

Futur : Mateo vient à la maison et je veux le surprendre avec une de mes spécialités. Il est difficile à contenter dans la cuisine. Il vante les louanges de la cuisine méditerranéenne espagnole. Entre nous soit dit, l'huile d'olive est excellente mais lorsqu'on fait frire tout dans des litres d'huile, comme les escalopes de poulet, je ne suis pas sûr que cela soit le mieux pour le cholestérol. Il fait la guerre aux graisses et ne supporte pas certaines bases de la cuisine française, comme le beurre ou la crème fraîche. Je suis persuadé que certains plats français peuvent être plus équilibrés que ceux présentés à la carte des bars traditionnels espagnols, comme les croquetas, les fritures en tout genre, les chorizos, jamón serrano etc.

En revanche, je reconnais que les plats d'hiver français typiques du ski sont extrêmement bourratifs, à la limite de l'indigestion, comme la raclette, la fondue savoyarde, l'aligot bien de chez moi en Auvergne etc et ont cette base de beurre et de crème fraîche.

J'ai donc recours ce soir à la cuisine portugaise et sa fameuse morue cuisinée à toutes les sauces. Je ne vais pas faire encore une morue entière de peur du résultat final. C'est une brandade de morue, mélange donc de purée et de morue. La purée incorpore nécessairement un produit laitier. Bon, j'espère que cela sera assez sain pour lui. J'adore les plats au four en plus. Une des raisons de plus pour moi de détester l'été hormis d'aller au travail en sueur, c'est qu'avec ses chaleurs insupportables, il n'y a plus de plats chauds ! La texture de la purée est parfaite avec la quantité de lait exacte pour en faire une masse compacte, la morue est émiettée finement pour dégager les senteurs du poisson. En somme, un repas léger mais avec un ingrédient blanc. On ne me changera jamais ! L'effet escompté est réussi. Mateo en prendra une deuxième ration et me félicite. Je lui dis que le jour où je ne voudrai plus le surprendre dans la cuisine, il aura du souci à se faire …

Mercredi 29 avril

Passé 29/04/2000, Riom : Le déménagement de la maison est finalisé, tout comme la vie en commun de mes parents. Sincèrement, c'est un soulagement, parce que ce n'était plus vivable. Ma mère délirait au fur et à mesure que mon père se faisait transparent et les interactions entre eux étaient de plus en plus violentes, commençant toujours par une flamme allumée par ma mère et mon père pouvant étendre cette étincelle jusqu'à l'explosion verbale et sûrement physique. Au milieu, mon frère et moi. Enfin au milieu, seulement Antonio. Il est bien souvent pris dans la tourmente de paranoïa de la part de ma mère. Moi, j'en suis protégé, je crois.

Les adieux ne sont pas du tout effusifs. Nous sommes des Rodrigues après tout ! Orgueil avant tout ! Mais là vraiment, il n'y a pas grand chose à dire. La tornade passée, il n'y a que destruction, mais après la constatation des dégâts et la dévastation entière, il reste à reconstruire les nouvelles fondations. Nous sommes dans cette période de transition. Notre père nous dit qu'il nous invitera à des barbecues de temps à autre. Nous faisons tous les deux un mouvement de la tête de bas en haut, de peur que les paroles ne trahissent nos mensonges. En dix-sept ans de vie en commun, vingt-deux pour mon frère, nous n'avions pas trouvé un seul sujet de conversation avec notre père et c'était donc à partir de maintenant qu'on pouvait tisser une relation avec lui ? Il s'échappe avec sa Fiat Croma grise et il disparaît dans le coin de la rue, comme si c'était le dernier moment où nous le reverrions. Quasiment pour mon frère en tout cas. Aucune larme, aucune sueur. La sècheresse du coeur ne permet aucune sécrétion corporelle.

Je fais le tour tout seul de la maison. Tout d'abord la salle de bains carrelée toute blanche, où je connus mes premiers émois sexuels. Puis la chambre de ma soeur, vide depuis un an et tellement chaude en hiver puisque le conduit de la cheminée passe par la colonne à droite du lit. Ensuite notre chambre à mon frère et à moi. Je vois mon frère avec sa radio jaune et ses cassettes à enregistrer tout type de conversation familiale. Et je me vois moi avec mon énorme tableau, faisant mes devoirs avec des craies de toutes les couleurs, pour ensuite les mettre au propre sur mes cahiers. Je vais dans la chambre de mes parents et le froid m'envahit comme toutes les nuits glaciales qu'ils passaient en hiver, à laisser la fenêtre ouverte, belle métaphore de leur couple en déchéance. Je descends la rampe des escaliers et je me souviens de l'accident, quand je suis tombé, petit, faisant une marque à mon sourcil. En bas la grande salle à manger où nous avons invité tellement de gens, nos amis, les amis de mes parents, et la table de billard qu'on mettait sur cette table, les boules tombant par terre. Le canapé en cuir. La cheminée bien sûr qui me procurait une sensation de foyer inhabituelle, lorsque les bûches étaient en feu. Elles se réduisaient en cendres, comme le temps érodait notre famille. Enfin la cuisine et le garage qui ne m'évoquèrent pas grand chose, si ce n'est les boulimies nocturnes pour la première pièce.

L'extérieur est à ma surprise le plus émouvant. Je fais le tour du jardin de derrière puis remonte sur l'allée à droite contournant la maison, où se trouve le bois propice à l'unique chaleur familiale. J'arrive devant la maison avec la balançoire de fer qui a été complètement détruite par mes soins et ceux de mes amis. On était vraiment fous ! La terrasse avec la table pour inviter les amis à des déjeuners, goûters, dîners d'été, évoque des dizaines de souvenirs joyeux.

Il me reste l'énorme cerisier qui donne déjà des cerises rouges. Chaque année, il nous donnait des fruits bien mûrs et frais. Il a été le témoin, l'ange-gardien des hôtes de ces lieux. Ses branches volumineuses et sa taille imposante dépassaient la maison, comme s'il préservait nos secrets, bien à l'abri de l'extérieur. Je suis sûr qu'il fera de même pour les nouveaux invités. Il leur prépare la meilleure saison de cueillie pour un accueil des plus chaleureux.

Présent 29/04/2020 : Le bilan de Coronavirus est plutôt encourageant : 325 morts, 2,144 nouveaux cas mais surtout un chiffre record de gens guéris : 6,399. Le nombre total de morts est tout à fait comparable à la France, qui doit en avoir quelques 400 ou 500 en moins. Le Royaume-Uni nous a surpassés, si je peux m'exprimer ainsi avec presque 25,000 cas.

Au vu des chiffres nationaux, le gouvernement espagnol annonce les phases de déconfinement en deux mois, jusqu'à fin juin, sous les critiques incessantes de la droite, qui je comprends lui reproche de ne pas avoir été informée et ne sont pas d'accord avec ce plan de désescalade. Voilà qu'ils critiquent le fait que le gouvernement a ses citoyens enfermés, alors qu'ils étaient les premiers vautours à faire pleuvoir des torrents de réprimandes pour ne pas avoir confiné plus tôt la population. Bref, la politique à l'espagnole : ils critiquent parce que c'est l'opposition, sans annoncer de grandes réformes, hormis d'effectuer des tests massifs à la population, chose qui est pour l'heure improbable, de par la capacité actuelle de fabrication desdits tests et de la propagation du virus.

La phase 0 du lundi 4 mai permet la réouverture des petis commerces avec les précautions de mise, comme le distancement social. Les salons de coiffure peuvent rouvrir, mais seulement par réservation et un client par coiffeur, avec deux mètres de distance entre les sièges. La phase 1 correspondant au 11 mai permet la réunion de groupe réduits et les terrasses seront de nouveau permises, mais avec 30% d'occupation. La phase 2 correspondant au 25 mai permet la réouverture des cinémas et théâtres et les écoles maternelles. De même, les voyages jusqu'à une deuxième résidence de la province seront permis. Pour la phase 3, le contact peut être généralisé et les bars pourront rouvrir jusqu'à la moitié de leur occupation. La phase 4 constitue l'ouverture des autres établissements tels que les discothèques avec sûrement aussi un pourcentage d'occupation pas encore établi.

Pour Mateo, c'est donc ce lundi qu'il reprendra le travail. Je suis plein d'appréhension pour lui. Il a l'air d'être plutôt calme, à l'annonce de la nouvelle. Il se met dès l'après-midi en contact avec ses collègues pour se rejoindre le lendemain matin. Je lui dis qu'il faut qu'ils établissent un horaire pour chaque semaine, pour qu'ils ne soient que deux à travailler, de par le petit espace du salon et qu'ils aient un stock de masques et gants, au cas où les gens viendraient sans protection. J'entrevois un certain mutisme chez lui, que j'interprète ou bien, comme une peur, ou bien comme un soulagement intériorisé.

Pour moi, la date de fin de confinement est fixée : le 25 mai, je rentre chez moi. Enfin, ils ont bien précisé que c'est orientatif et que cela peut faire l'objet de changements si la situation empire, en particulier pour les deux régions les plus peuplées, ayant donc le plus de cas, la Comunidad de Madrid et la Catalogne.

Première pensée : mon Journal, bien sûr ! Je sentais que je pouvais l'achever pour le 11 mai. Le 25 mai, il va falloir piocher dans quelques souvenirs et surtout que cela ait un parallèle entre le réel. Après tout, cet allongement permet de ne pas bâcler la fin de cette aventure littéraire passionnante, enfin je l'espère!

Futur : Dans cette période de désescalade, je m'aventure dans le nouveau monde. Passé le choc du supermarché, bien d'autre choses me surprennent. La circulation dans la ville madrilène a mis en place de nouveaux codes. Tout est délimité, espacé. Les passages piétons sont séparés par des traits verticaux de deux mètres de différence et ils ont été tous agrandi. Le passage piéton de Gran Vía qui mène à la rue commerçante de Fuencarral et qui est soi-disant l'espace le plus ample européen de ce type de traversée, est gigantesque. Les terrasses ont soit diminué de moitié leur capacité globale, soit elles ont grignoté l'espace de circulation des voitures. Les métros et les bus, de même, leurs affluences sont contrôlées. Les conducteurs de ces transports en commun disposent d'un compteur de personnes. Et si le métro n'ouvre à une station que quelques secondes, c'est pour laisser passer les voyageurs arrivant à destination. Les portes se referment après que le compte exact de personnes entrant égale celui des sortants. Juste avant sa fermeture, une annonce est faite par mégaphonie. "¡Atención, aforo completo, por favor no entren en el coche y esperen al próximo tren!" ("Attention, capacité complète, s'il vous plaît, n'entrez pas dans le wagon et attendez le prochain train" en français) faisant écho au traditionnel "¡Atención, estación en curva, al salir tengan cuidado para no introducir el pie entre coche y andén! ("Attention, station courbée, en sortant, faites attention de ne pas introduire le pied entre le wagon et le quai !", en français). Cela donne des fois un vrai capharnaüm entre toutes ces annonces, mêlées à celle des lignes correspondantes.

Dans le bus, les choses sont plus compliquées. Les espaces y sont aussi délimités, mais les citoyens doivent être raisonnables et aller au fond du bus, s'il y a beaucoup de gens, ce qui est très vite le cas. Ayant rendez-vous dans le centre avec Vanessa et Victoria, je prends une ligne de bus qui va directement au quartier de La Latina pour profiter du soleil d'une terrasse réservée par avance. Je sens déjà que les embrouilles vont arriver, comme tous les gens n'ont pas occupé le fond du bus. J'y arrive tant bien que mal, en marchant sur les espaces délimités de peinture blanche. Avec le mouvement du bus, la tâche est d'autant plus ardue. Regardant mon téléphone, soudain deux voix s'élèvent vers le chauffeur, qui réalise un freinage in extremis, surpris par ces deux vieux garnements. Le coup de frein fait sortir un de sa case sur l'autre. Celui-ci se plaignait justement que son voisin était en train d'enlever son masque et ses gants, et voilà qu'il se retrouve quasiment sur lui, mettant en danger son espace de sécurité. "Espèce d'inconscient ! Sors du bus immédiatement !". Un lynchage général s'ensuit, forçant le conducteur de vider tout le bus. Bon, je ne suis pas très loin et complète la route à pied. Le monde est en déconfinement mais les comportements inciviques aussi !

Jeudi 30 avril

Passé 30/04/1999, Riom : Ce matin, nous devons faire un exposé en espagnol européenne sur des sujets plus que variés. Si bien des élèves ont choisi de la littérature avec Cervantes, de la peinture avec Velázquez et des lieux pittoresques avec l'Andalousie en lice, je me démarque d'une certaine façon en voulant parler de la bande terroriste ETA Euskadi ta Askatasuna. Autant dire que c'est de loin la plus sinistre des présentations réalisées ce jour-là.

J'avoue que je me présente sur l'estrade de façon très maladroite, ne me sentant pas à l'aise avec le sujet que je veux transmettre et qui représente pour moi l'ignominie de l'homme. J'ai dû faire un énorme effort pour comprendre tout à fait la situation espagnole en rapport avec ETA. Néanmoins ce thème-là, sincèrement je ne le domine pas du tout et cela dépasse mon entendement.

En résumé, le Pays Basque est un des bastions de résistance de la dictature franquiste. On peut même dire que dès la guerre civile, cette région se démarque par sa forte opposition au Caudillo. Preuve en est le tristement célèbre bombardement de Guernica par les forces allemandes et italiennes pour aider leur allié Franco à détruire la Seconde République Espagnole. Lorsque Franco arrive au pouvoir et y restant jusqu'au jour de sa mort, il doit faire avec le mécontentement latent du Pays Basque.

Dans les années 1950, la lente réaction du Parti Nationaliste Basque PNV motive l'apparition du groupuscule clandestin EKIN ("Entreprendre" en euskera) formé par un groupe de jeunes universitaires, non religieux, défenseurs de la langue basque et indépendance du Pays Basque. En 1959, ce groupe s'est dissous pour former le groupe ETA Euskadi ta Askatasuna ("Pays Basque et Liberté" en euskera), la fameuse organisation terroriste prenant la relève.

Mais ce n'est vraiment que passées les années de dictature franquiste et donc avec la monarchie mise en place que ETA s'est faite plus violente, surtout dans les années 1980 et 1990. Il y eut entre autres des attentats manqués contre José María Aznar, alors leader de l'opposition et même le roi Juan Carlos I. Puis en 1987, ETA commit l'attentat le plus meurtrier avec une voiture remplie d'explosifs dans le stationnement d'un centre commercial Hipercor de Barcelone. Cependant c'est un événement récent qui marqua un ras-le-bol de la société espagnole. ETA s'est spécialisée dans la séquestration de figures politiques basques mais aussi espagnoles, surtout de la droite du PP Partido Popular mais aussi la gauche du PSOE Partido Socialista Obrero Español. En 1997, ils séquestrent Miguel Ángel Blanco, un conseiller municipal du PP à Ermua. La population se mobilisa pour sa libération mais il fut exécuté deux jours plus tard. S'ensuivit alors une série de manifestations des villageois d'Ermua, mais aussi de toute la population espagnole durant des jours pour démontrer un rejet massif de l'organisation terroriste. Celle-ci a continué à assassiner de temps à autre des maires ou conseillers politiques dans le Pays Basque, mais aussi en Espagne.

Mon exposé se termine sous le regard reconnaissant de notre professeur d'espagnol et sous les yeux médusés de mes camarades, surtout qu'un autre voyage en bus en Espagne est prévu ce mois de mai, destination le centre de l'Espagne mais nous faisons une halte à Guernica …

Présent 30/04/2020 : Aujourd'hui, la quantité de décès repasse en dessous de la barre des 300 morts, 268 ce qui en fait le chiffre le plus bas depuis le début de la galopade funèbre du Coronavirus. Tout n'est pas que bonnes nouvelles. Le Produit Intérieur Brut espagnol a chuté de 5.2% ce mois-ci, ce qui est la plus grande diminution du PIB depuis la guerre civile. Quant aux Etats-Unis, ils comptent désormais plus d'un million de personnes contaminées par le Coronavirus.

Pendant que Mateo va à son salon de coiffure "Arte 3" pour organiser sa réouverture pour le lundi, j'assiste alors à une scène dans le balcon des plus choquantes. Un homme avec le masque interpelle un autre sans protection, à quelques mètres et qui finit par le croiser. Il lui dit alors d'un ton de reproches "Tu vas être de ceux qui vont se promener ce samedi. Tu es un assassin ambulant !". Si d'une certaine manière celui qui est protégé veut signaler à l'autre "dévêtu" qu'il présente un danger par l'extrême contagion du virus, la façon de le dire me glace le sang et me fait repenser à cette séparation idéologique des espagnols. Je m'attendais au début de cette crise à assister à des scènes de grande solidarité. Je suis plutôt attristé par la constatation de l'inverse, toujours des critiques envers le prochain et peu d'empathie, bien au contraire. Les français sur Facebook me semblent être du même acabit. Cependant je sais que les réseaux sociaux relayent le mécontentement, plus que l'approbation des mesures de confinement ou de désescalade.

Je pense alors aux pays en guerre civile et me mets à chercher sur Internet la situation de ces pauvres nations face à la virulence du Coronavirus. Il se trouve que pour ces pays en général, le virus apaise des conflits interminables. En Syrie, au Yémen, en Afghanistan, dans la frange de Gaza, les bruits de mortier laissent place à la quiétude des villages, pour certains aussi en confinement. Le Coronavirus est donc une clémence pour eux, si tant est qu'il ne s'insère pas dans ces populations déjà ravagées par les obus. Par contre les djihadistes du Sahel en profitent pour accentuer leurs actions funestes …

Futur : La situation au Brésil est catastrophique. Après les incendies meurtriers en Amazonie l'année d'avant faisant suite à l'élection de l'extrême-droite au pouvoir, il semble que le pays mette un pied dans une guerre civile inévitable. Bolsonaro, qui dès le début, décrivait le Coronavirus comme une petite grippe, ne prit pas de mesures de confinement. Les chiffres officiels étaient raisonnables, sûrement aussi par les chaleurs de la fin d'été. Ils n'augmentaient pas trop, alors que les images prouvaient le contraire. Des cimetières énormes pour accueillir des tombes de fortune sont apparus, tout d'abord à São Paulo, puis Rio de Janeiro. Le Coronavirus s'introduisit dans les favelas, aussi dans les populations indigènes lointaines de l'Amazonie, dans la plus grande indifférence du gouvernement brésilien. Des rébellions envahissent le pays et des grandes émeutes éclatent un peu partout au Brésil. Bolsonaro s'empare de la presse écrite qui ne relaye pas ces troubles. Une milice armée tente un coup d'Etat, frustré par l'armée brésilienne. Bolsonaro est au pouvoir et il fait savoir que ces prodigueurs de mal seront punis. Ils sont présentés comme pire que le Coronavirus, pour lui ce sont les grands dangers pour l'Etat. Il avertit ses suiveurs qu'il faut les réduire au silence. Puis ce sont d'autres groupes qui sont désignés : les dissidents du parti, les partisans LGBT, les indigènes, les ONG en défense de l'environnement etc. Un grand exode massif des populations est en cours. Cette situation préoccupante semble contaminer celle d'autres pays d'Amérique Latine comme l'Equateur ou le Pérou. Est-on en train d'assister à la naissance du printemps latino-américain à l'instar des pays arabes au début des années 2010 ? Je ne l'espère pas …

Je me rue sur le téléphone pour parler avec mes deux meilleures amies brésiliennes vivant en Espagne : Monica, mon amie depuis 2007, délurée, mère de famille et épouse d'un danois et mon amie Cynthia, moité polonaise moitié brésilienne, aussi une tornade de folie et d'amour en une seule personne, en couple avec un doux andalous. Les deux sont éplorées et à chaque conversation téléphonique, je finis en pleurs aussi, devant la constatation de l'énorme cruauté implacable, non pas du virus, mais des personnes. Le Coronavirus fait apparaître les immondices les plus honteuses de l'inhumain.

Vendredi 1er mai

Passé 01/05/2010, Madrid : Je suis en train de vaincre le cancer de Hodgkin. J'en suis aux deux tiers du traitement. Je tiens vraiment le bon bout. Néanmoins j'accuse une fatigue qui s'accumule et enlève toute mon énergie. Mon système pileux est lui aussi devenu infiniment paresseux. Je ne perds pas de ma tignasse ou de mon pelage de portugais, mais il semble que mon corps ait mis en état de coma le renouvellement de ma couverture capillaire. Mes analyses de sang sont parfaites, cependant ce n'est pas un indicateur valable chez moi, comme j'ai toujours présenté des tests sanguins irréprochables. Mon oncologue m'encourage dans cette voie de la guérison qui est plus proche que jamais. Là je termine une pause de deux semaines pour reprendre les sessions, je vois la lumière à la fin du tunnel, pas celle de l'outre tombe, mais de la reprise de la vie normale !

Pavel, mon petit ami slovaque, est là avec moi dans cette épreuve et je l'en remercie infiniment. Cela ne fait que deux mois que nous sommes ensemble et j'ai la sensation de l'aimer de tout coeur. Dans ces moments durs, on voit qui est avec nous dans l'épreuve et qui n'est pas là ou n'est pas nécessaire. Cet après-midi, je vais voir mes amis : le couple Carine et Arturo, française de région parisienne et espagnol de Cordoue, respectivement. Victoria est de la partie. Je suis content car Pavel vient avec nous. Jusqu'à présent, il ne s'était pas trop intégré avec mes amis, alors que l'inverse avait déjà totalement été fait.

J'ai même perdu une de mes meilleures amies françaises Sandrine de l'Ecole Centrale de Nantes qui a fait aussi Génie Civil et Environnement avec moi. Son côté très masculin, vêtements sombres et manières peu élégantes étaient en contradiction avec sa rousseur, ses cheveux longs, bouclés à l'infini et ses taches de rousseur, dignes d'une chérubine. Fait remarquable : elle sut la première officiellement que j'étais gay. Lorsque je lui ai avoué que j'avais ce cancer, elle réserva son premier vol pour Madrid pour venir me voir en février. Tout se passa bien, outre mon appréhension de lui faire connaître ma nouvelle vie qui n'était pas de tout repos. Il y a eu une soirée chez les amis de Pavel et je les ai invités. Ils furent choqués par l'âge de certaines des amies de Pavel de plus de 50 ans, qui buvaient sans limites. C'est l'Espagne ! Ce n'est pas la France ! Tu bois comme cela en France, c'est de l'alcoolisme ! En Espagne, il s'agit simplement d'être social. Sauf que je fis de même, parce que mon médecin me disait qu'il fallait que je fasse une vie normale ! Ma vie normale en Espagne, c'est les fêtes et son alcool ! Très fatigués, Sandrine et son copain me signalèrent qu'ils partaient à l'appartement et me rappelaient qu'ils avaient l'avion du retour à onze heures, qu'ils insistaient à vouloir me dire au revoir. Le lendemain matin, j'avais mis le réveil, mais c'était l'énorme gueule de bois qui me clouait au lit. Je faisais l'effort de me lever, néanmoins Pavel insistait pour que je reste auprès de lui. Il ne voulait pas que je parte devant mes supplications. Il me disait qu'ils comprendraient. Non, ils n'ont pas compris et une grosse lettre d'adieu a été laissée par Sandrine. Ma première réaction est de la peine sincèrement, mais après je me suis dit qu'elle a toujours eu son petit copain depuis l'École et elle n'avait aucune idée de ce que j'ai traversé et ce que je traversais actuellement. Tant pis pour elle !

J'espère que ce désastre ne se répètera pas avec Pavel. Je me rends compte qu'il est quand même très spécial. Il ne supporte pas que je vois du porno, parce que pour lui, cela signifie qu'il n'est pas suffisant pour moi. C'est un gringalet, très fin, brun aux yeux verts, c'est justement cette couleur qui m'a conquis. Selon la lumière du jour, ses pupilles pouvaient passer d'un vert émeraude à un vert gris pâle. Je jurerais que ces excès de colère aussi font jouer sur le chromatisme de son regard. Des fois, il peut me faire peur, je l'avoue. La fois où il était parti en Slovaquie pour se reposer et être en vacances avec sa famille comme repos de son travail de commercial, lors de notre connexion sur Skype, il me demandait à tout va, si j'étais avec quelqu'un. Quelle paranoïa qui finalement s'adoucit à son retour ! En somme, c'est une personne de l'Est qui a vécu les temps de l'URSS, forcément cela doit imprégner les moeurs et coutumes.

Les choses se passent bien, nous effectuons une longue promenade avec Carine, Arturo, Victoria, Pavel et moi. Puis mes amis proposent de prendre un verre. Pavel ne veut pas, nous insistons longuement mais rien n'y fait. Il me dit d'aller avec mes amis, qu'il est fatigué et nous nous retrouverons chez lui ensuite. Mes copains prennent un peu d'avance, pour que je donne un dernier au revoir à Pavel en toute intimité. Il me serre fortement le bras, pour me ramener vers lui et me susurrer "Amuse-toi bien, tu verras à la maison !". Je reste figé, pendant qu'il part dans l'autre direction. Mes amis demandent "Bon, tu viens ?" et je fais mine de rien, de ne pas altérer mon apparence extérieure, alors que tout mon intérieur est totalement déconfit à l'idée du monstre qui m'attend justement à la maison. "J'arrive !".

Présent 01/05/2020 : Le programme des promenades permises à partir de demain est le suivant. De six heures à dix heures et de vingt heures à vingt-trois heures, les adultes peuvent se promener et pratiquer du sport. De dix heures à douze heures puis de dix-neuf heures à vingt heures, ce sont les personnes âgées qui peuvent aller faire un tour dehors. Pour les moins de 14 ans accompagnés d'un adulte, la tranche horaire est de douze heures à dix-neuf heures.

Mateo revient du salon de coiffure pour les derniers arrangements avant le lundi. Je suis particulièrement concentré sur mon Journal, comme au travail, j'ai été submergé de vidéoconférences et donc, je n'avais pas le courage d'écrire. Il est vrai que je n'ai pas été très accueillant à ce moment-là avec Mateo, mais aussi quand il vient de dehors, j'attends un peu avant de sauter sur lui.

A quatorze heures, nous mangeons et Eleonora me sert une bonne platée, ce qui provoque que Mateo se fâche contre elle. Ça y est !

Une autre journée de "faire la gueule" m'attend. Le sujet de dispute ne peut-il pas être autre, ne serait-ce que pour alimenter mon Journal d'un thème nouveau, plus croustillant pour mon cher lecteur ? En soi ce n'est pas grave, je m'en soucie guère et fais une bonne sieste l'après-midi. A mon réveil, je demande à Mateo s'il veut faire quelque chose. Il me dit qu'il a envie d'être seul pour voir une série de Marvel, que je n'aimerais certainement pas. Il a raison, la veille je m'étais endormi sur "Les quatre fantastiques". J'ai lutté pourtant, pour rester éveillé. C'est l'histoire de trois hommes et une femme qui traversent un nuage de radiation dans l'espace, ou bien là où ils étaient censés être. Il y en a un super musclé que l'on voit bien évidemment, immédiatement à poil, lorsqu'il fait du ski et brûle dans une combustion spontanée. Une autre qui peut devenir invisible, un homme qui peut élargir les bras à l'infini et un qui devient un énorme Hulk de pierre. La scène sur le pont de New-York, Brooklyn, qui surexcita sûrement les spectateurs avides d'effets spéciaux, a fini par m'achever. La seule grâce à mes yeux est de me rappeler la promenade en réel sur ce pont gigantesque en 2017. New-York ne symbolise pas le rêve pour moi, c'est plutôt le berceau de la plus grande ignominie. Cependant, je ne suis pas sectaire et comprends l'émerveillement que cette ville peut créer. Non définitivement, je ne suis pas celui qui aime les grands carambolages, les explosions, les destructions catastrophiques dans les films. Ce film a de fantastique qu'il est nul à chier pour moi !

Je me remets à rédiger mon Journal. Je vois que Eleonora rentre dans la chambre de Mateo, qui lui rétorque qu'aujourd'hui il ne veut pas la voir. Qu'est-ce qu'il est trash des fois ! Et il se dit être le plus facile au monde à vivre. En temps normal, oui, j'acquiesce, mais lorsqu'une seule chose, même minime, ne se fait pas de la façon dont il l'entend, "¡Apaga y vámonos!" ("Éteins les lumières et allons-nous en !", expression espagnole). Je lui demande s'il veut faire du sport. La réponse est non. Je me mets à faire mon footing sur place. Puis le soir, il me dit, "Mange je n'ai pas faim". Pour ne pas le déranger, le soir, je me mets à lire, même si sincèrement, je préfèrerais m'allonger et voir un film. Je comprends qu'il a besoin de son propre espace, donc je le lui laisse. Je ferme le livre et le croise après dans la cuisine. Il me demande ce que je fais et si je veux rentrer dans la chambre. J'accepte, sauf que je ne sais pas quel lit choisir. Il n'y a pas eu d'invitation, aucune durant toute la journée, donc je comprends qu'il faut que je reste sur le mien. Il m'adresse alors : "On peut savoir ce qu'il t'arrive ? Tu ne m'as rien dit de toute la journée, on dirait un iceberg !". Et là me défends : "Je suis venu plusieurs fois vers toi, c'est toi l'iceberg aujourd'hui. Tu veux que je vienne dans ton lit ?". Il me dit : "Non, non c'est bon !", d'un ton fâché. Bien évidemment, je ne dors pas de la situation tendue et du fait qu'il continue à regarder sa série super-héroïque fantastique. Comme au final, il voit que je me tourne dans tous les sens, il vient vers moi et nous nous expliquons. Lui a compris que je ne voulais pas être avec lui en début de journée. Allez quelques câlins arrangent tout. Je n'ai pas envie de faire tout un plat. J'aurais voulu de plus grandes explications, mais je sais que ce n'est vraiment pas le moment !

Futur : Mateo arrive furieux chez moi. Tout d'abord à la défensive, je lui demande ce qui lui arrive, tout en lui servant un verre de vin rouge. Il me dit qu'il n'en peut plus de cette situation chez sa mère, elle l'insupporte de ne faire aucun effort, aucun régime, elle qui est si délicate.

Je le calme tout doucement, par l'écoute. Je sais qu'il peut s'emporter très vite et que cela peut vite dégénérer. Je veux qu'il voit que son positivisme est très vite noirci par un quelconque ennui, surtout lorsqu'il s'agit de sa mère qui sait très bien jouer avec ses nerfs. Il me dit qu'il a besoin d'un long moment sans elle. Je lui fais voir qu'elle n'en fera qu'à sa tête, spécialement en ces moments de confinement, déconfinement successifs. Et aussi que cette réaction n'est autre qu'une marque d'amour envers elle. La haine n'est pas le contraire de l'amour, mais l'indifférence. La première n'est qu'un amour forcé par son exact contraire. Il acquiesce et m'embrasse langoureusement. Je lui propose de venir un peu chez moi. Après tout, nous avons survécu à des semaines intenses sans échappatoire. A ma surprise, il accepte cette invitation, plusieurs fois réitérée ces derniers temps. En route pour un confinement d'un autre type, avec cette fois-ci, un lit double et confortable ! Aucune peur n'entre en moi, après tout ce sont des conditions d'enfermement bien améliorées.

Samedi 2 mai

Passé 02/05/2016, Madrid : Je vais à Vallecas, le plus grand quartier ouvrier de Madrid. J'ai fumé de la marihuana pour me donner du courage, même si je suis à la limite de l'évanouissement, qui m'est déjà arrivé l'an dernier d'ailleurs. L'été dernier, lorsque des amis vinrent chez David et moi à Lavapiés pour passer une soirée entre amis, entre joints et alcool et vidéos ridicules de Youtube, la cousine d'une de nos amis se trouvait dans notre quartier bohème. Elle appela son cousin et nous la rejoignions dans un terrain vague, cependant rempli de petits jardins potagers que des habitants avaient cultivés. C'était donc l'endroit champêtre mais aussi à la mode pour faire du "botellón" (mot espagnol pour désigner la coutume des jeunes espagnols de boire de l'alcool dans la voie publique). Je ne sais pas pourquoi j'y suis allé avec eux, si j'arrivais à peine à tenir debout. Il y avait des cabines de toilettes pour faire ses besoins. Le chemin jusque dans ces cabines fut un parcours du combattant, mais je réussis à surmonter mes pas peu assurés. Je fis ma besogne, ensuite j'appuyai les mains contre la paroi plastique de cette installation provisoire. Je levai les yeux au ciel et le tournis me gagna totalement, m'effondrant sur le sol. Un homme me réveilla de suite sûrement, pour moi des heures et des heures s'étaient déroulées et je me réveillais au milieu de nulle part. Ma réaction est un grand effarement, les yeux grands ouverts, avec un mouvement du corps vers l'arrière. Que s'est-il passé ? M'a-t-on volé ? M'a-t-on violé ? Et mince je n'ai rien senti ! L'homme somma mes amis de me retrouver et ils me ramenèrent, accroché sur les épaules de David et son meilleur ami, Jorge. Depuis lors, je m'étais décidé à ne plus jamais fumer d'herbe en public.

Là c'était différent. Ces substances illicites mais dites douces ont pour effet de m'exciter. Je m'apprête cependant à commettre une infraction dans mon couple. Ce n'est pas le premier, mais là les circonstances atténuantes font d'autant plus accélérer mon coeur, à l'unisson des effets opiacés de la marihuana. Je m'apprête à copuler avec Alfredo.

Remise en situation : il y a deux semaines, nous rentrions tranquillement de boîte, David et moi, à pied, comme le quartier de Lavapiés est assez central, pour une fois presque tranquilles. Puis dans le chemin, une voiture s'arrêta pour nous demander des renseignements sur des discothèques ouvertes. Alfredo, un garçon brun aux yeux verts et une carrure athlétique, était dans le siège du conducteur, avec une de ses amies plus âgée que lui, Lidia, à sa droite. J'étais un peu à l'écart, laissant David parler, comme à chaque fois que nous rencontrions des gens et que l'alcool ne défaisait pas encore l'attraction magnétique de mes deux lèvres fermées, comme si le pôle nord d'un aimant rejoignait le pôle sud d'un autre. Je voyais cependant, que le regard d'Alfredo se déviait vers moi. La conversation badine de David, Alfredo et Lidia amenait David à proposer qu'ils finissent la soirée chez nous, d'autant plus que Alfredo avait certaines drogues pour pimenter la fin de nuit. Bien au contraire, nous n'avions pas grand chose, du rhum mais rien pour l'accompagner. Alfredo réussit à se garer plus loin et nous nous retrouvions à la recherche d'une épicerie hindoue encore ouverte pour faire le plein de munitions liquides.

Arrivés chez nous, nous sortions l'alcool, les chips et l'ordinateur avec Youtube dans le salon qui intégrait une cuisine et un canapé. Peu importait l'heure avancée de l'aube. Nous avions un couple de voisins junkies qui s'entretuaient assez souvent, en plein milieu de la nuit même. Les portes claquaient, la fille criait, faisant écho dans tout l'immeuble, le reste des voisins confinés dans un mutisme et sans appeler la police de peur de représailles. De même, David et moi ne disions jamais rien, sauf une nuit où nous avions mis aussi la musique en arrivant de soirée. Ils s'étaient plaint dans le patio intérieur, nous disant que nous venions les voir, si nous en étions capables. Chose que je fis immédiatement comme j'étais bien saoul. A leur porte, je lui assenai : "Quoi, tu as un problème, connasse ?”. Elle criait indignée et son petit copain junky apparut avec un couteau, mais il était tellement frêle qu'il tremblait. Inconscient, je renchéris “Vas-y ! Tu crois que j'ai peur ?”. Je leur rendis la pareille par cette défiance surnaturelle du moment, donc je pouvais compter sur leur silence pour une autre prochaine soirée arrosée, chose qui était quand même très sporadique.

Les langues se déliaient. Bien évidemment Alfredo était gay et son amie avait une occupation des plus inhabituelles : elle était actrice porno. Alfredo sortait de la cocaïne mais aussi, il nous faisait savoir qu'il avait du GHB. Devant ma réticence, après tout il s'agit de la drogue du viol, son amie nous mit en garde. Alfredo se voulait rassurant, il contrôlait tout à fait les effets à coups de pipette dosée à la minute près. Soit. Je voulais la moitié de ce qu'ils prenaient et pas question de mélanger avec la cocaïne. Le rituel commençait avec un savant dosage dans la bouche de GHB, alors que le reste de mes compagnons de fortune de cette nuit se faisaient des lignes blanches, immédiatement sniffées.

Nous regardions les vidéos porno de Lidia, qui portait tour à tour, des perruques violettes, blondes, noires. Devant cet échauffement, Alfredo enleva son tee-shirt et fit apparaître des abdominaux, un corps hirsute fort, agréablement orné d'un tatouage de dragon sur un des flancs de son ventre. Je restai coi devant cet Apollon. David, lui, ne cessa de vanter ses louanges. Cela a toujours été un aspect qui me gênait profondément, ne pouvant éviter la comparaison de comment il pouvait me décrire, moi, en comparaison avec ces invités d'une nuit. Puis le ton monta très vite. Je me souvenais de la musique qu'ils avaient mis “Habits” de Tove Lo, dont le vidéoclip représente une fille prenant tout un tas de drogues lors d'une nuit, tout à fait en consonance avec la situation. Lidia nous montra son sexe, devant le regard médusé de David et moi. David fit très vite la comparaison entre ses lèvres inférieures et un hamburger mis en latéral. Puis ce fut au tour d'Alfredo de nous montrer son arme. Quelle érection, quelle forme, quelle taille, quel engin imposant mais uniformément beau dans cette nudité, presque sans poils. David s'empressa de la toucher et jouer avec sa langue. Devant ce panorama, Lidia mit un peu d'ordre et proposa que nous allions tous les trois garçons nous amuser dans la chambre en toute intimité. Apeuré, je lui dis que non, nous n'allions pas la laisser toute seule dans le salon. Alors, David proposa que lui et moi allions avec Alfredo, un par un, première fois que ce genre de trios se réalise ainsi. Comme pour pouvoir échapper à tout ça, je prétextai qu'il fallait que je me lave. Je crus voir les yeux de Alfredo briller à cet instant. Je ne compris pas trop, il m'indiquait une plus grande attirance vers moi, moi qui suis poilu, bien brun et pas aussi athlétique et imberbe comme David l'est. Le physique de David était plus semblable à celui de Alfredo, l'étoile en prime comme tatouage aussi sur le flanc droit du ventre, les grands muscles en moins cecit dit.

Je passais donc à côté de Alfredo pour aller dans la petite douche adossée à la chambre. Il esquissait un clin d'oeil discret à mon égard. Dans ma douche, soudain la porte s'ouvrit et quelqu'un tira le rideau. C'était lui. Il me disait "Je n'ai envie que de toi !". J'arrêtai le flux de l'eau et il me saisit pour m'embrasser avidement. Il enleva son short, qu'il a dû remettre lors de mon passage dans la mini salle de bains. Il enfila un préservatif et me prit quelques minutes, debout tous les deux, et moi la tête contre le lavabo. Je lui dis de stopper par décence envers David. Il me dit qu'il voulait finir avec moi et qu'il voulait mon numéro de téléphone. Je lui décochai mon fameux "¡Ya veremos!" ("On verra" en français).

Il rejoignit le salon pendant que je repris les soins de lavage. Je pris la relève de l'accompagnement à nos invités, pendant que David, lui, prit la relève dans la salle de bains. Les conversations entre Lidia, Alfredo et moi devinrent banales, dans l'appréhension de la suite. David dit à Alfredo qu'il pouvait passer dans la chambre et là, j'eus une sensation d'être dans un bordel. "Numéro soixante-quinze ! Vous avez une heure !". J'attendais patiemment tout en parlant avec Lidia, qui ne semble pas être dérangée par la scène qui se jouait à côté, elle qui est spécialiste en la matière. La musique élevée estompait tout gémissement.

C'est à mon tour. Alfredo me dit qu'il a fait semblant de jouir. Il me demandait si j'étais sain, comme dans une intention de le faire bareback, mais très vite, il se rangea dans l'idée de ne rien risquer. Il mit un préservatif et posa tout son corps sur moi. Quelle peau si douce, contrastant avec cette apparence de bonhomme "empotrador" ("qui encastre" en français) ! Il releva mon manque d'érection et je prétextai l'abus d'alcool. L'alcool était toujours mon allié dans ces cas précis. Pas grave pour lui ! Il me prit dans tous les sens et finit dans la meilleure position pour moi, le missionnaire, pour que je puisse voir son visage de plaisir et sentir toutes les bosses que présentait son torse et ses bras. C'est trop beau et bon ! Il me redemandait mon numéro de téléphone pour que nous le fassions que tous les deux. Je lui dis "OK, tout à l'heure". Il achevait sa magnifique prestation et il ne me restait plus qu'à voir ses jets de sperme de ce bel Adonis. Il jouissait par flots incessants laiteux, puissants qui finissaient d'achever l'oeuvre peinte sur ses abdominaux, nombrils et torse. Effet du GHB ou pas, je ne pus pas m'empêcher de goûter quelques gouttes de son lait, un délice d'inconscience !

Nous allions dans le salon, rejoignant nos deux compères. David dévisageait un court instant, reprenant très vite des blagues bien propres à lui, pour assainir l'atmosphère pendant que Alfredo se revêtit. "On s'échange les numéros ?". "Oui bien sûr, pour une prochaine sortie en boîte !", ajoutai-je.

Pendant deux semaines, je n'avais pas fait signe à Alfredo, lui non plus. Puis en ce jour férié du 2 mai à Madrid (célébration d'une victoire espagnole sur les troupes françaises de Napoléon), profitant que David travaille dans la boutique, je lui ai envoyé un message sur mon téléphone portable personnel, tout en lui indiquant mon autre téléphone du travail, que j'amènerais avec moi, laissant l'autre téléphone à la maison.

J'arrive chez lui. Il me demande si je veux fumer des joints avec lui. Ok, pas de problème ! Sauf que là, la connivence n'existe pas. C'est bizarre comme deux êtres peuvent changer la nature de leur relation, une fois qu'ils ont goûté à l'intérieur de l'autre. Machinalement, il me dit d'aller dans la chambre et qu'il arrive. Quelques minutes plus tard, il est là. Il me prend, mais sans aucune passion. Etait-ce donc le GHB qui a magnifié ce type, qui m'apparaît maintenant comme un multiple toxicomane plus qu'autre chose ?

Je sors de chez lui bien content d'être libéré. Je vais prendre quelques verres avec mon amie Vanessa, à qui je ne divulguerais rien, même si elle peut voir un coup de fatigue chez moi et des yeux rougis par l'herbe. Le soir je rentre à la maison. J'ai déjà prévenu David que je rentrerais à cette heure-ci. David me reçoit, en pleurs et me dit qu'il connaît mon code de déblocage du téléphone portable et qu'il a vu le message envoyé à Alfredo. Il me dit finalement qu'il comprend comme il est incapable de me pénétrer. A mon tour, plein de larmes, je le prends dans mes bras, m'excuse mille fois de mon comportement abusif et lui dis que je l'aime, que cela ne se reproduira plus, qu'il peut me faire confiance ...

Présent 02/05/2020 : Je me réveille plein d'énergie pour écrire mon Journal et récupérer les jours de la semaine sans écrire. La banque m'appelle. Ma première réaction est d'incrédulité, comme c'est samedi. Apparemment, à trois heures de matin, il y a eu une tentative de la part de quelqu'un de prélever quatre-cent euros de mon compte. Je sais parfaitement que je ne dois pas dévoiler à qui que ce soit mes données bancaires mais l'opératrice donne exactement les quatre derniers chiffres de ma carte bancaire. Je fais opposition immédiatement. L'opératrice m'indique que je pourrai aller chercher ma nouvelle carte bleue le vendredi 8 mai ou le lundi 11 mai, dans un des établissements les plus proches d'où je vis à Alcorcón. Je rappelle le numéro ensuite pour vérifier qu'il s'agit bien de ma banque et oui, c'est bien le cas. Quelle bizarrerie ! Cela fait un mois et demi que je ne suis pas sorti dans la rue, même pas aujourd'hui que les activités de promenade, de sport sont permis par tranches horaires réservées aux différentes catégories d'âge. Je n'ai rien commandé non plus par Internet récemment …

Et là je pense à mon Journal. Il y aura donc une sortie dehors, avant la fin de mon bijou littéraire. Ce n'est pas grave, cela me fera une autre entrée le jour correspondant. Une conversation avec mes amies Victoria, Vanessa, Cynthia et Milena me fait penser que je pourrais effectivement sortir de chez Eleonora et rentrer chez moi à Madrid à partir du 11 mai, comme les réunions de moins de dix personnes sont permises en maintenant le distancement social, dehors ou en intérieur. Je ne comprends pas trop que cela soit permis, tous les efforts faits risquent bien d'être mis en danger, surtout aussi quand je vois les images des sorties de ce samedi : Madrid de nouveau remplie de monde … Mes pensées vont automatiquement vers mon Journal. Il est vrai que le 25 mai me paraissait encore trop lointain pour partir, le 11 en revanche trop près. Ce sera sûrement une date intermédiaire, si les choses n'empirent pas du fait de ces troupeaux de moutons qui sortent de l'étable pour gambader. Je reste chez Eleonora et j'y resterai jusqu'au bout, sauf le jour où je dois aller chercher ma carte bancaire.

Les événements de la veille avec Mateo n'ont plus lieu d'être. Les deux de bonne humeur, ayant enterré les malentendus. Cependant, lorsque j'enlève son réveil à onze heures dans son portable, comme Mateo est déjà dans la cuisine à laver les plats, je vois le signe du masque à côté du signe d'une conversation Whatsapp. Ce masque jaune oranger au style vénitien n'est pas celui du Coronavirus, mais le signalement d'un message venant de Grindr. Je lui dis tout enjoué, "Je viens de te voir sur Grindr", lui me répond "C'est pour vérifier que tu n'y sois pas !". Je lui dis "Comme j'ai fait le con la première fois, tu pourras toujours prétexter que tu es sur Grindr pour pouvoir draguer toi-même … Tu as le bon rôle, tu peux commettre les infractions en toute justification !". Sincèrement, cela ne me dérange pratiquement pas. Bien sûr, je ne veux pas qu'il y traîne trop, mais j'ai confiance, je vois en ses yeux comment il me regarde. Après, je connais ses désirs sexuels sans cesse renouvelés avec moi. Mais quand je partirai ? La masturbation sera-t-elle suffisante ? Cette incartade me renvoie à un événement du passé à relater dans mon Journal, parfait !

Futur : Je suis bien nerveux. Je vais revoir mon coup de foudre, peut-être le plus intense que j'ai jamais eu. Si un seul jour Cupidon décocha ses flèches sur moi en provoquant une sensation d'inachevé, c'est bien avec Pablo. Je l'ai rencontré à Londres en 2008 lors d'un voyage avec Victoria, Markel et Kendra, qui marquerait la dissolution de l'amitié entre les deux filles. Ami d'un ami de Kendra, j'ai vu ce bel homme. Je ne ferais rien avec lui, comme je sortais avec un garçon à Madrid et à l'époque, je n'étais pas infidèle, ne voulant en aucun cas signifier que c'est un trait de caractère qui me définit désormais ! Pablo est catalan d'origine, il a les cheveux courts, brun, yeux marrons et un corps divin, sculpté à l'effigie des Dieux. Il venait à Madrid, le 1er de l'An 2009, chez Kendra et là c'était lui qui était indisponible. Il sortait avec un français mais pour très peu de temps encore. Je constituais le signal que sa courte relation avec lui ne fonctionnait plus. Nous nous embrassions ce soir là et pour nous dire au revoir, nous aurions rendez-vous dans un bar madrilène, où je passais la plupart du temps la tête appuyée sur son torse. C'est donc en mars 2009 que je voyageai à Londres pour enfin consumer notre relation frustrée. Il avait eu vent de mon accident de dents et il n'en prenait pas garde. Lors de ce voyage, j'avais des prothèses dentaires temporaires. Je lui signifiais éhonté, mon problème d'érection, mais aussi mes visites chez le sexologue. Là encore, il n'en fit pas plus de considération, cependant c'est quand même moins attirant de ne pas le faire en bonnes conditions. Après une bonne beuverie, nous passions à l'acte et même si les souvenirs ne sont pas exacts, du fait de mon corps épongé par l'alcool , je fus satisfait de pouvoir me donner au plaisir sous le corps de ce bellâtre, qui semblait tout aussi transi de moi. Il y eut un dernier voyage la même année à Rome, mais son ami très sarcastique était là aussi, donc l'intimité n'était pas possible ou limité. Un verre dans un bar gay près du Colisée me fit déchanter, lorsque je vis ce Pablo engloutir des yeux un superbe libanais. Je n'étais pas prêt, encore moins à cette époque de me comparer à des beautés viriles exotiques, qu'il aime tout particulièrement. C'est dommage, je me rappellerais de la visite des ruines d'Ostia Antica, avec seulement Pablo, son ami visitant autre chose. Je voulais tellement l'embrasser derrière n'importe quelle façade, voire plus sincèrement. Y avait-il meilleur endroit pour pratiquer l'amour au monde ? Neánmoins, je ressortais de ce voyage comme si cela avait été l'enterrement de notre relation à peine esquissée. La vie nous sépara pour de bon, pensions-nous, parce que de son côté il trouva un beau brésilien avec qui il se maria à Londres et moi j'étais avec David. Seulement à la fin de sa relation avec divorce à la clé, à Londres, suivit quelques mois plus tard ma rupture avec David, à Madrid. Je l'avais vu deux fois quand il était venu à Madrid, des rendez-vous ambigus sans passer la frontière des actes. La deuxième encore plus, comme il m'annonçait son divorce avec son brésilien. Mais je tins bon et ne craquai pas. Pouvant faire du télétravail, Pablo considérait qu'il avait fait le tour de Londres et Madrid était sa première destination de coeur, pour le bon temps j'imagine, et qu'il ne voulait pas rentrer à Barcelone. En octobre 2019, il s'est donc installé et me l'annonça aussitôt. Je stressais déjà de le revoir. Sauf que Mateo arriva fin octobre dans ma vie et je prétextai mes nombreux voyages d'affaires pour ne pas le voir. A peine une semaine après ma relation avec Mateo, Alaska, un groupe iconique gay, faisait signer son nouveau disque à la Fnac et il n'était pas étonnant de le voir débarquer à cet événement à caractère musical. Moi à côté de Mateo et ses amis récemment présentés, je n'étais guère capable de conserver mon calme et ne me souvenais même plus du prénom de Mateo à ce moment précis. Celui-ci le vit immédiatement et il me dit que Pablo me croquait des yeux. Cela le chagrina comme il était si enclin à croire aux bousculements que provoque le destin. Je le rassurais, même si je devais admettre que cette réunion incongrue me bouleversa. Finalement, lors du début de l'annonce du confinement du Coronavirus, j'écrivis à Pablo, lui disant que j'avais un petit copain, m'excusant de mon absence dans sa bienvenue à la capitale espagnole. Il comprit tout à fait et se réjouit pour moi. Il me dit qu'il aimerait me revoir et je ne cachais pas à Mateo le contenu de toute la conversation, exception faite de ma confession que ce Pablo m'a toujours attiré et que les tentatives frustrées de construire quoi que ce soit avec lui, par la distance ou les multiples rencontres que nous avions faites l'un comme l'autre de son côté, me faisaient maudire le destin.

Soyons réalistes maintenant. Pablo a quelque chose de divin, la perfection faite homme pour moi, mais je crois qu'il pense la même chose de lui sous des fausses allures de modestie. A l'époque, il n'y avait aucun goût en commun, mis à part les voyages et notre coup de foudre mutuel. Mes soirées alcoolisées s'opposaient à ses visites dans les musées et soirées privées. Soyons honnêtes, je suis devenu comme cela aussi.

Le voilà accoudé au bar, mon coeur s'accélère. Qu'est-ce qu'il est magnifique ce gars ! Nous nous faisons la bise et nous asseyons autour d'une grande table réservée, avec vitre de méthacrylate interposée pour cause de Coronavirus. Pablo m'a vraiment préoccupé dans ces circonstances de confinement. Il avait fait le choix de rester à Madrid et de ne pas retourner à Barcelone pour ne pas contaminer sa mère, délicate à ses 70 ans. Il resta donc ces semaines-ci enfermé avec son chat, alors récemment arrivé à Madrid. Je m'excuse encore de ne pas l'avoir vu auparavant. Il me dit que ce n'est pas grave, son chat la encore sauvé, ajoute-t-il. Je continue en parlant de ma version féline de confinement, ce sacré Max, inquiétant de calme, qui bondissait seulement lorsque nous déplions les lits superposés encastrés dans l'armoire. Le chat sautait du lit du Mateo jusqu'à l'autre extrémité haute de la chambre pour y retrouver sa couverture douillette du lit en altitude. Puis le récit du passé refait surface, lui avec sa relation du brésilien et moi avec David puis Mateo. Les mots prononcés semblent creuser un écart entre nous, encore plus important que la distance Madrid – Londres qui nous sépara pendant autant d'années. Très vite le discours en demi-teinte sous-entend aussi notre frustration respective. Et si les choses n'avaient pas été ainsi ?

Je lui dis que j'ai écrit un Journal où il a une petite place. Il en est ravi et veut en savoir plus. L'idée de description du passé, présent et imagination du futur lui paraît géniale. "Dans quel espace temps me décris-tu exactement ?". Je lui dis que dans le futur, faisant référence à cette même section rédigée."Je fais donc partie du futur ?". Je lui dis que oui, mais que le futur dépeint de mon Journal est la partie romancée, donc bien imaginée. Visiblement gêné, nous changions petit à petit de conversation, pour faire place à une conversation plus légère. Il est temps de dire au revoir. Nous nous embrassons presque, du moins par inadvertance, ne sachant quelle joue placer avant. "La prochaine fois, je t'invite chez moi", s'ensuivit un "¡Ya veremos!" de ma part.

Dimanche 3 mai

Passé 03/05/2007, Madrid : Ouille, quelle gueule de bois ! Quelle heure est-il ? Que s'est-il passé ? J'ouvre à grande peine les yeux, assommé par des litres d'alcool, des tonneaux de bière, des verres de rhum coca-cola taille XL sûrement. Mais je ne suis pas chez moi. Où suis-je ? Je suis dans le lit de quelqu'un et tout nu. Je me tourne alors pour voir l'heureux ou malheureux gagnant et … le gros choc … Non mais il a quel âge ce Monsieur ? Là c'est la catégorie sénior, avec un pied dans la tombe. Il a au moins 60 ans, c'est sûr et sincèrement, ce n'est pas Richard Gere, loin de là. Je profite pour me sauver de là en courant, sans faire de bruit, m'habillant dans la salle de bains. Je sors. Dans quelle partie de la capitale suis-je ? On a baisé, c'est certain, a-t-il mis une capote ?

Présent 03/05/2020 : Le bilan des morts est très encourageant : 164 morts. La conversation de mes amies me laisse dubitatif. Quand dois-je partir d'Alcorcón? Le 25 mai non, le 11 mai non plus. Si c'est le 11, je risque de me faire prendre, parce qu'après tout, je peux enfreindre la règle de phasage correspondante. Enfin ce n'est pas très clair non plus, nous sommes confinés mais à partir du 11, je peux aller chez des amis pour des réunions de moins de dix et en respectant le distancement social. Là le gouvernement ne connaît pas le caractère latin des espagnols. On l'a déjà vu à la télévision avec des scènes de liesse populaire à Lavapiés et Malasaña des jeunes. Quelle bande d'abrutis ! Le jeudi 14 mai s'impose à moi, parce que selon les dires de Vanessa, beaucoup de gens prennent leur voiture pour aller au travail. Je partirai tôt en mettant discrètement la valise dans la voiture, devant l'immeuble et ni vu, ni connu. Et cela fait deux mois pile de confinement et donc de récit de Journal pour bien boucler la boucle, moi qui suis ferru de mathématiques.

Je le dis à Mateo et il m'accompagnera jusqu'à la voiture, il est vrai que je ne me souviens même plus où elle est garée exactement.

Nous commençons à parler au passé, comme si tout était fini. Nous nous sommes quand même agréablement entendus. Mateo était surpris par mon calme dans cette situation, il me dit que je l'ai beaucoup apaisé. Nous avons besoin d'une petite coupure. Moi de retrouver mon petit duplex et mes branlettes ! Il rit à grands éclats, avant de dire que sérieusement, j'allais lui manquer. Je lui signale qu'il n'aura aucun mal à aller chez moi, comme ce sera autorisé. Moins de dix personnes, donc il peut venir participer aux partouzes que je vais organiser ! Et de rectifier immédiatement, non, il faut deux mètres de séparation entre tout le monde ! Lui non plus, il ne pourra pas me faire l'amour, désolé ! Nous nous embrassons dans une complicité qui est une promesse d'union, après ce grand moment de relâchement des nerfs.

Il me déshabille pour me lécher de partout. N'y tenant plus, il me pénètre tendrement. Il ne me baise pas à la sauvage comme des fois il peut le faire, mais il me fait l'amour délicatement. Sauf qu'Eleonora ouvre la porte. Heureusement que le lit est à moitié caché car encastré dans l'armoire opposée à celle des lits superposés. Eleonora ne voit pas mon mouvement brusque pour reprendre la couverture. Elle voit juste Mateo élancer sa main vers elle. Heureusement qu'il n'a pas eu le temps d'enlever son tee-shirt. Elle va dans la cuisine immédiatement. Il va parler avec elle comme si de rien n'était. De retour, Mateo m'assure qu'elle n'a rien vu. Je n'en suis pas si sûr … Eleonora va vraiment me connaître sous tous les angles, même les plus intimes. Il est temps que je parte d'ici ! Quelle honte !

Futur : Toutes les catégories d'âge peuvent me plaire, je dois l'avouer. Je n'ai jamais eu de critères pour coucher avec quelqu'un. Il fallait qu'il dégage quelque chose d'attirant, pas forcément les plus musclés. D'ailleurs dans cette catégorie des "musculocas" ("Folles des muscles" en français), j'ai rencontré les moins sensuels, comme si le fait de trop toucher leurs corps, ferait disparaître les multiples duretés travaillées par levée d'haltères et autres poids. Pour ma part, je n'ai jamais mis les pieds dans les salles de gym depuis qu'elles se sont autant démocratisé à Madrid. J'ai toujours voulu fuir le trop parfait hollywoodien, même si, il faut se rendre à l'évidence que je suis tombé dedans à mes dépends. Je m'étais acheté mes poids pour chez moi. Hors de question d'aller dans une salle de gym où tout ne serait que compétition. Regardez qui a la plus grande bosse … aux bras ! J'ai trop peur du ridicule. Et puis lors du confinement, j'ai développé le syndrome de la "cabaña" ("Cabane" en français) qui serait une certaine peur de mettre les pieds dehors, de se sentir plus à l'aise chez soi. Je crois que je l'avais déjà dans ma liste de psychopathies avant le Coronavirus, fruit des revers essuyés de caractère familial, amical et amoureux. Je suis cependant très assidu, chaque jour, je levais des poids, je le faisais mal c'est sûr, des fois en dansant même ! En fait, je suis passé en l'espace de quinze ans à frôler l'obésité, être quasiment anorexique à avoir une allure plutôt carrée. Dans quelle catégorie est-ce que je me sens mieux ? La dernière assurément. Quoique … J'ai toujours pensé que ma plus belle année correspondait à mes treize ans, en 1997, lorsque je quittais les jupons de ma mère définitivement, mais que je n'avais pas cette obsession de plaire et que j'avais tout le loisir de profiter du collège. Donc mon meilleur état mental correspondait à celui d'un adolescent qui commençait à être bouboule …

Depuis, j'ai couché avec une pelletée d'hommes, de tous genres mais en général, ils étaient un brin plus âgés que moi. Mes petits copains, eux, étaient légèrement plus petits ou plus grands que moi et bruns. Les blonds peuvent être magnifiques, quand ils sont jeunes. Cependant le côté angélique et pur détourne mon intérêt. On a envie de les salir. C'est peut-être pour ça que des fois voir des acteurs porno type Bel Ami, qui n'est vraiment pas ma tasse de thé, peut faire du bien, de voir les petits minets s'adonner à des choses salaces. En général, c'est quand même l'inverse qui me plaît, ce sont les bruns, baraqués, barbus, peu importe s'ils ont du ventre et les daddys qui savent ce qu'ils veulent. J'en ai eu aussi des daddys dans mon lit …

Confiné chez moi ou déconfiné (on ne sait plus quel est l'attribut le plus adéquat pour décrire l'état d'alarme), je regarde une application de gays. Non pas Grindr, je me ferais grillé aussitôt par Mateo. Présent à quelques kilomètres, un cubain de 56 ans avec cheveux blancs. Le péché capital ! Il m'envoie l'équivalent de la flamme de Grindr puis me dit "¡Hola!". Je suis obligé de répondre, il a l'air bien avenant. Nous faisons connaissance, il est concierge, il est célibataire. Je lui dis que moi non, mais c'est pour passer ces moments d'ennui habituels maintenant en 2020. Il me dit qu'il ne voit aucun inconvénient. "Tu as des photos ?", face à mon absence de réponse, il en envoie quelques-unes olé olé. Il est bien beau ce Papito … Je fais de même avec le coeur palpitant à mile. Non, Lionel non. J'enlève l'application directement. Non, je ne tomberai pas. Je me mets alors à peler des oignons pour faire une sauce sans trop savoir encore avec quoi je vais les agrémenter. Mes pensées voguent dans un monde imaginaire, un monde parallèle où mon corps est possédé par ce beau daddy … Une odeur de brûlé se dégage immédiatement, j'ai oublié de mettre de l'huile au préalable.

Lundi 4 mai

Passé 04/05/1992, Riom : Aujourd'hui j'ai contrôle de Sciences de la Vie et de la Terre. Je me sens bien à l'aise comme j'ai appris par coeur tous les éléments des végétaux à fleurs. Le professeur nous donne donc la feuille à remplir avec les différentes cases correspondant aux organes des fleurs puis la structure des plantes. Les éléments de base des fleurs sont faciles : une pédoncule, un sépale, un pétale, le pistil et … Gros trou noir ! Qu'est-ce que c'est que ça déjà ? Allez, tu l'as sur le bout de la langue. Mais non, cela ne vient pas, même pas la première lettre. Qu'est-ce que tu es nul ! Quel bon à rien ! Je me flagelle en silence et vois autour mes camarades gratter, comme s'il s'agissait d'une dissertation littéraire, d'un compte rendu de texte pour eux écrit en français, pour moi en chinois. Je commence à perler du front, la vue se trouble. Je suis incapable de bouger le stylo. Ainsi toutes les longues minutes qui nous étaient réservées pour remplir vingt cases. Le professeur prend la feuille. Bilan : quatre sur vingt ! Je ne serai plus le premier de la classe avec cette note …

Je rentre à la maison et immédiatement me rue sur le cartable pour voir ce que c'était. "Etamine". Mais quel abruti ! L'étamine est l'organe reproducteur masculin. Comment est-ce que j'ai pu buter sur ces attributs mâles ? Je demande à ma mère et à ma soeur Eva de venir. Je pleure à torrents et leur dis que je ne vais plus être premier de la classe, sous le regard effaré des membres femmes de la famille. Elles me consolent comme elles peuvent ensuite. Il semble que je sois plus à l'aise avec les femelles décidément !

Présent 04/05/2020 : Il est grand temps de finir vite le Journal car la réalité rattrape la fiction désormais : Mateo reprend le chemin du salon de coiffure. La description que j'en avais faite est assez juste, mis à part que lui et ses deux collègues travaillent sur rendez-vous et tous les trois en même temps, en intercalant des paravents entre chaque poste. Je suis content qu'il retourne travailler, cela lui remontera le moral, même s'il prétend qu'il vit bien cet enfermement.

L'après-midi, j'ai l'entretien annuel avec mon chef Oscar pour évaluer mes performances, savoir mes aspirations dans les prochaines années dans l'entreprise. Je n'aime pas beaucoup ce genre de réunion en tête-à-tête avec mon Directeur, moi qui suis trop auto-exigeant et veux souvent faire le mieux possible. Être confronté à ses propres défauts me déstabilise. Enfin l'interview commence bien, avec des conversations badines sur notre ressenti sur le confinement et la désescalade en marche, sans toucher au sujet politique, qui est très sensible en entreprise, en Espagne. En général les travailleurs de grandes corporations multinationales sont de droite et n'hésitent pas à l'affirmer, des fois en traitant comme des moins que rien les gauchistes et encore pire les communistes. Cette aisance à présenter ses opinions de politique comme des faits presque scientifiques et sans aucune pudeur me gêne, car il n'y a aucune démonstration d'empathie. Je pense avoir été plus de droite en France, plus de gauche à mon arrivée en Espagne, maintenant je suis de gauche au niveau social et économiquement, je me situerais plus au centre de l'éventail politique. Je fonctionne beaucoup par affinités aux politiciens. Je peux être d'accord avec une personne sans adhérer à son parti, et à l'inverse. En France, cela arrive assez souvent. En Espagne non, les hommes politiques feront bloc pour leur parti, même si un de ses représentants vient de dire des énormités. En ce moment, les politiciens de droite m'agacent particulièrement, tentant de déstabiliser le gouvernement en place, l'état d'urgence et donc par là même, la santé des espagnols, juste parce qu'ils sont opposants. La droite vaut autant que l'extrême-droite, en disant tout et son contraire.

Bref, tout ceci n'est pas le sujet qui nous préoccupe. La réunion virtuelle dure une heure et demie quasiment où il m'explique mes points forts, surtout ma capacité d'adaptation à tout le monde en interne, dans l'entreprise et chez les clients. Il me reproche mon côté scolaire : je suis avec précaution toutes les procédures et ne vois pas la finalité, qui est de devoir décrocher des contrats. Il a raison quelque part. Oscar a une vraie admiration envers moi de comprendre des choses extrêmement difficiles, mais des fois il a la sensation que je me bloque devant des choses insignifiantes et faciles. "Ah ben ça, mon coco, c'est l'histoire de ma vie !". Je repense à "l'épisode de l'étamine" et en ai des frissons quasiment, je repense à des conversations maintenues avec Vanessa et Mateo, qui hallucinent de ma non compréhension de banalités. L'une des plus flagrantes et récentes avait été notre voyage aux îles Canaries début février 2020. J'y avais été un jour avant Mateo pour le travail. Il me rejoignait le jour d'après, mais je le prévenais que nous allions être réveillés tôt, comme il n'y avait pas de volets ou de stores. Le lendemain, en arrivant dans l'appartement, il montrait du doigt la fenêtre "Et c'est quoi ça ?". Il retourna alors immédiatement les persiennes en poussant sur ses extrémités, ce qui les a fait naturellement se fermer. Je bredouillai comme pauvre défense "Mais moi je suis habitué aux volets ou bien aux stores que tu fermes avec la corde élastique à droite de la fenêtre". Les gens qui me connaissent trouvent cela attendrissant, la complexification des choses les plus ordinaires au monde.

Pour en revenir à mon évaluation annuelle, il est vrai que je suis tout à fait à l'aise avec mes clients : je me sens comme un poisson dans l'eau pour résoudre des problèmes techniques, mais de suite je me sens comme ce même poisson devant un chat qui guette mes mouvements pour insérer ses griffes dans l'aquarium où je me trouve, lorsqu'il s'agit de négociation commerciale. Mon entreprise n'est pas une ONG ! Je me sens totalement intégré et j'ai développé un réseau de contacts énormes à l'internationale grâce à mon court passage en France. Il me répète que j'ai un profil de travail international et que je me sens à l'aise de parler avec un responsable d'installations client tout comme si je devais parler au CEO. Ce n'est pas faux ! Je dois avoir cette insolence des jeunes générations, mêlée à un respect des procédures ancestrales de la compagnie. Nous en venons au thème de la mobilité internationale et je lui dis que je suis très bien à Madrid, mais je reste ouvert à d'autres séjours internationaux de plus longue durée.

Futur : Dois-je rester à Malmö ? Mes collègues dans la filière du biogaz ont apprécié fortement mon travail temporaire de trois mois réalisé là-bas. J'arrive à terme de ma mission et donc par là même, je finalise le programme européen de mon entreprise initié en octobre 2018 avec mon premier séjour à Bordeaux. Cette fois-ci, j'ai bien plus respecté les normes du programme qui veut que mon séjour se fasse en dehors des pays européens latins pour un grand dépaysement et en réalisant un travail hors de mon activité normale. Le côté technique a été au rendez-vous mais j'ai abandonné l'aspect commercial, pour lequel de toute manière, je ne me sens pas si confortable.

La putréfaction de la matière organique est passionnante ! Écrit de cette façon, cela n'a rien de glamour, j'en conviens. Le processus de dégradation des déchets de l'élevage, l'agroalimentaire et les boues de station d'épuration en l'absence d'oxygène, forment un gaz naturel bio utilisable pour le chauffage, la mobilité des véhicules etc. Un bel exemple de la fameuse économie circulaire dont on parle tant ces années. Comme le disait Antoine Lavoisier "Rien ne se perd, rien ne se crée, tout se transforme". Le parallèle avec le Coronavirus et la pneumonie causée par ce "bicho" ("Bête" en français) m'est venu souvent en tête. Si j'avais manqué d'oxygène, mon corps se serait décomposé pour former des odeurs nauséabondes. Ce processus me rassure, non pas par ces effluves pourries, mais par la satisfaction que ma matière devienne énergie, qu'elle soit sous forme d'engrais pour la terre ou bien d'aliments pour la faune.

Devenu un apprenti expert en biogaz, mes collègues ont apprécié mon dévouement, mon acharnement au travail et mon Directeur me signalait déjà quelques jours avant de revenir en Espagne que les portes étaient grandes ouvertes pour m'incorporer définitivement ou du moins, pour quelques années dans leur équipe technique. Encore plus que Bordeaux, la vie sociale à Malmö a été d'une grande frénésie. Tout d'abord grâce au travail qui m'a permis de connaître des gens de mon âge et plus jeunes qui savent faire la fête et boire des quantités astronomiques ! Les nordiques se lâchent totalement une fois la nuit tombée. Il n'y a pas eu de pudeur à révéler mon homosexualité, aucun jugement de valeur. C'est peut-être vrai que les pays nordiques font partie des pays les plus heureux au monde, même sans soleil. Je commence à constater que le bonheur est inversement proportionnel au nombre de jours ensoleillés. Que dire des paysages ? Si le sud est plat, agraire et rappelle fortement le Danemark, plus on se dirige vers le nord et plus les paysages deviennent accidentés et les habitants rares. On trouve alors de grandes forêts de résineux parsemées de nombreux lacs. Ce n'est pas l'Islande mais c'est loin d'être la paille sèche de Madrid et les deux Castilles (Castilla-la-Mancha et Castilla-y-León) qui l'entourent en été ! Les suédois vivent paisiblement en règle générale, libre de toute jalousie envers son prochain. Je ne suis donc pas envieux de ce qu'a mon cher propriétaire Andreas, ce formidable appartement, duplex avec terrasse, où j'ai pu vivre ces trois mois. Enfin presque ! Je lui ai déjà dit que je réfléchissais à revenir. Il en était enchanté bien sûr "You know that you are always welcome, guapo!" ("Tu sais que tu seras toujours le bienvenu mon beau !" en français). "Guapo" prononcé avec un fort accent scandinave, tirant vers la rudesse de l'allemand. Qu'en est-il de ma relation laissée en berne en Espagne ? Dois-je revenir à Malmö ?

Mardi 5 mai

Passé 05/05/1992, Riom : Je suis encore sous le choc des étamines d'hier. Je n'osais pas regarder dans les yeux mon professeur. Je l'ai forcément déçu. Toute la confiance qu'il avait déposée en moi, envolée, comme le pollen des étamines, tiens ! Sauf que celui des fleurs a une utilité de féconder le pistil. Chez moi c'est un gâchis total, une ruine stérile !

Eva et ma mère m'ont répété qu'il n'y avait rien de grave, que c'était un léger accident dans mon parcours exemplaire et qu'il arriverait bien pire dans une vie semée d'embûches et d'obstacles. "Si seulement le plus gros problème se résume à une faute sur l'organe reproducteur mâle des fleurs !" Je suis pleinement conscient qu'il y aura d'autres barrières dans le futur quand j'aurai grandi. Mais c'est moi ça, la réussite à l'école, je n'ai rien d'autres !

Eva me prend dans ses bras et pour me consoler, elle met une cassette avec comme chanson celle de "L'autre finistère" des Innocents. Je ne comprends pas trop la chanson, même si je connais pas coeur les paroles. C'est peut-être l'accordéon, la guitare, le refrain entraînant …

"Il est un estuaire
Un long fleuve de soupirs
Où l'eau mêle nos mystères
Et nos belles différences
J'y apprendrai à me taire
Et tes larmes retenir
Dans cet autre Finistère
Aux longues plages de silence"

… mais cela a le don de m'apaiser, d'être aussi avec ma grande soeur que j'adore tant ! Elle me voit rassurée. Je la remercie et lui dis que je veux monter sur le cerisier. Elle me laisse faire tout en vigilant depuis la fenêtre ouverte de la cuisine.

Mon cerisier, autre figure vivante de la nature ! Mon cerisier, le véritable homme de la famille ! Au début du printemps, tu nous régales avec ces explosions de blanc qui constituent tes pétales et en été, tes fruits tout rouges délicieusement humectés. Je ne saurais nommer toutes les parties qui te composent mais je te connais par coeur, du moins la partie basse. Tu es tellement haut, tu dépasses la maison. Tu es infiniment grand. Tu as un tronc tellement fort aussi, j'adore ce tronc épais et long. Je n'arrive pas à faire le tour avec mes mains, tellement le cylindre est grand, mais je sais monter sur toi. Je n'ai rien d'un gymnaste mais je sais me faire bercer par tes grosses extrémités. La première grosse branche la plus basse, je l'atteins en sautant. J'attrape ta branche des deux mains et je mets mes pieds sur ton tronc imposant, déjà voletant en l'air et n'ayant plus de contact sur la Terre. Les jambes en l'air, j'aime lâcher mes bras et être pendu des pieds. Tu es tellement fort que tu ne me laisseras pas tomber. Je remets aussitôt mes mains sur ta grosse branche et fais remonter mes pieds sur la branche plus haute et plus fine. A partir de là, tu me fais tourner et voltiger en l'air pour retomber sur ta grosse branche. Tu me redresses et je peux tranquillement me reposer sur ta grosse branche qui est tellement énorme qu'elle peut s'occuper de mon corps entier. Là je peux dormir même, sous un ombrage de feuilles parfait, de temps à autre interrompu par de légers jets de lumière. Tu m'as remis les idées en place. Demain est un autre jour où tout sera effacé. Cerisier, il n'y a que toi pour me plonger dans un bonheur le plus total !

Présent 05/05/2020: L'Angleterre vient de dépasser l'Italie en nombre de morts, se situant à environ 29,500. Il y a un rebond des décès, 244, en Espagne. Ce relâchement de la part des citoyens pour pouvoir sortir est-il en train de se faire ressentir? Le Président Sánchez réussit in extremis à prolonger l'état d'urgence deux semaines de plus, mais avec une opposition féroce, prête à tout pour diviser la population. Je me mets à sa place et je ne saurais comment dormir dans une situation analogue. La population espagnole est particulièrement dure, lorsqu'il s'agit de l'autre parti de l'échiquier politique, quitte à en venir à des contradictions flagrantes. Le Président était critiqué pour son manque de réaction au début de la crise sanitaire, maintenant il est tout aussi spolié sur le maintien du confinement, alors que les décès ont diminué à des niveaux comparables des premiers reproches. Le découpage administratif en Comunidades souligne encore plus ces multiples oppositions.

Encore un jour où la réalité a dépassé la fiction puisque Eleonora sort de dix heures à douze heures pour aller voir son prétendant dans la rue, mais juste lui dire bonjour à deux mètres de lui. Elle s'est faite toute belle grâce à la coupe de cheveux de Mateo de la veille et des ondulations et une couleur auburn qui lui rend quelques années de jeunesse. On dirait une petite adolescente qui a son premier rendez-vous avec son chérubin prépubère. Mateo n'est pas là non plus comme il travaille. Je suis donc tout seul depuis presque deux mois !

Tout seul enfin presque. Il y a un petit être tout noir de poils, le chat Max. Il est perdu au début et il se met à miauler de partout. C'est la première fois que je le vois aussi agité. Ce chat est incroyable. Il peut rester sur son lit superposé du haut toute la journée s'il est déplié de son armoire. Quand on mange, il ne bouge pas non plus. Les fois où il était couché sur les chaises d'à côté, il ne dit rien, il n'essaye même pas d'attraper quoi que ce soit qui pourrait lui plaire : du thon, une odeur de viande, rien ! Il est immuable ce chat ! Il se laisse caresser mais n'est pas très à l'aise non plus. Je ne l'ai jamais entendu ronronner. Il m'a adopté ces derniers jours, comme je lui donne une moitié de pâtée. Vers onze heures, il peut venir vers moi mais avec la distance sociale de mise, il se dandine et peut se frotter contre les coins des murs pour réclamer sa bectée. Apparemment il souffre de stress comme il n'a plus de poils au niveau de l'abdomen à force de se lécher. Je dis à Mateo qu'il faut vraiment qu'il l'amène chez le vétérinaire. Est-il stressé de nous voir tous les jours sans avoir de moment d'intimité ? Pourtant, il n'a pas l'air. Je lui donne sa pâtée et pour la première fois, il se laisse caresser en mangeant, me rappelant alors la chatte de Victoria, Sookie, qui avait besoin qu'on la caresse pour pouvoir s'atteler à la besogne d'alimentation. Max redevient tranquille et grimpe sur son lit personnel, en faisant son bond du sphynx depuis le lit de Mateo à l'autre extrémité. Les chats sont fascinants par leurs caractères. Il n'y en a pas un qui ressemble à un autre, avec leur côté affectueux mais leur indépendance essentielle à leur bien-être, leurs humeurs et leur jardin secret. Tiens, cela me rappelle quelqu'un !

Futur : Me voici dans mon propre chez moi ! Cela fait des années que je n'ose sauter le pas, tout en me disant que je n'investissais dans aucun bien immobilier avec l'argent du loyer mensuel. J'ai toujours vécu en location et les doutes de vouloir rester à Madrid ou bien de bouger dans le Nord de l'Espagne au Pays Basque ou en Asturies, ou carrément à l'autre extrémité, un autre pays, faisaient que je ne savais prendre de décision définitive. Il y a eu ma rupture avec David que j'assimilais plus ou moins bien au début, puis ma coupure à Bordeaux, le retour à Madrid comme une déchéance et un certain retour à la nostalgie de la vie en commun avec David. Ensuite j'ai connu Mateo et la crise du Coronavirus qui m'ont fait retrouver un pied à terre dans la région de Madrid. Enfin il y a eu Malmö, dernière étape internationale ou pas. Après tout mon entreprise donne la chance aux employés de se former localement mais aussi dans des contrées lointaines. Le choix entre Madrid et Malmö a été bien difficile. Choix résolu ! J'écarte toute idée utopique du style "Et si j'avais fait l'autre choix, que se serait-il passé ?".

Le choix d'appartement ne fut pas difficile car je bénéficiais de grandes économies accumulées lors de mes années de travail. Il était spacieux pour moi tout seul et bien suffisant pour partager ma couette avec un gentleman. Il a un côté très épuré, des murs blancs et peu de fournitures. Je me vois déjà le décorer, moi qui ai toujours négligé cet aspect dans tous les appartements où j'ai pu vivre : rien d'encombrant, quelques cadres bien comptés sur les doigts d'une main, pas plus. Le petit bar dans le salon m'a complètement conquis. Lors de ma recherche, je n'avais pas de critères déterminants. Trois caractéristiques seulement étaient indispensables : que l'appartement comporte deux chambres, même si l'autre était plus petite, une cuisine spacieuse, mais aussi une terrasse. Deux chambres pour que mon petit copain puisse me rejoindre éventuellement dans le futur. La cuisine, il était évident que pour moi elle doive être ergonomique et avec un four en conditions, moi qui adore les bons plats chauds et consistants d'hiver, et pourquoi pas même en été. Et enfin une terrasse qui puisse me permettre de prendre l'air : durant le confinement du Coronavirus, j'ai pu voir à quel point c'était important de s'oxygéner, même si bien avant, je souhaitais en avoir une.

Mais aussi parce que je veux me lancer dans le jardinage. En France, j'ai toujours pensé que j'aurais plus tard un grand jardin pour y passer des heures et des heures à faire pousser des plantes de toute sorte, des arbres comme un cerisier (comme par hasard !) et un potager même. Je me voyais aussi couper du bois pour la cheminée avec sur le côté de la maison une cabane remplie de bûches de bois. J'envie beaucoup mes amis qui ont un tel jardin comme Romain, mon meilleur ami depuis la Quatrième, gay aussi, qui en plus de ses passions infinies, avait travaillé un jardin aux allures orientales à Perpignan où il vit. Il excelle en botanique, lui qui est paysagiste.

Au lieu des végétaux agrémentés de façon esthétique, l'Espagne s'est mise en plein milieu de mon bonheur champêtre pour m'offrir de l'alcool et du sexe ! Oui ce sont deux grandes passions pour moi, surtout ce dernier. J'ai toujours déploré qu'on ne puisse pas en parler dans son curriculum vitae dans la rubrique "Loisirs, Centres d'intérêt et Autres" du style :

- Formation chez un sexologue pour un coït sans détresse
- Perfectionnement des acrobaties, hormis les classiques de la levrette et du missionnaire
- Niveau A2 de double pénétration, pas totalement vierge mais ouvert à toute évolution

Bref, je suis l'homme de la situation aussi dans votre vie personnelle. "Épreuve de la pipe ? Ah d'accord, je descends sous la table tout de suite !".

Un peu de sérieux ! J'ai toujours été complexé par les passions des gens qui m'entourent, ou plutôt la constatation de l'inverse chez moi. Rien ne peut m'occuper des heures et des heures dans des conditions voulues de confinement … Je me trompe, ce cher Coronavirus m'a fait voir le contraire. C'est pourquoi, je me sens prêt à une autre activité créatrice de mes propres mains que je croyais si souvent inutiles. Je veux malaxer la terre à défaut de la retourner. Je pense alors que je veux qu'on me malaxe et me retourne. Drôle d'association d'idées encore une fois !

Je vais dans un magasin de jardinage et achète des pots, de la terre, des engrais et des graines. Des graines de quoi ? Je suis allé dans ce lieu sans me renseigner à vrai dire. Je veux des tomates, j'adore les tomates. Elles poussent comment et où ? Je regarde des vidéos de Youtube en plein milieu d'une des allées. Saurais-je donner vie à des légumes, moi qui me considère si peu fertile ? Encore un autre court-circuit de mon cerveau ! Ya veremos…

Mercredi 6 mai

Passé 06/05/1995, Riom : Mes frère et soeur préparent une expédition secrète le soir, parce que c'est le premier samedi du mois. Je ne comprends pas trop le rapport. Indice chez vous téléspectateurs : ils me disent qu'il faudra attendre la nuit pour voir la télévision. Le soir même, alors que nos parents sont couchés, vers vingt-trois heures cinquante minutes, Eva et Antonio préparent leur plan machiavélique devant le poste de la salle à manger en bas. Ils mettent Canal Plus, ce qui est en soi peu compréhensible comme la chaîne est cryptée. Enfin un cryptage qui permet quand même d'apprécier bien l'image, le son est un enchaînement de bruits parasites de talkie-walkie. A quoi bon alors ? Le logo de Canal Plus apparaît à minuit avec l'arche de Saturne couleur arc-en-ciel entourant le logo de la chaîne.

Apparemment ce serait un film. Deux minutes plus tard, nous voyons deux personnes s'embrasser et se déshabiller précipitamment. C'est curieux de voir de façon aussi crue ce geste, pourtant très habituel dans les films. Mais là, on sent une avidité surprenante, choquante même. Enfin tout le reste qui se passe est bien plus déroutant. Ils sont tous nus, on voit tout ma parole ! Je ne me cache pas les yeux, bien que j'en aie envie, car je sais que les yeux de mes frère et soeur se tournent de temps à autre vers moi pour surveiller mes réactions. La femme se met alors à lécher le zizi de l'homme qui a pris une proportion énorme ! Aurait-il une allergie ? Moi je suis allergique à la pénicilline et aux céphalosporines et j'ai bien failli y passer lorsque le médecin de ma mère, un vrai charlatan, inscrit de nouveau ce poison dans mon ordonnance. Lui arrive-t-il la même chose au Monsieur ?

Il succionne son équivalent du zizi, ou plutôt son manque de volume entre les jambes et prend ses seins comme si c'étaient des melons. Puis il la pénètre frénétiquement, faisant ouvrir le trou jusqu'à l'infini. "Aïe mais il va lui casser le corps non ?", je signifie en tournant la tête un moment vers mes autres complices de cet acte de vandalisme mais sans pouvoir proférer des paroles audibles, parce que je reste bouche sèche bée. "Comment est-ce possible que quelque chose comme cela rentre ?", pensé-je en faisant de nouveau un angle de 90 degrés et visualisant l'écran de nouveau. Eva et Antonio se font signe pour dire que l'expérience est finie. Leur petits fous rires font place à une légère inquiétude de me voir somme toute médusé devant cette scène censurée. Le codage doit être important pour qu'ils ne fassent pas voir trop clairement les pelles et les enchevêtrements postérieurs. Ils me demandent si je vais bien, ce à quoi je réponds oui, mais je leur signale que je veux retourner au lit. Une fois couché à l'étage, j'ai du mal à me rendormir comme si les quelques images incrustées dans ma tête étaient des flashs subliminaux, destinés à me révéler un grand secret de l'humanité.

Présent 06/05/2020 : Le soir après que Mateo revienne du salon de coiffure, nous faisons l'amour. Cette fois-ci c'est différent, enfin c'est toujours des sensations bien distinctes. Il prend son temps, il est vigoureux derrière mon dos, mais avec des gestes amples et peu précipités. Il est la tortue, pas le lièvre, comme la fable de La Fontaine. Je sens même des moments d'arrêt dans mon orifice, seulement interrompus par des coups de pompe de sang, faisant gonfler par accoup la circonférence de son sexe entubé. Etrange sensation ! Une pratique sublime mais durant laquelle je sens que quelque chose de particulier s'est passé en lui.

Nous regardons "L'effet papillon" avec Ashton Kutcher, film déjà vu, mais pas Mateo et je savais que ce genre de film lui plairait. C'est l'histoire d'un jeune homme qui repasse des moments cruciaux et certains terribles d'une bande d'adolescents et enfants. La curiosité est que ces épisodes se terminent par des trous noirs, Ashton Kutcher petit, ne se rappelant pas la fin de ces événements traumatisants. En relisant ces journaux, il découvre qu'il peut revivre ces instants et changer leur conclusion, mais apportant bien souvent des conséquences néfastes pour le nouveau présent qu'il vit. Bon film, je le cataloguerais quasiment dans la catégorie de film culte, s'il n'incluait pas autant d'"'américanismes".

Mateo a adoré et me dit que notre pratique du sexe de ce soir était "magique". Pourquoi le décrit-il ainsi ? Parce qu'il a eu un flash en me le faisant. Un ange avec des ailes dorées était apparu devant ses yeux ou bien l'image que je pouvais refléter lors de l'acte d'amour. Il enchaîne en disant que j'ai une énorme présence et que je ne suis pas tout seul. "Tu te rappelles chez toi quand je te disais que dans l'autre chambre, j'ai vu des apparitions ? Mais aussi deux lumières dans ton dos dans la salle à manger. L'autre fois aussi quand nous faisions de la gym". Devant mon mutisme, Mateo enchaîne en me disant que j'ai une pensée puissante. "Tout ce que tu veux ou veux influencer, tu l'obtiens toujours par la pensée." Devant ces questions métaphysiques presque quantiques, je pense au chat de Schrödinger qui est mort, vivant ou les deux états à la fois. J'oriente alors ma pensée vers l'infini, à travers mon regard égaré vers l'horizon.

Futur : Mateo vient chez moi pour la première fois après les phases de déconfinement et le passage de la région de Madrid de la phase 0 à la phase 1 qui permet de se réunir avec moins de dix personnes. Nous respectons la règle, seulement la distance sociale de deux mètres sera transgressée bien évidemment !

Immédiatement sur le pas de la porte, je le fais rentrer avidement. Il a les cheveux bouclés sur le haut, bien plus longs que quand je l'avais laissé dans son appartement avec sa mère. Comme bon coiffeur, il aime changer de figure. Il a l'air d'un mouton mexicain, je le lui dis entre quelques éclats de rire. Puis ce sont les moments de retrouvailles. Cela ne pouvait pas être mieux. Les bougies en haut sont en place et je lui somme de monter dans l'étage du haut du duplex, pour qu'il me montre à quel point je lui ai manqué, entre deux baisers langoureux. Nous nous dénudons l'un, l'autre et il pose tout son poids sur moi. Je ne suis pas retourné comme chez Eleonora, après de longs préliminaires, il me prend en missionnaire. Je sais que ce n'est pas ce qu'il préfère mais cette position a été abandonnée depuis le 14 mars ! Je veux le voir, pendant qu'il me possède. Je suis très vite en pleurs. Les hâtes de faire fusionner nos corps font place à un amour attentionné, doux, délicieux dans toute sa voluptuosité. Un arrêt dans les ébats, il se met à regarder autour de lui comme apeuré. "Que se passe-t-il ? Tout va bien ?", lui entonné-je. "Non rien", ce à quoi il continue et exécute une oeuvre d'art de romantisme et sensualité.

Revenu en bas pour lui faire à manger, je lui demande ce qui s'était passé. Il me dit qu'il a senti sa grand-mère. C'est de loin la dernière personne qu'on aimerait voir apparaître. Je ne peux pas m'empêcher de penser à un des mes écrivains contemporains favoris Eric-Emmanuel Schmitt. Mes livres de prédilection sont "La part de l'autre" et "Lorsque j'étais une oeuvre d'art". Le premier narre l'histoire d'Adolf Hitler, s'il n'avait pas été refusé aux Beaux-Arts, fait qui marquerait ce monstre et sûrement le point de départ de sa démarche macabre de destruction et le deuxième constitue une biographie romancée comme mon Journal ! Il raconte la déshumanisation du personnage principal qui voulait se suicider mais rencontre un homme in extremis, qui le façonne comme une oeuvre d'art, mettant en danger sa propre liberté. Ces deux livres résonnent en moi pour des motifs différents, mais ils me parlent par leur refus de la destinée entraînant des conséquences des fois désastreuses. J'aime la façon pleine d'humanité dont cet auteur boucle ses romans. J'ai beaucoup moins aimé lorsqu'il dépeint un certain mysticisme des personnages, mais cela vient de son expérience ésotérique dans le désert. Alors jeune et brillant élève de l'Ecole Normale Supérieur et athée, il mentionne une présence se manifestant à lui, dissipant toute son angoisse, et la joie indicible qu'il ressentit alors dans la "Nuit de feu". Je devrais peut-être lui laisser une autre chance et lire le roman en question.

Après cette évasion mentale, je reviens sur terre. Mateo me fait rentrer dans un doute, comme si souvent j'ai eu l'habitude avec lui, lorsqu'il décrivait ses expériences mystiques. "C'est bon signe de sentir la présence de ta grand-mère ?", avancé-je timidement. "Oui très bon !". J'interprète ces trois mots comme une acceptation et formalisation de notre union. Je repense alors à mes deux soeurs jumelles qui n'ont jamais été, puis ce ruban écrit de la main de la grand-mère de Mateo prévoyant une grosse fièvre dans le monde, qui lui fut signalée par une petite fille portugaise de la longueur du ruban, soit environ quatre ans. La taille de deux bébés prématurés juste mis au monde est-elle équivalente à celui d'une fille de quatre ans ?

Jeudi 7 mai

Passé 07/05/2019, Madrid : Vanessa, mon amie française d'origine coréenne, va de nouveau tenter de sauver son couple avec Javier n°2, le pianiste. Le gros problème que je vois chez Vanessa est ce non-deuil de la première relation avec Javier n°1 et elle est passée d'un état à son contraire. Elle substituait les sorties, les rires entre amis, les futilités, bref une vie sans préoccupation du lendemain, par l'introversion, les rires complices, les profondeurs, en somme une vie fusionnelle entre deux êtres qui ont leur propre lutte interne. Au long de cette année, elle attrapa toutes les maladies équivalentes à toute sa vie passée : rien de grave en soi, des rhumes, des angines, des gastro entérites. L'une d'entre elles, méchante, la fit passer par l'hôpital. Elle a eu tellement de changements en si peu de temps. C'est trop à assimiler pour un corps si frêle !

Moi de mon côté, le retour à Madrid est un désenchantement. Convaincu que je dois partir, je dois pourtant tenir pour aller de nouveau à l'étranger pour une seconde mission temporaire, qui pourra être un trampoline pour une vie ailleurs. J'ai la sensation d'avoir fait le tour de Madrid, treize ans et toujours la même chose ! L'alcool, les sorties qui ont été mes raisons de rester à Madrid sont devenus futiles à mes yeux. La rupture avec David a permis néanmoins de réellement appliquer ce que je réclamais avec désespoir : ne plus sortir autant. Bizarrement, David me revient en tête, plus fort que jamais. Les premiers mois ont été durs mais les nombreux voyages d'affaires en Espagne et le séjour à Bordeaux m'ont totalement revitalisé. Je suis convaincu que j'ai pris la meilleure décision de rompre avec, vraiment pas dans les bonnes circonstances, certes. C'est le fait de devoir refaire tout, redéfinir toutes ses activités tout seul. Une matinée après une grosse fête en discothèque, je me précipitai dans ce que je pensais être la boutique où David travaille. Réclamant David, la vendeuse me regardait de façon hallucinée, de voir un zombie visiblement alcoolisé et drogué, tenir des propos incohérents et demandant à parler à une personne qui n'existe pas. Me revoilà en train de frôler les frontières de la maladie mentale ! Heureusement que je m'étais trompé d'endroit, j'apprendrais très vite que David avait refait sa vie avec un autre homme, portugais, soi-disant.

Quand je suis comme cela, aussi négatif sur tout, j'intériorise tout. Pendant cette période, je faisais tout de même un effort pour sortir avec Javier n°1, Victoria, Cynthia, Milena et les autres, avec un résultat plus ou moins mitigé. Je sens Vanessa très loin de moi, alors que nous vivons quelque chose de tout à fait comparable : le deuil de notre vie d'avant. Hormis le fait qu'elle s'est trouvée un nouveau petit copain et moi non. La rupture entre elle et Javier n°1 ont fait des ravages sur le groupe avec qui on sortait. Toutes les relations sont à remettre en question. J'ai la sensation que tout n'est pas pour toujours, les relations comme les gens changent et évoluent. Ça y est ! La nostalgie me prend, celle qui me ramène à une vie plus gérable dans ses diverses émotions.

Vanessa me dit qu'elle a accouru chez Javier n°2 pour un problème que je ne comprenais pas trop dans les détails. Elle me dit tout le temps qu'elle sait que cette relation se terminera, à cause d'un passé familial trop chargé négativement pour le pianiste. Elle me soutient aussi que si ce n'est pas lui, ce ne sera personne d'autre. Ce ne sont pas des propos propres à Vanessa mais elle le proclame. Je ne veux pas être celui qui juge et conseille sans connaître leur relation, je ne suis d'ailleurs pas à même de penser clairement avec mon combat intérieur. Sur une note mêlée de noirceur et d'incompréhension mutuelle, nous raccrochons le téléphone.

Présent 07/05/2020 : J'ai une longue conversation avec Vanessa par téléphone. Elle m'appelle une fois par semaine, lorsqu'elle va faire les courses. C'est l'occasion pour moi de m'imaginer la vie extérieure en pandémie. Elle me dit que c'est comme avant mais avec les précautions de mise, de distance sociale.

Elle vit avec son petit copain Javier, le pianiste. Je l'imagine en train d'engloutir tout ce qu'il y a dans le réfrigérateur. Je lui dis en rigolant que c'est la seule qui va sortir du confinement avec un meilleur aspect que quand elle y est entrée ! Quelle chance, les gens qui ont par nature, un corps svelte. "Quelle garce !", comme je la nomme si souvent. J'avais lu un jour ou plutôt vu sur Facebook un post (ce n'est pas de la grande littérature non plus !) qu'un vrai ami, c'est celui qu'on insulte tout le temps devant lui, mais que par derrière si quelqu'un en disait du mal, on prendrait sa défense bec et ongles. C'est totalement vrai ! C'est une bonne façon de mesurer l'amitié.

Sa mère en France se fait énormément de soucis pour ses deux filles, les deux étant à Madrid, la plus grande soeur avec deux enfants en bas âge. Elle augure une crise économique sans précédent, pourtant de nature très optimiste. La crise de 2008 ressemble à un tremblement de terre de magnitude 8.4 sur l'échelle de Richter. Cependant là, la conjoncture est d'envergure mondiale et on aura affaire à un séisme de degré 9, tsunami inclus (je vous rappelle que l'échelle de Richter est exponentielle, pour les plus littéraires d'entre vous et donc la charge explosive équivalente est cinq fois plus élevée que celle d'un tremblement de terre de magnitude 8.4 d'après Wikipedia). Au début, Vanessa était sceptique quant aux mauvaises prophéties, mais il semble tout de même que le monde de demain sera une version toute autre.

Ensuite nous analysons nos confinements respectifs. Javier et elle vont bien en règle générale. Elle aimerait qu'il fasse du sport avec elle, elle qui s'est enfin résolue à pratiquer du yoga et pilates. Lui a de temps en temps des coups de pompe, provoqués par un manque d'activité manifeste. Il a hâte de reprendre les chemins du spectacle. Il entretient son compte Instagram pour ses fans avides de reprofiter de son talent, au désespoir de Vanessa, qui de naturel n'est pas du tout jalouse pourtant. Il a un public féminin fourni, renchéri par son aspect rebelle, habillé en noir, chemise sombre, cheveux longs frisés et boucle d'oreille de rockeur. Oui son aspect stimule la création d'oestrogènes chez ces femelles qui rêvent de faire siennes ce musicien torturé. Vanessa n'a jamais voulu être avec ce profil-là, bien au contraire. Cependant les sentiments ne se domptent pas.

Je fais le parallèle avec mon couple et quelque chose de similaire a pu se passer. Les disputes au début en raison des réseaux sociaux ont déstabilisé notre cocon. Il semble que ce confinement nous ait profités et nous en venons même à remercier cette période pour pouvoir nous retrouver avec nous-mêmes, nous reconstruire, loin du vacarme ambiant habituel. Survivrons-nous à la nouvelle exposition au monde postérieure ?

Futur : Vanessa reprend la vie dans son appartement et déjà une certaine nostalgie s'empare de ses premières pensées. Elle revoit sa colocataire colombienne qui a elle aussi vécu à sa manière, le confinement. Chaque foyer de ce pays et même de la Terre entière l'aura vécu d'une manière ou d'une autre. Vanessa constitue une histoire parmi des millions d'autres dans cette épreuve. Elle a passé de longs mois avec Javier et continua dans son appartement, même lors des phases de déconfinement, mais aussi parce que sa colocataire colombienne était avec son couple. Cela l'arrangeait bien, de toute façon. Les grands heurts éprouvés en 2019 ont fait place à une confiance mutuelle qui a fortifié leur engagement. Pourtant elle n'est pas prête à vivre avec. Au fond d'elle, elle continue à penser que cette relation a une date de péremption. "Trop différents !" continue-t-elle à conclure mentalement.

Elle fait le ménage activement chez elle, non pas que la colombienne ait été négligente, mais plus pour continuer la labeur de propreté mise en place chez Javier, cette fois-ci chez elle. En faisant la poussière, elle tombe sur un calendrier. Elle regarde le jour d'aujourd'hui et un calcul mental se fait immédiatement dans son cerveau si véloce. Trente-trois jours depuis ces dernières règles. Le plumet en tomba, en même temps qu'elle entrevit sa vie future défiler devant elle.

Vendredi 8 mai

Passé 08/05/2000, Riom : Cela fait quelques jours que nous sommes dans l'appartement. Rien à voir avec la belle maison pavillonnaire que nous avions. L'immeuble est un HLM typique de petite banlieue avec une forte population immigrée. Le premier jour, nous entendions des bruits et heureusement que nous sommes au quatrième étage, c'est-à-dire le dernier, nous avions donc droit à des bruits atténués. Mais au début, on ne peut pas s'empêcher d'être étranges et d'avoir la sensation qu'il y a d'autres habitants parmi nous. La décoration est négligée avec un papier peint bleu dans la salle à manger et les chambres à l'exception d'une, puis orange dans le couloir. Il a dû y avoir un bébé dans une chambre avec des clowns de partout sur un papier-peint de couleur jaune criard. Je choisis immédiatement cette chambre, car je savais que cela ne saurait être du goût de mon frère ou ma mère.

Aujourd'hui Antonio arrive en trombe dans l'appartement. Pourtant libéré des disputes incessantes entre nos parents et étant avec une petite copine récemment, il a presque tout pour être heureux maintenant mais il sait que ma mère peut lui faire des milliers de reproches par ses pensées complotistes incluant ses voisins et des fois, ses propres amis. Cela n'a pas à voir avec ma mère mais l'autre progéniteur. Et encore une question d'argent ! Il ne changera jamais. Mon frère travaille dans une crêperie et le derniers mois, son salaire était prélevé pour les besoins de la famille. Il devait ne plus le faire mais il a continué apparemment ... Tous les frères et soeur, nous ne sommes pas dupes non plus. Nous savons que notre mère, pour ne pas avoir de problèmes avec le divorce, l'aura laissé demander une somme astronomique, ne correspondant en rien à un divorcé sans enfants à charge. Antonio appelle mon père et lui dit de venir de suite.

Il arrive deux heures plus tard. Antonio lui expose la situation et lui dit que c'est un vol d'argent. Je suis dans la chambre comme pour me protéger d'un de ses éclats que je connaissais tant dans la maison. Je dois remercier Antonio et particulièrement Eva pour avoir tout fait pour me préserver, ils me savaient particulièrement sensible et fragile. Mais devant ces scènes où je fuyais ma qualité d'acteur principal pour devenir un simple figurant, je faisais plutôt preuve de lâcheté. "Qu'est-ce que tu fais avec cet argent ? Cela ne t'a pas suffi d'arnaquer notre mère ?". J'imagine un silence de ma mère, les yeux tournés vers le sol. "Mais tu te crois qui ? Je fais ce que je veux.", dit mon père en élevant dangereusement sa voix bien rauque. Et il lui assène le coup final qui je pense, marque une séparation définitive de notre père avec la famille en France "Tu n'as jamais existé pour moi de toute façon".

Présent 08/05/2020 : C'est la rangaine habituelle : Mateo se met de mauvaise humeur comme sa mère fait plusieurs plats, des aubergines farcies, des pâtes bolognaise. Il a raison dans le sens aussi où je vois qu'elle a pris beaucoup de poids, sans en arriver à l'obésité d'avant tout de même. Mateo lui sort indigné quand elle se ressert de tout : "¡Haz lo que te salga del coño!" (littéralement en français "Fais ce qui te sort de la chatte !"). Je ne peux pas m'empêcher de faire des gros yeux et de froncer les sourcils, Eleonora le remarque tout de suite et le signale à Mateo. Ce genre de vocabulaire typiquement espagnol, de dire aussi crûment les choses, je l'avais remarqué aussi chez la petite sœur de Mateo, Carmen à Saint-Sébastien où elle vit avec son petit copain basque, nous racontant qu'elle lui avait sorti un jour que c'était une "forniqueuse", lorsqu'elle n'arrêtait pas de se plaindre de tout. J'ai beau vivre quatorze ans en Espagne, ce pays me surprendra toujours par les propos tenus même au sein d'une famille.

Mateo me dit plus tard qu'elle a toujours été d'une autorité impériale, faisant que son père s'abaissait à toutes ses volontés. Il ressent la présence de son père ces jours-ci, comme un présage de futur danger, en rapport au virus dans cette vie familiale ? Il rajoute, en revenant sur sa mère, que c'est la seule façon qu'il a de se faire entendre. Les personnes obèses sont des personnes à risques pour le Coronavirus, de par les problèmes cardiovasculaires. Je devine de graves problèmes hospitaliers dans le passé, mais je ne veux pas enfoncer le couteau dans la plaie. C'est aussi pour cela qu'il lui disait assez souvent "Tu l'attrapes et c'est la morgue assurée !".

Cela me renforce dans l'idée que je dois partir la semaine prochaine. Ils ont besoin de retrouver leur dynamique sans que j'interfère. Le fait que je sois là, mène Eleonora à élaborer des plats en grande quantité. Mateo pourra plus la contrôler. Et aussi le but de ce confinement hyper strict pour moi était de ne pas sortir dans la rue et de ne pas ramener le virus pour que Eleonora ne l'attrape pas. Or Mateo est déjà en contact avec le public dans son salon de coiffure. Définitivement, je dois revenir à Madrid dans mon appartement, pour que je me confronte aussi à la vie en pleine pandémie. Beaucoup de doutes s'installent pourtant, comme Madrid a été refusée pour le passage à la phase 1 qui autorise par exemple la réunion de jusqu'à dix personnes tout en respectant la distance de deux mètres. Mon retour à Madrid pourrait être interdit.

Le soir nous faisons une vidéoconférence Zoom avec mes amis de sorties folles, mais que je considère comme de grands amis aussi pour des sujets moins futiles, avec Javier, l'ex de Vanessa et aussi Cynthia la brésilienne polonaise, qui veut faire une étude sur des substances psychotropes ! Ah cela faisait bien longtemps que je ne les avais pas vus et quel bonheur ! Une des filles me dit que si c'est pour rentrer dans ta résidence habituelle, il n'y a aucun problème. C'est vrai que dès le début, le retour était autorisé. Cela avait même un caractère impérieux.

Futur : Mon père est mort, m'a-t-elle informé, s'agissant de ma mère. L'enterrement a lieu au Portugal cinq jours plus tard, comme il l'avait toujours désiré. Il voulait être enterré près de sa mère et son propre père.

Vêtu de noir et accompagné de ma mère, nous sommes les seuls représentants de la famille française. Eva et Antonio avaient fait une croix sur leur père, il y a belle lurette. Moi j'avais suivi leur exemple, après quelques rencontres à Noël, lors de mes premières années à Madrid. Celles-ci ne duraient que trente minutes autour d'un café dans une grande surface. Les conversations étaient badines, sans substance. Je racontais mon doctorat puis mon premier travail de Business Développeur pour l'Afrique. Il y eut l'Ebola à un moment, il ne soucia guère de si je pouvais l'attraper. Pas d'appel lors des anniversaires, ni à Noël où il savait que je retournais tous les jours à Clermont-Ferrand. A quoi bon courir après un grand inconnu qui ne se soucie guère de vous et ne vous apporte rien que du mal-être. C'est bizarre de ressentir cela lorsqu'il s'agit de son père. Mais bon c'est un père Rodrigues et cela change toute la donne.

Nous retrouvons bien des cousins, oncles et tantes. Les retrouvailles sont chaleureuses à ma surprise, moi qui pensais qu'ils n'accepteraient pas le contre-nature que je suis sur Facebook. C'est agréable. J'ai du mal à me sentir mal. Je me sens monstrueux de dire cela. A vrai dire, je crois que je suis beaucoup plus mal à l'aise de faire un espèce de coming-out à ma famille portugaise que je n'avais pas vue pour la plupart depuis des années. Le vieillissement a frappé, le frère de mon père a de l'Alzheimer, la soeur de ma mère souffrant donc de plus en plus de sa décrépitude progressive. Tout comme ma mère, elle aura souffert toute sa vie de donner aux autres et s'oublier totalement. Nous sommes chez eux, chez mon oncle et ma tante, en attendant de réunir tout le monde pour aller à l'enterrement.

Il y a une femme au loin, près de la cheminée, qui me regarde intensément. Je fais comme si de rien n'était, mais vraiment elle est toute affectée. Qui est-elle ? Je le saurai tout de suite, elle se rapproche de moi. A côté se trouve ma mère. Je suis surpris par le français de ses premières paroles en même temps que l'intonation sarcastique "Bonjour comment allez-vous ?", me regardant ma mère et moi, mais insistant beaucoup plus sur moi. Si le regard pouvait changer de couleur en fonction des émotions ressenties, ses yeux seraient couleur rouge feu tout de suite. "A cause de vous, je l'ai perdu. Il va être au Portugal enterré, pas en France. Vous me l'avez pris, vous les fils indignes, toi et tes frère et soeur qui n'ont plus jamais rien voulu savoir de lui. Quelle honte que tu oses te présenter comme cela ! Tu n'auras aucun argent de sa part, sache-le !". Je deviens tout rouge mais reprends très vite sur moi-même et lui réponds "Bonjour enchanté !" avant de revenir vers mes cousins. Ma mère reste à s'excuser maintes fois et cette femme aux cheveux blancs qui devait être blonde à un moment (et oui c'était donc elle la blonde dont on m'avait parlé !) s'effondre en pleurs dans les bras de ma mère. Ah le côté généreux inlassable des Da Silva !

Et je repense à l'argent. L'argent que mon père adorait, l'argent qui lui fit se fâcher avec plusieurs de ses frères et soeurs lorsque la vipère de ma grand-mère est morte. L'argent qu'il déroba à mon frère et ma soeur, préférant voler leurs misérables payes à recevoir leurs demandes d'amour légitime en tant que fils. Non, je suis bien content de ne rien toucher de cet argent sali par ses mains.

Le soir, épuisé de la journée et de mes sensations entremêlées d'étrangeté et amertume, j'écoute sur Youtube la chanson de Dire Straits "Sultans of Swing" qui me ramène aux seuls moments de bonheur avec mon père. Il mettait souvent toute la cassette des musiques du groupe pour aller au Portugal la nuit, avec toute la famille engoncée dans la Fiat Croma grise. Cette chanson est ma préférée. Si en plus elle coïncidait par hasard avec le passage de la frontière franco-espagnole et les tunnels suivants dans le Pays Basque, c'était vraiment le pied. Elle a une mélodie nostalgique qui me fait revenir souvent en arrière et lors de cette écoute bien précisément, imaginer un monde qui ne fut pas.

Samedi 9 mai

Passé 09/05/2019, Madrid : Je reçois un appel de ma nièce Julie par Messenger de Facebook. Bizarre ! Nous entretenons de bonnes relations, mais il est vrai que nous ne nous contactons que très peu. Enfin j'ai pu la voir beaucoup plus lors des quelques mois à Bordeaux, profitant pour aller voir ma mère, mon frère et ma nièce, un week-end par mois en prenant une location de voiture. Cela change des deux fois par an réglementaires en été et en hiver, pour la période de Noël. Il faut dire que la connexion Madrid – Clermont-Ferrand n'est pas franchement évidente, c'est le moins qu'on puisse dire. Il y a des destinations africaines subsahariennes mieux desservies en avion !

Depuis ces visites à Riom et mon retour à Madrid, ma nièce et moi nous ne sommes plus reparlés. Elle a 18 ans et est de toute fraîcheur, brune, yeux bruns, bien sûr et des cheveux bien longs, qui des fois lui arrivent jusqu'aux omoplates. Elle a un caractère trempé, tout comme ma soeur. C'est d'ailleurs frappant comme elle ressemblait à Eva quand elle était enfant. Il existe deux photos de Eva et Julie enfants toutes les deux et on dirait qu'elles sont soeurs, même jumelles, simplement la version contemporaine apparaît moins pixelisée que la version ancienne. Julie, tout comme Eva , est une Rodrigues et comme tout Rodrigues, il y a des moments inexplicables, quand on a besoin de s'évader, de ne pas parler aux gens, ne serait-ce que quelques heures. Je l'ai aussi, même si j'ai bien travaillé sur cet aspect-là ! Elle n'a vraiment pas une famille facile et des deux côtés. Je dirais même que le côté maternel est pire que celui paternel. La mère a eu Julie bien trop tôt à 18 ans, lorsque mon frère Antonio, lui l'a eue à 22 ans, quelques temps après notre déménagement de la maison, suite au divorce de mes parents. A vrai dire les deux sortaient déjà ensemble. J'ai toujours vu sa mère comme quelqu'un d'instable. Sa propre mère, donc grand-mère de Julie, eut deux enfants qui ont à peu près l'âge de Julie. Elle et sa tante sont nées la même année ! Pas de jugement de valeurs, mais les quelques scènes que j'ai vues alors que Julie était petite, ne présageait pas d'une vie digne de conte de fées. De nombreux enfants, chiens, odeurs de cigarettes, une propreté à la limite du soutenable. Et Dieu sait comme je peux être un porc des fois ! Mais ce sont surtout les multiples clashs survenus qui feront que la mère de Julie et donc Julie elle-même seront coupées de cette partie de la famille. Julie fait donc la dure mais sous cette carapace, peut se cacher une âme sensible et oui, le côté Da Silva très souvent souillé par la froideur des Rodrigues. Les premières amours furent difficiles. Une énorme déception avec un petit blond à la Justin Bieber qui joua avec ses sentiments pour la renflouer déjà, dans un cloître où personne ne sera admis. Elle semble perdue dans ce tourbillon de négativité, que tout un chacun a pu déjà ressentir, la constatation qu'on ne se relèvera jamais parce que c'était lui ou rien d'autre. Comme ce n'était pas lui, se présentait alors le néant. Elle me préoccupe grandement par toute la rancoeur accumulée, encore plus importante que la mienne à trente-cinq ans ...

Je crois que je suis l'oncle préféré de Julie et haut-la-main. Côté mère, la famille n'existe plus. Côté père, la confession religieuse ou sectaire de Eva et son déménagement du Portugal au Pérou, ont provoqué un fort rejet puis une indifférence de la part de Julie. Eva ne demande pas de nouvelles, Julie ne lui en donnera pas en retour, à tout jamais. Je pense que comme je suis gay aussi, je suis le tonton cool !

Je la vois donc par téléphone interposé. Je m'attendais à une conversation de routine, comme chez les Rodrigues, une mauvaise humeur fait nous renfermer dans notre bulle en silence, en rassurant notre entourage proche par un "Tout va bien, tout va parfaitement bien !". Ce n'est pas une conversation badine cette fois-ci, au vu de ses yeux froncés. "Que se passe-t-il ma belle ?".

Elle me raconte un incident dans le bus avec ma mère. Elles étaient assises lorsqu'un homme assez âgé que connaissait ma mère vint vers elles deux. Ma mère lui fait la bise et présente Julie à cet inconnu, déjà à l'apparence délabrée aux yeux de Julie. Puis au fur et à mesure de la conversation, la main sur la barre du bus se déplaça horizontalement, petit à petit, jusqu'à toucher le genou de Julie devant les yeux de sa grand-mère, allant même jusqu'à une caresse. Julie répliqua fort "Ça ne va pas ou quoi ?" qui fut immédiatement tu par ma mère, gênée dans le bus, qui n'était heureusement pas trop plein. L'homme s'excusa mais bien peu, avant de sortir au prochain arrêt. Ma mère réduisit Julie au silence qui bouillonnait en son intérieur.

Ce récit me fait halluciner, oui et malheureusement non. Je ne prends pas la défense de ma mère, j'explique doucement à Julie : "Tu sais que ta grand-mère n'a pas les idées claires non ?", ce à quoi, elle rétorque que oui, qu'elle se perd dans ses discours. Je veux dire par là que cela fait très longtemps qu'elle est ainsi et qu'avec le temps, cela ne s'est pas arrangé. Enfin oui, elle a été bien pire. Je lui raconte l'épisode de l'hôpital psychiatrique où elle a quasiment été internée, son addiction aux médicaments, ses multiples médecins pour qu'ils puissent lui prescrire des ordonnances et donc ses délires de paranoïa, ce court-circuit du cerveau qui fait que des fois, nous avons la sensation qu'elle n'est plus dans cette planète. Julie reste hébétée, face à cette nouvelle et deuxième réaction est celle de la colère pour ne pas lui avoir révélé tout cela. Elle fait le parallèle avec mon cancer il y a de cela dix ans, où bien sûr elle avait été la dernière à savoir, bien des années après. Elle se calme et prend un temps pour réfléchir "Ok, je comprends mieux, mais je ne peux pas me laisser faire tripoter par n'importe qui, avec la bénédiction de ma grand-mère, quand même !". Elle n'a pas tort. En raccrochant, je sens qu'il s'agit là du dernier maillon rompu dans une famille totalement dispersée, désespérée, décomposée et où le temps fait surgir de nouvelles disputes, de façon à ce que chaque membre se sente complètement isolé et inconsolable.

Présent 09/05/2020 : C'est le week-end, j'appelle ma petite nièce, comme cela fait quelques jours que je ne parlais pas avec. Petite en taille, plus en âge. Jeune femme, elle est en Terminale ST2S Science des Technologies de la Santé et du Social, équivalente à l'ancien STT Science des Technologies Tertiaires. Tout d'abord, je lui demande comment vont se faire les épreuves du baccalauréat en France. Apparemment, c'est la moyenne qui compterait et en conséquence, elle m'annonce qu'elle aurait son diplôme. En revanche, les cours reprennent le 11 mai, dans deux jours, de manière totalement improvisée. Il y aurait une sorte de ségrégation des élèves, comme m'avait déjà annoncé mon fan numéro un, François, professeur d'histoire, qui était totalement perdu dans les nouvelles conditions de travail (ergonomie des classes, nombre d'élèves, alternance vidéoconférences et classe réelle). Beaucoup d'interrogations sur la table que Julie ne savait pas encore répondre. Une chose est sûre, elle fera tout le nécessaire pour obtenir une mention et ne pas passer inaperçue dans cette génération sacrifiée. Elle a travaillé un temps en EHPAD avant le Coronavirus et a dans l'idée de devenir aide-soignante lors de cette crise sanitaire.

Du côté familial "local", tout s'est arrangé. Une énorme dispute avec sa mère avait fait que avant le confinement, elle était partie chez son petit copain. Par ailleurs, la situation avec sa grand-mère paternelle s'était envenimée, du fait des réflexions qu'elle pouvait recevoir elle, mais aussi son père Antonio. Ils ont réussi à en parler et arranger les choses. Quelle avancée, des Rodrigues qui expriment leurs sentiments ! Lors de l'annonce du confinement pour cause de Coronavirus, elle avait fait la paix aussi avec sa propre mère.

Futur : C'est le jour tant attendu de mon mariage. Moi qui ai toujours réfuté cette possibilité en vue des opinions conservatrices de ma chère famille. Même lorsque je fus bien décidé à prendre mon homme comme époux, j'ai tout fait pour décaler cet événement. La nuit antérieure fut très agitée, de nouveaux doutes sont venus séquestrer mon sommeil pour m'enfermer dans une bulle, telle l'électron de trop, portant sa charge électrique négative, prêt à lancer une combustion instantanée dans le circuit. Un déclic me vient en fin de nuit, me disant que je dois faire marche arrière.

Parce que mes amis étants absents de cette cérémonie privée. A leur grand regret et à cet instant le mien. Je pensais alors que j'aurais bien le temps de fêter avec eux l'heureux événement postérieurement, ainsi fut décidée la célébration du mariage de commun accord. Mais c'est surtout parce que la présence familiale proche de mon côté était dérisoire. Trop dérisoire ! La présence de celle de mon futur mari, à cet instant futur ex petit ami, était plus du triple.

Je constate les abonnés absents au nombre de trois. Ma soeur, pour sa foi en Jéhovah. Mon frère, pour suivre la décision de sa fille de rompre toute relation avec moi. Et donc Julie, qui par ce même amalgame simplificateur et puéril de "Je hais Eva + Lionel s'entend bien avec elle de nouveau" arrive à un résultat égal à "Lionel est passé dans le camp ennemi". Les relations amicales, familiales ou amoureuses ne sont pas des solutions aux équations qui se résolvent en déterminant les identités des inconnues, et ce de manière immuable. Celles-ci évoluent au fur et à mesure des événements vécus et à la faveur de la force mentale de chacun. Julie peut avoir malheureusement cette vision et je reste impuissant face à ce raisonnement. Je ne lui en veux pas, d'une certaine manière je la comprends. Chaque personne fait avec son bagage du passé. Celui-ci peut être tellement lourd qu'il l'enfonce dans l'abnégation et la solitude la plus absolue. J'ai été Julie pendant trente-cinq ans. Je ne peux pas l'aider, si elle veut me marteler par sa négativité. Cependant elle peut revenir vers moi et je l'accueillerai les bras ouverts, sans jugement de ma part. Mais pour cela, je connais trop bien les démarches personnelles à réaliser et je doute que Julie et Antonio fassent quoi que ce soit pour arriver à se séparer de ce torrent de sang, cette hémorragie incessante provoquée par des plaies constantes et même, de plus en plus nombreuses.

Je constate les deux seules présentes à mon mariage : ma mère et ma cousine Anita expressément venue de Suisse. Et je sens en elle, ma deuxième soeur, ma troisième mère, qu'elle peut m'éclairer dans mes intentions funestes d'avorter mon bonheur. Elle m'écoute sans m'interroger, donnant à mon discours un plus grand impact, de par l'exposé ininterrompu de mes terribles intentions. Une seule question, lorsque je finis mon énoncé à moitié en larmes, avec les yeux clairs des Rodrigues ressortant de sa chevelure brune, parsemée de mèches rouges bordeaux.

"Tu penses à Eva et son absence, c'est cela qui te chagrine le plus ?". Oui effectivement. Ma soeur n'assistera pas, pour ne pas contredire ses convictions de Témoin de Jéhovah. "Comment crois-tu qu'elle pense, en ce moment ?". Je lui dis qu'elle pensera à moi sûrement toute la journée, déchirée de ne pas assister au meilleur jour de ma vie et qu'elle en pleurera. "Donc est-ce que tu crois qu'elle n'approuve pas ce mariage, si pour toi, cela représente le mieux qu'il puisse t'arriver ?". J'acquiesce. "Tu as eu honte de tes origines portugaises et tu t'es réconcilié avec elles. Tu veux faire marche arrière dans cette formidable démarche de définition de ce que tu es ? Toute ta vie, tu as pensé aux regards des autres en enfermant tes sentiments dans un placard. Ta vie est une sortie de l'armoire toujours tronquée. Tu es en passe de la quitter pour toujours. Tu veux te renfermer ?". Mes yeux s'allument d'un espoir revigorant, comme si le mystère de l'absurdité de la vie m'était résolu en ce moment précis. Je me retourne vers Anita, l'enlace fort et la remercie chaleureusement. "Tu n'as pas à me remercier, je suis déjà la protagoniste de ce mariage sauvé comme seule cousine présente !".

Je me vêtis lentement de mon costume pour ne pas le froisser et me regarde dans le miroir. Je n'ai pas la meilleure mine au monde mais le sourire est là ! Je reçois un message de Whatsapp. Tiens, ma soeur. J'ouvre et un long message est inscrit où je peux déjà distinguer des tas de coeurs en émoticônes.

Dimanche 10 mai

Passé : 10/05/2001, Riom : Cours de philosophie, nous abordons "l'Allégorie de la Caverne" avec notre professeur de philosophie totalement déjantée. J'ai la sensation que toute cette catégorie professionnelle regroupe des membres tout aussi excentriques les uns que les autres. C'est peut-être pour cela que cette matière aussi crainte de tous et particulièrement des scientifiques, en fin de compte, me fait vraiment profiter.

L'allégorie de la caverne représente des hommes enchaînés contre un mur dans une espèce de grotte, dont on ne voit pas l'entrée. Ils ne peuvent distinguer que leurs ombres, qu'ils prennent pour d'autres "eux-mêmes". Soudain un homme réussit à s'échapper de ses chaînes et va vers la lumière vers l'extérieur sans pouvoir bien ouvrir les yeux, complètement illuminé par ce halo trop brillant pour lui, après autant d'années de réclusion. Il revient pour signaler à ces compagnons d'infortune ce qu'il a vu, mais ceux-ci restent dubitatifs et ne croient pas les dires de cet homme, qui risquent de se faire tuer. Cette allégorie a une double lecture : d'une part, l'accès à la connaissance d'un seul, même s'il doit renoncer à son état antérieur et accepter sa nouvelle situation, tout en ne sachant pas du tout à quoi il doit s'attendre et d'autre part, la permanence dans l'ignorance de la foule, confortable face à un changement qui supposerait même une moindre évolution. Bref le troupeau de moutons qui ne remet jamais rien en question. Il y en a tellement dans ce monde des gens comme cela que le fait d'annihiler leur ignorance, ce serait exécuter l'humanité même. Ça y est ! Mes pensées transcendent la métaphysique du sujet !

Présent 10/05/2020 : Aujourd'hui je vais enfin m'aventurer dehors, non pas que je le veuille car je voulais garder mes sensations intactes pour le retour chez moi. J'avais reçu un courrier électronique dans la semaine de la compagnie d'assurance de la voiture de fonction, recommandant de faire tourner la batterie une dizaine de minutes toutes les trois ou quatre semaines durant la période de confinement. Avant de partir jeudi prochain, il faut bien que je vois si la voiture fonctionne auparavant ! Avant cela, Mateo veut me couper les cheveux.

Mateo fait un poulet à l'ail et au citron exquis, ce qui provoque une certaine jalousie de sa mère. Allez de nouveau la compétition pour une volaille fourrée dans son fion ! J'admets que le résultat était excellent, à la cocotte minute, moi qui ai toujours pensé que le meilleur ustensile était le four. Son poulet est admirablement bon, Eleonora le reconnaît, mais elle est prise d'un grondement intérieur qui dénote clairement, plus que jamais que le fils a pu la détrôner. A dix-huit heures trente minutes, c'est le sport quotidien : un peu d'aérobic et étirement de jambes, rien de bien sorcier non plus. Cependant ayant très vite chaud, j'ai enlevé mon tee-shirt. Mateo a mis la musique très fort. Il n'est pas nécessaire de faire comme si on était en discothèque, mais bon … Alors par terre avec des sessions abdominales light, Eleonora ouvre la porte furieuse en criant qu'il fallait baisser le volume. Je m'exécute immédiatement et elle me lance alors "Et toi qu'est-ce tu fais nu là ?". Mateo lui répond qu'elle est pleine d'aigreur. Nous continuons la session comme si de rien n'était. Dès que nous finissons, il me dit que sa mère est jalouse de notre relation. Il veut prendre l'air vite et donc il m'ordonne de m'habiller. Commence alors le protocole auquel je dois me familiariser : les gants en plastique et mettre le masque chirurgical. Il faut faire preuve d'une dextérité particulière pour le mettre, je suis attentif à la démonstration de Mateo, comme s'il s'agit d'un petit enfant qui attache ses lacets de chaussure. Et c'est bien ce que je pensais, pour respirer au début c'est compliqué, mais on s'y habitue. Avec un coupe-vent noir, je suis affublé comme Michael Jackson, il ne me reste plus que de me munir d'un bébé et faire peur à tout le monde en le secouant dans le vide depuis le balcon ! Ou bien je m'apprête à voir des vampires et je suis Buffy munie de son eau bénite dans la poche de son blouson. Pas besoin de pieu, je jette le gel hydroalcoolique à tous les morts-vivants qui se rapproche-raient à moins d'un mètre et demi de moi ! Ces images en tête me plaisent, mais je ne fais pas trop mon malin et cache mon ap-préhension sous des petites blagues cyniques, habituelles chez moi pour essayer de masquer une quelconque gêne ou peur de situations inconnues.

C'est l'heure de la sortie, déjà dépasser le perron paraît être une épreuve de Koh Lanta. J'exagère un peu. Une fois dehors, ce qui me choque c'est la grandeur des immeubles de la rue Espada. J'avais une vision depuis le balcon du troisième étage et voyais deux autres étages plus hauts en face. Sortir à la terrasse à vingt heures pour applaudir le travail des professionnels sanitaires, si émouvant au départ, est devenu presque une besogne à réaliser plus qu'un plaisir, puisque le rituel d'applaudissement était entrecoupé par la musique "hortera" ("Ringarde" en français) de "Resistiré" ("Je résisterai" en français) du groupe Duo dinámico et une chan-son nouvelle sur le Coronavirus "Quédate en casa" ("Reste chez toi" en français) qui n'étaient vraiment pas de mon goût. Depuis le bas, je vois le balcon de la dame blonde femme de ménage du cinquième étage qui fit la connaissance des González De Juan et de moi. Elle devait penser que j'appartenais à cette famille de provenance du sang. Son balcon est à peine visible. Mateo s'ar-rête et attend devant l'épicerie chinoise pour nous acheter deux canettes de bière. Que fait-il ? Juste après, je vois qu'il y a déjà une personne dedans et la pancarte sur la porte disant qu'il faut attendre son tour. Je serais rentré direct moi. Ah les mouvements incontrôlés des débutants ! Ensuite nous allons dans le salon de coiffure "Arte 3" où Mateo justement pratique son art, cheveux plus courts, bien désépaissis, enfin je le crois. Direction la voi-ture dans ces rues d'Alcorcón méconnues depuis le début de cette aventure. Deux mois dans une ville et non, je ne connais rien de mon nouvel environnement de fortune !

Après une dizaine de minutes de marche au milieu d'une horde de zombies Walking Dead et là c'est ce qui me choque le plus de ma sortie d'hibernation. La Mégane grise laissée sous un arbre, elle était remplie de plantes, pollen et poussières sur le capot, la vitre, mais surtout des tonnes de fientes de pigeons. C'est digne d'une attaque d'Angry Birds ! Là je constate qu'effectivement la nature reprend ses droits, comme on aime dire sur les réseaux sociaux. Mateo me signale une autre place de stationnement derrière à l'abri et pas d'arbre l'ombrageant. Je fais donc demi-tour sur deux rond-points. Le premier coup sur l'embrayage et accélération brusque sont dignes d'un apprenti conducteur de moins de deux ans, mais la main reprend vite. Les images des montagnes du Nord de l'Espagne me reviennent avec ses routes sinueuses : d'Ouest en Est, la Galice, les Asturies, la Cantabrie et le Pays Basque. Quelle courte sensation de liberté, mais qu'est-ce que c'est bon ! Promis, dès que je peux, je serai de retour !

Le soir arrivé à la maison, après une légère salade, nous regardons "Abyss", enfin seulement trente minutes de visionnage. J'ai besoin de culminer cet hymne à la légèreté surgissant des profondeurs les plus obscures. Mateo aussi. Mon anus est le vive reflet de cette clameur. Les replis en profondeur se meuvent de l'humidité exercée et devient plastique pour s'ouvrir tel un entonnoir, prêt à recevoir son pôle opposé rigide. L'extrémité concave de ce visiteur adoucit la dureté de la possession pour imbriquer le tout dans un ensemble harmonieux, élastique puis sucré et même mielleux. Mon membre viril mime très vite le sien. Mes connexions synaptiques font trembler mes jambes et monter mes larmes, et ma respiration est syncopée par fréquences toujours plus élevées. Néanmoins je me retiens d'émettre un quelconque son. Difficilement, mais je ne veux surtout pas enrager ma belle-mère après un parcours presque sans fautes.

Futur : Comment finir par le clou du spectacle dans un voyage parfait en Islande avec mon petit copain? Il avait une idée derrière la tête, je le pressentais. Il scrutait les aurores boréales tout autant que moi. Notre guide nous disait tout au long du séjour que nous ne devions pas perdre patience. Au début, le fait d'avoir une personne pour nous accompagner me gênait, parce que perdus dans des immensités de plaines et plateaux enneigés, nous aurions pu aisément jouer dans la neige, nous rouler dedans ou rouler autre chose ! Les seuls témoins seraient des groupes de trois moutons. En été 2019, je les voyais toujours trois par trois. Lorsqu'un de mes collègues me signifiait aussi en revenant : "Alors et les moutons, toujours trois hein ?", je consultais donc Internet pour savoir pourquoi. Apparement il s'agit de la mère qui a deux rejetons, mais alors que devient le père dans tout ça ? Sûrement au casino à dépenser tout l'argent de la famille ! Mystère … Mystérieuse Islande, terre abrupte pleine de contrastes, témoin de l'activité du coeur de la Terre et des intempéries du ciel ! Pour cela aussi, nous avions besoin d'un guide local pour pouvoir dompter cette île glaciale! Le but premier était aussi d'assister en bonnes conditions à des aurores boréales, donc une personne locale savait les endroits propices à ce genre de spectacle.

Nous l'avons eu enfin à Snaefellsnes, cascade de Kirkjufell, des ondulations vertes dansant dans l'intensité noire du ciel. Un court moment d'émerveillement total ! Mon petit copain et moi sommes aux anges. Je me perds un instant dans mes pensées. Je ne peux pas m'empêcher d'aller embrasser mon partenaire devant autant d'émotions emmagasinées sous l'oeil discret mais voyeur de notre guide aguerri. Puis quelques minutes après, le guide s'empare d'un des téléphones portables pour immortaliser cette émotion, sous un éclairage qu'il avait prévu. Dans un premier temps indécis, je me laisse porter par cette scène peu improvisée et peu naturelle. Sauf qu'à ce moment-là, mon petit copain se baisse, fait poser au sol son genou gauche et sort de son anorak un objet. "Noooooooooooooooooooooooon, ce n'est pas possible !", "Veux-tu m'épouser, Lionel Rodrigues ?", entonne-t-il. Auquel fit écho "Bien sûr que oui !".

Lundi 11 mai

Passé 11/05/2017, Ouganda : Depuis hier je suis à Ouganda pour le travail. Cela sera très certainement mon dernier voyage, enfin je l'espère, pour ne plus continuer dans ce département de la zone Afrique avec mes ennemies jurées Fatima et Anabel, qui pratiquent sur moi un bullying déguisé. Je suis sur deux pistes de travail déjà qui paraissent être prometteuses, les deux dans le secteur de la construction, dans des préfabriqués de béton pour l'un et dans le secteur ferroviaire pour l'autre. Nous verrons bien le résultat mais jusqu'à présent, les entretiens sont encourageants. J'adore l'exercice de l'entretien : il s'agit somme toute d'une pièce de théâtre structurée en plusieurs actes. Le premier est souvent celui de présentation de la personne, de son circuit académique, le deuxième est un récit de l'expérience académique, le troisième est peut-être celui où il faut être attentif, celui de la présentation du poste et là, il ne faut pas relâcher l'attention, car il faut poser des questions pertinentes pour démontrer son grand intérêt. Le quatrième est un exposé des qualités et n'oublions pas, la question piège des défauts à tourner comme insuffisances à développer, pour que son futur travail aille comme un gant. Le cinquième et dernier acte doit être une accroche finale pour tomber le rideau de cette représentation sous les applaudissements de l'auditoire, mais aussi un appel vers le processus suivant, peut-être par le biais de l'exposition de ses passions. On peut répéter mille fois et ce sera toujours un entraînement de toute façon, mais le seul remède est le naturel. Le ou les responsable(s) des ressources humaines doit ou doivent deviner une personne avenante aux allures sociales, d'autant plus si la profession demande des visites à des clients. Il faut que je parte car la situation est devenue exécrable, même si j'ai rallié à ma botte mon chef.

Me revoilà à Kampala capitale de l'Ouganda. Déjà le premier voyage m'avait beaucoup plu, même si j'avais souffert un vol de la part d'un des habitants qui me fit croire qu'il était intéressé par moi sur Gay Romeo. Quelle inconscience ! En Ouganda, les personnes homosexuelles font l'objet de persécutions et de violences et la loi punit très sévèrement les relations sexuelles entre personnes de même sexe. Les homosexuels encourent une peine de prison à vie. Heureusement, dans mon cas, il n'y eut aucune violence. Quand il arriva, il me demanda direct une somme assez conséquente pour son taxi. Devant son insistance, je lui donnai les billets en sachant que je ne le reverrais pas. C'était cela ou bien se risquer à ce qu'il me dénonce. Le continent africain en matière d'homosexualité est un des pires au monde. Ce n'était pas ce que je cherchais en venant ici. C'était voir la réalité de peuples bien moins favorisés, parcourir les marchés citadins bondés, respirer l'odeur de kérosène. Oui cet aspect-là qui devrait être un gros inconvénient, je le présente comme un stimulus dans mes voyages. Tu sens la pollution mélangée à la chaleur et tu te dis "Ça y est, je suis en Afrique !". Autant dire que ces voyages n'étaient pas réservés aux tapettes ! Le chaos sur la route fait écho à une situation de pauvreté extrême, même si les scènes des capitales ne sont pas aussi cruelles que dans les campagnes. Les africains voient donc en l'homme blanc une opportunité de sortir de cette misère. Je ne les en plains pas. Je m'imagine à leur place. Que ferais-je si j'étais dans une situation aussi précaire ? Voler ? Me prostituer ? Prétendre un amour qui n'est pas ? J'ai eu le droit à ses deux premières "tentatives d'extorsion" lors de mes précédents voyages. Un vol donc, à Ouganda et une proposition d'une prostituée de la part d'une étudiante kenyane en Tanzanie, à Dar Es Salaam.

Je mangeais tout seul dans le salon de l'hôtel, lorsqu'une femme ou bien fille, je ne saurais l'affirmer, s'assit à la table d'en face. Nous étions face à face et mon regard dévia un court instant sur sa robe rouge où ses seins bombés ne demandaient qu'à se débarrasser du peu de tissu qui l'emmitouflait. Pouvait-elle respirer ? Elle fit un geste de salutation et je me retournai à cet instant pour voir qui elle saluait exactement. Bien entendu, il n'y avait personne derrière. Elle se leva soudainement et vint à ma table en me demandant si elle pouvait manger avec moi. Elle commença à commander une barquette de frites et boisson, que je savais que de devrais payer à la fin. Pour limiter la casse, je dînai à toute vitesse. Les questions ne furent pas surprenantes "Tu es tout seul ?", "Ici oui". "Tu es célibataire ?", "Non j'ai une petite amie." Hors de question ici de parler de relation homosexuelle ! "Tu veux que je te rejoigne dans la chambre ?", "Non je te répète que j'ai une petite amie !", "Ah mais elle n'en saura rien et tu sais que j'ai tout ce qu'il faut". Oui je voyais bien qu'elle avait "tout ce qu'il fallait", des boules de pétanque en guise de poitrine et mon autre moi s'il avait été hétérosexuel et puissant sexuellement, aurait été enchanté de lui faire une "cubana" ("branlette espagnole" en français). Entre parenthèse, c'est très révélateur les adjectifs de nationalités associés aux pratiques de cul. Le "francés", c'est une pipe pour les espagnols. Le "griego" ("grec" en français) ou "beso negro" ("bisous noir" en français), c'est un annulingus. Cela donne une idée du podium des plus pervers au monde selon le référentiel national donné. Pas de grec et encore moins de français ou portugais dans cette situation, il s'est barré en deux temps trois mouvements !

Le blanc est le roi dans ces contrées lointaines. Le roi qu'il faut de temps à autre berner, flatter, et des fois bien molester quand il ne sort pas si facilement son argent. Mais aussi j'ai fait de formidables rencontres avec des gens simples, des concierges, des serveuses etc à l'humour acid(ulé)e. Peut-être parce que je suis plus jaune de peau que blanc. Et je réussis même à avoir une aventure au Cameroun avec un responsable dans l'équivalent du Ministère de l'Intérieur. Il contrôlait le français et c'était un énorme plus de voir une bonne orthographe sur le Gay Romeo dans ces pays-là. Je l'invitai à l'hôtel où il me prit bien profondément, et nous étions tel un échiquier, une couleur noire s'infiltrant dans le blanc, le roi mangeant la dame ou plutôt l'inverse, échec et mat. J'ai eu mon expérience africaine et à ce jour-ci il compte toujours parmi mes amis de Facebook.

Cette deuxième fois à Ouganda, pas de sexe, mais un rendez-vous important dans l'entreprise publique de l'énergie, sauf que les routes sont blindées et pas un seul taxi à l'entrée de l'hôtel. Je stresse énormément. Ce n'est pas très loin mais le rendez-vous est dans cinq minutes et il faudra au moins trente minutes pour trouver un taxi et arriver. Alors je vois les motards et je me résous à prendre cette "moto taxi". Bien moins cher et le conducteur est définitivement sympa. Avant d'y aller, je me permets de demander à un de ses compagnons qu'il nous prenne en photo. Trop sympa ! On me voit derrière mon chauffeur à deux roues en costume noire, cravate bleue et mallette d'ordinateur. Direct ce soir, post de Facebook, c'est sûr ! Je ne veux pas que cela donne une image du riche blanc exploitant l'esclave noir, mais je sais que mes amis virtuels me connaissent et que ce n'est pas dans cette philosophie que je publie cette photographie. Quel pied de pouvoir sentir l'effervescence de la rue et le grondement du moteur sous moi ! Pouvoir respirer ces hydrocarbures lourds ! Moyen de transport très peu cher, je lui donne un pourboire conséquent. Je lui demande avant de me ruer à ma salle de réunion s'il peut m'attendre et m'amener à d'autres rendez-vous durant la journée. Je ne veux plus prendre de taxi ! Je désire me mélanger à la population, même si c'est par l'intermédiaire d'un engin à moteur encore. C'est peut-être tout cela la définition de liberté, du moins la mienne, pouvoir avancer dans un contexte inconnu et enterrant les préjugés établis.

Le soir, après mon grand tour à "mobylette", le groom de l'hôtel bien sympathique me propose d'assister à un spectacle de danse africaine typique d'Ouganda. Il me dit que cela en vaut le détour. J'accepte sans l'ombre d'une hésitation. Le même soir dans les gradins, beaucoup de blancs fortunés sont présents parmi le public, ce qui me met tout de même mal à l'aise. Un petit retour à la réalité imposant une ségrégation des peuples … J'écarte cette pensée très vite et reste scotché devant le spectacle de danse. Ils doivent être en tout une soixantaine de danseurs hommes et femmes confondues avec des tenues sexys, tantôt blanches tantôt avec des couleurs électriques. Les hommes sont fins mais imposants de grandeur. Leurs jambes semblent stratosphériques. Ils réalisent des bonds en l'air, que je ne crois pas capable de faire même avec l'aide d'un trampoline. Leurs corps sont athlétiques et leurs torses attirent par la vision d'une tablette de chocolat. On en croquerait sans limite. Vers la fin du spectacle, on les voit tous transpirants, de leurs performances hautement exigeantes. S'offre à moi alors une vision de mirage de chocolat fondant petit à petit par chaleur et humidité dans une savane. Les femmes ne sont pas en reste, même si elles n'évoquent pas de vision sexuelle. Elles sont bien plus petites, même par rapport à des européennes. Elles sont fines aussi, mais avec un fessier rebondi et leurs mouvements saccadés associés à leurs tutus avec des lanières font étourdir plus d'un dans le public, moi le premier.

La nuit de retour à l'hôtel, je rentre avec une quantité d'images d'un exotisme pur, un paradis sur Terre ressortissant de l'enfer. Cet antagonisme me plaît car il est en correspondance avec la grande complexité de l'homme. Sur ce, je m'endors en toute quiétude avec un sourire enfantin ornant mon visage.

Présent 11/05/2020 : Aujourd'hui Mateo se lève de mauvaise humeur comme il a mal dormi. Il revient le matin comme ses deux collègues filles ont rendez-vous pour faire de l'épilation du maillot. L'après-midi, il n'a pas non plus beaucoup d'occupations.

Pour ma part, la journée commence bien car Facebook me rappelle le petit film du spectacle à Ouganda, jour pour jour. Je décroche un sourire durant ce nouveau visionnage.

A treize heures, je vais à la banque pour récupérer ma nouvelle carte bancaire. Deuxième immersion dans la nouvelle réalité pandémique et première tout seul. Cette fois-ci, je ne me sens pas confortable : une queue énorme devant la banque pour pouvoir rentrer, la vision des gens masqués, d'une grande foule de gens qui semblent oui, respecter la distance sociale. Mais ont-ils vraiment besoin de sortir à cette heure-ci ? C'est avec plaisir que je rentre chez Eleonora pour me remettre à travailler devant mon ordinateur. Ma réalité virtuelle est plus confortable que ma réalité extérieure, tout comme penseraient ces hommes ignorants dans l'allégorie de la caverne.

Mateo revient de sa journée de travail peu prolifique. Il me souligne à quel point je m'exprime peu, que je n'arrive pas à parler de moi-même. J'en conviens un moment mais je lui rends la pareille et lui rétorque en me défendant qu'il fallait qu'il voie son changement de visage et de comportement des fois. Quand il a ne serait-ce qu'une petite contrariété, il vient me chercher les pous. Il me souligne qu'il a peur que je fasse des bêtises : dans le sens sexuel, mais aussi que je ne fasse pas attention lors de mes sorties au supermarché par exemple. Je lui dis que je peux être étourdi, mais que je prendrai toutes les précautions décrites dans le manuel "Survivre en pandémie pour les nuls !". En ce qui concerne mes écarts sexuels, je lui fais voir la façon dont je le vois. Je ne veux pas finir sur une mauvaise note, en étant si près de partir de chez Eleonora. Il en convient, s'excuse et nous nous embrassons tendrement le soir. Nous regardons le reste du film "Abyss" commencé la veille et après le spectacle final lyrique, je m'endors dans ses bras puis dans mon lit.

Futur : "Lionel, tu as déjà fait le pas en quelque sorte, il y a plus de douze ans. Bon, cette fois-là, c'était le sexologue. Mais c'est la même chose. C'est un médecin … Mais tu hais les médecins. Depuis ton cancer, tu as une trouille bleue des seringues. Tu as évité les tests de sérologie, à cause de tes quelques débauches alcoolisées et ton inconscience ponctuelle t'a pu faire perdre les précautions d'usage. Oui les médecins sont là pour te trouver des maladies. Ils sont grands les docteurs, leur métier est admirable. Ce n'est pas tant le fait qu'ils soient des professionnels mais le fait qu'ils soient humains. Quelconque humain perd son objectivité et émet un jugement, même s'il le garde pour lui-même. C'est comme quand tu es allé à une usine d'extrusion d'aluminium et où tu as vu tous ces jeunes bruns avec leur combinaison bleue claire et bleue foncée. Tu t'imaginais te faire prendre contre un mur. Hummmm ! Mais tu as pris sur toi et as sorti le visage du professionnel. Là, c'est la même chose. Enfin non, tu te perds là, Lionel, encore une fois ! Toute ta vie, tu as signalé à tes amis que tu allais bien et eux-mêmes ont pu constater que ce n'était pas le cas, encore lors des soirées imbibées de bières et de rhums. Tu as même émis plusieurs cris d'alertes. La folie te guette. C'est génétique ! C'est imparable ! Il est vrai que tu fais toujours preuve d'autocritique et tu crois savoir toutes les raisons de tes dérèglements intérieurs. Tu sais même pourquoi tu as effacé de ta mémoire la plupart de ton passé. Par défense, pour te reconstruire. Mais pour ton développement personnel sans être affecté par ton vécu, tu dois le comprendre et l'analyser. Allez oui, il n'y a plus de choix, courage mon grand ! Comme tu sais faire, tu es un guerrier, tu en as vu d'autres !"

Je frappe à la porte de la psychologue qui m'a été recommandée. "Bonjour, je suis Lionel Rodrigues".

Mardi 12 mai

Passé 12/05/2005, Bassin d'Arcachon : C'est la fête de fin d'année des Centraliens de Nantes. Un week-end prévu dans une plage, pas trop lointaine de Nantes. Après, le but premier n'est pas de profiter de la plage, mais de boire jusqu'à en perdre conscience. Je suis en deuxième année, la vie à Nantes est plus facile. Les matières ne me semblent pas aussi dures que la première année et la spécialisation en Génie Civil et Environnement n'est pas pleinement de mon goût, mais ce n'est pas un constat d'échec absolu. Et puis cela a été l'année de découverte de ma sexualité sans que personne ne sache à l'École d'Ingénieur. Sont passés dans mon lit ou plutôt moi je suis passé dans le lit d'un arabe avec une queue ample, trop, tellement qu'il me fallait mes deux mains pour en attraper toute la circonférence, pas de pénétration bien sûr. D'ailleurs, aucune pénétration ne s'était faite avec aucun des autres partenaires créant une grosse frustration pour ma part, comme le gigolo au corps de feu. Non cher lecteur, je n'ai pas payé pour ses services ! Puis il y a eu ce beau pompier de la trentaine bien passée qui était en couple. Je l'ai croisé une nouvelle fois en dehors de chez lui, au loin et j'allais m'approcher de lui, lorsqu'il me fit un clin d'oeil me signifiant qu'à côté, se trouvait son petit copain que je n'avais pas aperçu. Sensation étrange, comment peut-on trahir comme cela quelqu'un ? C'est quelque chose qui me dépasse totalement …

Retour à notre grand week-end. Parmi ceux qui sont en deuxième année, il y avait une présence massive de tous les rugbymen, massive dans tous les sens du terme ! Le physique d'un rugbyman est admirable. Cette masculinité qui ressort de partout. Les bras colossaux, le dos et corps rectangulaires. Non pas de forme en V pour signifier le sens où il faut aller chercher la grosse bête. Les fesses bombées à l'autre extrémité attirent immédiatement l'oeil et les mains qui feront très vite le tour. Sandrine, ma meilleure

287

amie de l'École, est avec son petit copain, aussi rugbyman. Pas question de jouer avec lui, de toute façon, elle ne sait pas non plus mon identité sexuelle. Le première nuit, l'alcool coule à flots. Je veux tout donner, oublier toutes les frustrations tout en maintenant les formes d'usage, devant cette horde de testostérone. Les vodkas orange passent de ma main à mon gosier en un rien de temps, je les enchaîne avec une avidité déconcertante. Je danse avec Sandrine, de façon un peu chaloupée. Rien de bien méchant non plus. Puis c'est la grande démonstration de salsa. Toute l'année à pratiquer cette danse, il faut bien montrer les progrès réalisés et c'est formidable comme l'ivresse enlève toute désinhibition. Je me crois Ricky Martin avec ses pas sensuels de latino sauvage. Dommage qu'il soit hétérosexuel ! Soudainement je sens que le verre de trop a été atteint. Je sors immédiatement de la piste de danse et me mets à vomir debout, dans les buissons à l'écart de la fête. Je reprends le pas vers la piste de danse avec un chewing gum pour masquer mon action honteuse. Très vite j'arrive à peine à tenir debout, je ressors et m'effondre consciemment au sol, les deux mains sur ma tête pour éviter tout évanouissement de mon corps mais aussi de mon cerveau qui est inhabituellement lourd. Du béton armé dans mon crâne ! Et je ne peux pas éviter de pleurer. Un torrent de larmes signifiant mon échec dans cette courte vie et celui qui m'est annoncé pour le reste. Sandrine m'aperçoit et vient à moi. Elle me prend dans ses bras et après quelques minutes, je me résous à lui dire la vérité. "Qu'est-ce que tu as ?", "Je ne peux pas avoir d'enfants", je lui réponds entre deux souffles entrecoupés et profitant d'une légère sécheresse oculaire. Les yeux écarquillés, effrayés de mon amie percent longitudinalement sa chevelure rousse bouclée. "Tu as une maladie ?". "Nooooooon … hum, voilà, je suis gay …". Ce à quoi elle ne peut pas s'empêcher de rire aux éclats, et mes yeux embués adoptent la même géométrie des siens quelques secondes plus tôt.

Présent 12/05/2020 : Au travail ! La journée passe rapidement, de vidéoconférence en vidéoconférence. Vers midi un appel d'un numéro long, celui d'un client depuis son bureau très probablement.

"Hôpital La Paz de Madrid". Mon dos se tend et se colle contre l'arrière de la chaise. Je pense d'abord "Coronavirus", puis très vite "Sida". J'avais fait deux analyses de sang récemment depuis mon début de relation avec Mateo et l'infection qu'il avait eue au pénis m'avait fait craindre que j'avais une Maladie Sexuellement Transmissible. La première analyse ne révélait rien à mon grand soulagement. La deuxième, je l'avais faite pour la fistule que j'avais dû avoir après mon week-end sexuel à Bilbao, fin juin 2019, avec un cubain doté d'un marteau piqueur le premier jour. Le deuxième jour, je passais à la Gay Pride locale sans savoir que j'allais coïncider avec cet événement. Je n'aime plus trop les Gays Pride, les "Orgullos" de Madrid, qui sont pourtant les plus grosses fêtes de la capitale. Trop, c'est trop. Les gays se préparent toute l'année pour cet événement qui réunit un million et demi de personnes. Combien j'ai aimé ces fêtes pourtant ! Même si entre 2006 et 2010, il était impossible de marcher tellement les rues annexes à la Gran Vía et le quartier gay de Chueca, sont remplies de monde. Les urines se mélangent très vite aux effluves des aisselles, des fois les températures pouvaient atteindre 38 degrés. Je vous laisse percevoir le panorama olfactif ! Cela fait cinq ans que je n'y vais plus. J'y serais bien allé au mois de juillet de l'année dernière mais avec ma fistule non avérée encore, j'étais sous antibiotiques. Le deuxième jour donc à la Gay Pride de Bilbao, je suis resté bien plus parce que c'était clairement plus familial que Madrid. Un garçon catalan s'approcha de moi et me présenta à son groupe d'amis. J'ai craqué immédiatement sur un d'eux : un homme mûr de cinquante ans et quelques peut-être, un policier de Tarragone. Lui aussi me dévisagea très vite et nous avons fini par nous embrasser chaudement. A la fin il me rejoignit dans mon hôtel en montagne où nous avons fait l'amour tout le reste de la nuit et toute la matinée. Résultat, le lendemain après ma randonnée dans un parc naturel du Pays Basque, dans mon anus, jaillit une petite bosse. Elle grandit toute la semaine d'après, pour atteindre son sommet, lors de mon autre week-end passé en Galice. Ces jours-là, je ne pus quasiment pas sortir de l'hôtel à cause de ma crise d'hémorroïdes. Cela faisait au moins huit ans et moi qui

pensais que je n'en aurais plus, parce que sûrement je me contrô-
lais beaucoup plus niveau alcool et sorties. Mais c'était aussi lié
à la sodomie. Comme durant mes sept ans et demi avec David,
j'étais l'actif et me faisais prendre par d'autres occasionnellement,
je n'avais pas plus ressenti ce gonflement infernal des veines, cet
anus en chou-fleur. J'adore avoir le trou en chou-fleur mais pas
de cette manière-là !

Pour mon opération de fistule très superficielle en février 2020
(cela a pris beaucoup de temps pour savoir ce qu'il en était exactement !), j'avais fait une deuxième analyse de sang chez mon médecin pour être sûr avec Mateo que nous pouvions faire l'amour
en toute sécurité et que l'infection était due au canal interne de la
fistule. Le Coronavirus est arrivé, masquant alors toutes les autres
maladies. Je ne savais pas encore le résultat de ces analyses. L'appel
de l'hôpital me fait donc penser à cela. Il n'en est rien. La dame au
téléphone me dit qu'il y a un échantillon de mon sperme congelé
depuis 2009 et dont je n'ai pas signé sa conservation. J'avais sorti
ce sperme en vue des possibles effets adverses de la chimiothérapie de mon cancer. Dans des conditions lamentables, accompagné de ma soeur Eva , témoin de Jéhovah et dans une pièce em-
baumée de relents mâles. Mon interlocutrice me demande si je
veux maintenir l'échantillon. Je lui dis que non. Elle me signale
que je dois passer de toute façon signer le document. Je lui demande si c'est bien nécessaire en ces temps de pandémie de s'af-
franchir d'une simple tâche administrative.

En décrochant, trois couleurs me viennent en tête : le blanc du
pauvre sperme gelé dans le tube à l'hôpital, l'orange fluorescent
du produit de chimiothérapie s'écoulant du tube jusque dans mes
veines et le noir du café que je vais m'administrer immédiatement, pour enlever le frisson qui me parcourt le corps.

Futur : Me revoici à Ouganda pour réaliser un rêve de mes temps
de travailleur dans le continent africain : faire un safari, mais pas
n'importe lequel. Dans ce pays, il ne s'agit pas de trouver des girafes

ni des lions, mais des cousins à nous, des gorilles ! Tôt ce matin-là, nous voici les quelques occidentaux chanceux de vivre ce moment unique, à six cent dollars tout de même, de pouvoir croiser ces imposants primates. Nous avançons dans une forêt dense avec une humidité ambiante qui fait immédiatement perler de la sueur sur mon corps et mon front en particulier. Dans cette jungle qui paraît si impénétrable de par l'abondance exubérante de la végétation, j'ai du mal à voir que des familles de gorille peuvent y vivre sans avoir à piétiner toute cette masse verte. Mais les voici après une heure de marche, nous les voyons en bande. Ma première sensation est une peur extrême, une envie pressante de rebrousser chemin. Le guide nous rassure et nous explique que par le biais d'un bruit guttural qu'il fera imitant le même bruit que ces colosses de muscle, ils seront aussi rassurés. Il s'exécute, le son est rauque et provient du plus profond de la gorge. Les gorilles lèvent la tête et se retournent vers nous. Une minute plus tard, ils répondent au guide avec des sons encore plus profonds, d'une résonance faisant écho dans leur cage thoracique importante, tel un orgue dans le confinement d'une cathédrale. Dix minutes plus tard, notre guide nous dit d'avancer en file indienne sans peur, sans aller tout à fait jusqu'à eux. Nous ne sommes plus qu'à une dizaine de mètres. Les bébés semblent joueurs et le guide nous a dit que devant le regard des adultes, en général, ils viennent jouer et taquiner les visiteurs. C'est le cas pour deux d'entre eux. Nous restons accroupis, comme nous l'ordonne notre guide. Un petit joueur arrive et pose sa main sur mon épaule en passant par derrière. Je me retourne doucement. Il croise mon regard pour finalement revenir le scruter. Devant ce mini moi musclé, je perds mon souffle. Cet échange de regards est sûrement le plus intense que j'ai jamais vécu. Indescriptible ce tête à tête, la perception de vie et la sensation d'interconnexion avec l'humanité entière et tous les animaux. En fin de compte nous sommes tous dans la même galère et je vaux autant que ce "petit" gorille dans l'écosystème planétaire.

Je remercie infiniment le groom de l'hôtel de cette expérience en lui donnant un pourboire généreux. Je lui avais demandé aussi un hébergement dans une famille, pour sentir l'ébullition humaine locale. Il me trouva un foyer qui survit des logements proposés aux touristes. Il s'agit d'une mère veuve Gamisha, prénom bien ougandais avec son enfant de huit ans, Jacob, plutôt biblique. Le logement est modeste certes, cependant je m'attendais à pire. Les couleurs ocres de la terre se retrouvent dans le papier peint intérieur. Les palettes jaunes et orange prédominent dans cette maison surplombée du rouge plus intense des tuiles. La cuisine est la pièce la plus rurale avec un poêle à bois ayant souffert d'années d'utilisation avec de la suie s'échappant sur les côtés. La pièce réservée aux invités est correcte, un lit une place à l'ancienne peu confortable, mais cela fait l'affaire. Mes hôtes sont merveilleux. Gamisha me prépare des plats typiques à consonance indienne, à base de riz, pommes de terre, igname, et variant poisson, porc et poulet. Un délice !

Une mère d'une générosité incroyable qui semble tout de même avoir souffert dans cette vie. Les cernes et rides en sont les témoins extérieurs, une érosion de la personne au fur et à mesure du temps et de ses épreuves inhérentes. Nous avons de longues conversations et elle me prend d'affection très vite. Je devine une maltraitance de la part de feu son mari et je ne peux pas m'empêcher de la prendre dans mes bras devant cette confession à demi-teinte, mais si intime.

Et que dire de Jacob ! Du haut de ses huit ans, il est éclatant de beauté. Un visage presque rond avec des boucles sur la tête. Un petit nez et une bouche harmonieuse, surmontant un menton déjà prononcé, rompant alors la parfaite géométrie profilée par la génétique. Et surtout des yeux couleur amande. Je crois voir un ange noir. Mis à part cela, cet enfant a un avenir des plus prometteurs. Ses cahiers d'école témoignent d'une intelligence hors norme, une écriture homogène sans dépassement des traits horizontaux imposés par le papier, des opérations de multiplication et division complexes, des phrases d'une littérature shakespearienne en herbe. Je me revois en lui devant mon tableau et mes craies au même âge. Il aime faire des cours avec moi et je gagne sa confiance automatiquement devant son besoin de savoir sans cesse renouvelé. L'avant-dernier jour de ce voyage de dix jours, je lui apprends mon ultime secret. Ma plus grande découverte quand j'avais à peu près son âge, la multiplication par onze ! Ce n'est pas si compliqué. Commençons par des nombres à deux chiffres. Il suffit de laisser un espace entre les deux chiffres et mettre la somme au milieu.

Exemple :
15 x 11 (1 + 5 = 6 ce qui donne 1 6 5), 15 x 11 = 165.

Néanmoins Jacob me voit arriver. Et avec ses yeux brillants interrogateurs, il demande "Mais si la somme fait plus de deux chiffres ?". "Ok, dans ce cas-là, tu rajoutes le premier chiffre de ton nombre au chiffre de la gauche, comme dans une addition où tu réserves le chiffre à ajouter, s'il dépasse la dizaine. Un exemple Jacob ?".

Exemple :
47 x 11 (4 + 7 = 11 ce qui donne 4+1 1 7, soit 5 1 7), 47 x 11 = 517.

Nous faisons des tas d'exemples devant l'enthousiasme de mon petit bonhomme. Soudainement, il fronce des sourcils. "Il n'y a pas moyen de multiplier des nombres de plus de deux chiffres par 11 ?". Je suis ravi face à cette perspicacité et cette curiosité mathématique. "Oui on peut aussi. De ton nombre à trois chiffres par exemple, tu mets tous les chiffres sauf le dernier à gauche, tu mets un espace au milieu et tu laisses le dernier à droite et ...". Il m'interrompt et s'exécute dans un exemple de son acabit.

Exemple :
123 x 11 (12 + 3 = 15 ce qui donne 12+1 5 3, soit 13 5 3), 123 x 11 = 1353.

Des larmes sortent. Je crois me voir dans cet être au même âge, mon mini moi africain. Il me fait immédiatement un câlin, mais très vite se lance dans des multiplications de 11 de nombres à quatre chiffres.

Le dernier jour, quelques heures avant mon départ, je prends à part Gamisha. Je lui dis que cet enfant a besoin d'être stimulé, il peut arriver loin, très loin. Elle me dit qu'elle le sait parfaitement, un "miracle de Dieu", selon ses propres paroles. J'en conviens, malgré mon athéisme convaincu de toujours. Mais elle objecte le manque d'argent pour qu'il puisse réussir quoi que ce soit. "Gamisha, cet enfant, je veux l'aider. Si ce n'est qu'une question d'argent, je peux lui donner tous les mois une quantité pour que vous viviez bien, mais aussi en réserve pour son futur. Il a besoin aussi de faire ses études universitaires en Europe, s'il continue dans cette lancée". Nous formalisons ce pacte d'éducation scellé à tout jamais.

Les "au revoir" avec Jacob sont déchirants. Je me sens prêt à tout abandonner pour le voir grandir à mes côtés. Mais nous avons nos vies à des milliers de kilomètres l'un de l'autre et je ne peux pas l'arracher à sa mère. Il me dit que ce n'est pas grave, par Whatsapp nous pourrons nous voir tous les jours, me rassure-t-il. Il me perce du regard par un vert émeraude, ce joyau africain, en ce moment précis.

Les conversations Whatsapp se firent nombreuses les premiers mois, puis moins fréquents. Plus que les mathématiques, il se servait de Papa pour les langues : le français, l'espagnol et le portugais, pour qu'il puisse se promener à sa guise dans tout le continent africain et plus tard, il le fera dans le mien, l'Europe.

Il a grandi. Il a besoin de moi, mais il a aussi sa phase de croissance adolescente, où il expérimente de grands changements internes. Mais il sent des choses envers le sexe opposé. Il remet en question ses relations avec les adultes, sa maman et tout naturellement, son papa dans la distance. Il revient vers moi cependant quand il s'agit de parler de filles. Il se sent déstabilisé envers ce flux de savoir qu'il a acquis et ce qui lui reste à emmagasiner, en comparaison avec ses relations sociales. Je lui parle alors de mes premiers sentiments envers les hommes, en les décrivant comme déroutants au premier abord puis tout simplement naturels. "Ne mets pas d'obstacles par rapport à ce que tu ressens envers les filles, ce que tu ressens en toi n'est pas incompatible avec ta soif de connaissance. Tu es en train de devenir un homme !"

"Tout ira bien mon beau Jacob, je te promets que tout ira parfaitement bien !"

Mercredi 13 mai

Passé 13/05/199?, Riom : Quand est-ce que cela s'est passé ? Je ne sais pas. Est-ce que cela est arrivé même ? Est-ce mon imagination ? Suis-je devenu fou ? Mes pires cauchemars sont-ils réels ? J'avais quel âge ? Six, sept, huit, neuf, dix, onze ans ?

C'était une sortie avec mes frères non autorisée ? Sommes-nous allés au kiosque sans l'autorisation de nos parents ? Le kiosque, c'est le lieu et la bande de loubards du quartier qui y traînent et Eva et Antonio ont fait des amis de leur âge respectif parmi eux. Je crois qu'il a même brûlé ce kiosque qui abritait une table de ping pong, celle-ci n'a pas fait long feu non plus. J'y allais avec ma voisine et sa grande soeur Marjorie et Sabine, avant que Marjorie ne parte définitivement pour Lyon, déchirant mon coeur pour la première fois dans cette vie. Je me souviens que nous avions été privés de sortie à cause de cette sorte de fugue.

Conséquence de cet événement ou bien est-ce un autre, un monstre surgit. Il y a une punition pour moi ? Eva ? Antonio ? Tous les trois ? Je vois une boucle argentée et une lanière s'élever en l'air. Puis je ferme les yeux pour disparaître de cette réalité de toutes mes forces.

Présent 13/05/2020 : C'est mon dernier jour chez les González De Juan. Je profite de l'absence de Mateo dans son salon de coiffure pour dire au revoir à cet appartement de la rue Espada de la ville d'Alcorcón. Max, le chat noir, fait des pauses ahurissantes. Tout d'abord, il a l'air de Fuyu, le chien dragon dans le film de "L'histoire interminable", mais en version noire, ses pattes lovées dans la couverture. Puis il sort ces extrémités supérieures par analogie avec l'humain et les mets bien devant lui, dans ma direction. On dirait une lady et il tourne la tête à quelques degrés pour s'arrêter et se faire prendre en photo. Incroyable ce chat ! "S'il est vrai que tu as souffert de stress, je te redonne ton espace, mon petit chat."

L'après-midi, c'est les adieux avec Eleonora sans que son fils soit présent. Je lui dis "Tu vas me manquer, beaucoup". Ce à quoi elle répond "Mais si on ne se voit jamais, comme on est séparés par compartiments dans cet appartement !". Je ne peux pas m'empêcher de pouffer. Elle me dit ensuite que cela allait être bizarre de ne plus me voir me resservir un litre de café noir par jour. Je rigole de plus belle. Je lui conseille après d'écouter son fils en matière de régime et surtout qu'ils s'écoutent entre eux, sans vociférer. Elle me dit "On est comme le Coca-Cola, quand tout est calme, tout est parfait. Quand il y a un moindre mouvement, c'est l'explosion mais cela revient très vite à la normale." Pas faux ! "C'est une des raisons quand même pour lesquelles je pars, celle-ci et aussi que je veux retrouver mon lit deux places surtout !". A son tour d'entonner un rire joyeux, puis elle enchaîne, ma mère disait : "En tu casa, hasta el culo te descansa" ("Chez toi, même ton cul se repose" en français, sauf qu'en espagnol c'est beaucoup mieux puisque cela rime).

J'ai vécu avec elle et les absents d'une certaine manière : ses défunts mari et mère, mais aussi les frères et soeurs de Mateo vivant leur propre confinement. Ceux-ci ont un comportement négatif envers lui, d'après ses propres dires, mais je suis sûr qu'ils sont reconnaissants de l'attention que Mateo a donnée à leur mère. Je me suis senti heureux dans cette famille d'adoption, déstructurée par les gens partis trop tôt, mais unie par la joie de l'existence.

Eleonora s'avance vers moi pour me faire la bise. "Stop !" lui dis-je. "Je ne t'ai pas fait un seul bisous pendant ces deux mois, ce n'est pas maintenant que je suis sorti deux fois que nous allons rompre ces précautions !"

Dernière soirée et dernière nuit avec Mateo. Des longues heures d'embrassades et de conseils pour la deuxième phase de notre vie pandémique. Des long silences remplis de sens dans leur contenu. Puis l'amour pratiqué longuement, comme si nous voulions rendre infini ce qui est déjà en train de se terminer. A une heure nous nous endormons dans son lit. Je ne bougerai pas de son lit de toute la nuit.

Futur : De retour pour la première fois chez ma mère après le premier déconfinement, je reste deux semaines en quarantaine obligatoire pour les passagers venant d'Espagne, mesure réciproque de celle établie par le gouvernement espagnol à l'égard des étrangers. Je la trouve bien affaiblie. Après tout elle a 71 ans, encore heureux qu'elle ne l'ait pas attrapé ce satané virus. Il faut se rendre à l'évidence, les quatre étages de l'immeuble sans ascenseur deviennent un supplice pour elle. C'est le moment de penser à son futur comme retraitée bien avancée. Je lui en touche un mot. "Qu'est-ce que tu racontes là ? Si je suis en excellente forme !", telle est sa réaction. Typique de la famille Da Silva, tout comme Rodrigues d'ailleurs. La réflexion, je dois donc la faire tout seul. Une résidence ? Non, je ne peux pas me résoudre à cette idée. Il est peut-être temps que je revienne auprès d'elle. Je dois lui rendre tout ce qu'elle m'a donné. Tout l'amour que je lui ai donné jusqu'à mes treize ans pour m'éloigner petit à petit, prendre de la distance par rapport à l'obscurantisme qui la gagnait, d'abord par la coupure des gestes d'affection, puis par le millier de kilomètres de séparation. Antonio a assez souffert étant présent "localement" et Eva est à une dizaine de milliers de kilomètres. Elle était avant l'élément unificateur de cette famille, j'ai pris petit à petit la relève, au fur et à mesure des face à faces dramatiques qui ont décortiqué cette famille en éléments isolés, comme des radicaux libres lors d'une réaction chimique. Mais je ne suis pas Dieu non plus !

Je continue à me plonger dans cette réflexion en écoutant "Mama" de Genesis. J'initie cette nouvelle aventure en la prenant fortement dans mes bras, devant son regard ébahi de revoir cet élan de tendresse intempestif depuis autant d'années passées. Elle comprend que je serai là quoiqu'il arrive et sous la forme que ce soit. J'ai dans l'idée que je ferais un discours en portugais le jour de son enterrement pour lui rendre tout l'hommage dont elle mérite, cette battante dont la mission a été de rendre tout le monde heureux sans exception. Espérons que ce jour soit bien loin !

Le soir, le moment tant attendu est arrivé. Je dois parler à mon père. Je sais qu'il a eu le Coronavirus et de façon bien dure, puisqu'il est passé par l'hôpital. De façon tremblotante, je prends son numéro de portable et compose le numéro.

– Allô, dit-il de façon rauque, provoquant un frisson de dégoût de ma part.

– Papa, tu vas bien. (J'en oublie l'intonation de l'interrogation transformant cela en affirmation). C'est Lionel.

Gros silence.

– Oui je t'appelais parce que voilà tu me manques. Nous avons eu des poussées d'orgueil à la Rodrigues toi comme moi. Je ne t'en veux pas. Je considère que je partage la faute.

Petit silence, mais j'enchaîne avec la voix chevreuse.

– J'ai su que tu as eu le Coronavirus, elle m'a dit Maman. Tu vas bien ? Tu veux me raconter un peu.

– Je suis content de t'écouter Lionel. Je ne t'en veux pas. Je t'ai toujours apprécié, tu sais.

– Merci Papa, je suis tellement content de t'entendre dire ça. Tu n'imagines même pas.

Après quelques minutes de conversation sur sa lutte contre la maladie, puis un échange plus badin de résumé de mon parcours professionnel à Madrid, je lui dis :

– Papa, je dois t'avouer quelque chose. Je ne sais pas comment tu vas le prendre et c'est aussi une des raisons que je ne t'ai pas contacté durant ces dernières années. Voilà … il y a en moi … comment dire ? … Allez, j'arrête de tourner autour du pot … Voilà Papa, je suis homosexuel, j'aime les …

Je jure qu'à ce moment-là mes battements de coeur coïncident avec la fréquence des "bips" du téléphone.

Jeudi 14 mai

Passé 14/05/1920, Mogadouro (Portugal) : Leonel Da Silva se réveille. Il croit se réveiller d'un coma. Presque, c'est tout comme. Il s'est réveillé de ses pires cauchemars. Une guerre mondiale où il vécut des horreurs. A la fin de cette barbarie sans nom, revenu chez lui, dans un petit village près de Mogadouro au Portugal, il revint enfin auprès de sa femme et son fils Leonel Junior. Cependant la vie a réservé une autre épreuve, presque toute aussi difficile que les combats militaires acharnés pour assurer sa propre survie. Des fois lorsque nous croyons que nous sommes tombés dans un puits, nous nous accrochons pour refaire surface, mais nous découvrons une fissure dans ce même récipient cylindrique qui peut engloutir tout notre être dans les méandres de la Terre.

Un terrible virus ravageur circulait. On parlait de millions de morts. Lorsqu'il sentit les premiers symptômes, il s'isola immédiatement dans une pauvre cabane de fortune. Un rhume sûrement, mais ne savait-on jamais. Époux aimant et père encore plus adorable, jamais il ne ferait risquer la vie de sa propre famille. Autant mourir tout de suite. Mais voilà, il n'a pas assez vécu, en revanche il a déjà connu toutes les plaies du monde. Le sort semblait s'acharner sur lui, quand une fièvre le terrassa. Des jours et des jours de sueur. Il se réveillait pour aller manger des herbes certains jours, comme il signalait à sa femme qu'elle ne devait plus venir lui donner sa gamelle. Gamelle, oui, il était réduit à plus bas qu'un chien. C'est sans compter sur son énorme courage. Soudainement, des jours meilleurs arrivèrent. Lorsque l'hiver plonge la journée dans une obscurité totale, il y a toujours quelques lueurs qui transpercent ce manteau épais de brume. Les beaux jours de printemps sont finalement là et Leonel évoluait favorablement, jusqu'à sa totale guérison. Il passait une semaine de plus dans son confinement qu'il s'était imposé à lui-même.

Ce réveil en douceur par ces quelques rayons de soleil matinaux, il l'attendait depuis trop longtemps. Il rentre chez lui pour embrasser sa femme. Son fils Leonel est tout petit, à peine deux ans. Il a perdu tellement de temps. Il veut rattraper ces moments que le destin lui avait volé. Travailleur de la terre, il se met de nouveau en marche dans l'après-midi, après ces vives émotions. Il trouvera plus de ressources car il veut fonder une famille. Il en a déjà une, cependant il veut d'autres intégrants. Il souhaite avoir au moins une fille. Il espère pouvoir l'appeler María, en honneur à sa confession catholique. Il espère que sa progéniture ait un meilleur sort que le sien. Il désire plus que tout qu'ils puissent voyager, connaître les confins de cette Terre infinie.

Présent 14/05/2020, Alcorcón et Madrid (Espagne) : Quelle mauvaise nuit ! Le temps s'est acharné toute la nuit. Des pluies torrentielles. Le déluge. J'ai quand même dormi tout proche de Mateo. Trop proche, j'en ai des courbatures au bras. Vite, ma nouvelle vie m'attend. Ne te laisse pas impressionner par la tempête dehors. J'écris un long mot à Mateo en faisant un résumé de ces deux mois passés : une période inédite dans l'histoire de la Terre me faisant vivre une histoire inédite personnelle dont Mateo a été le protagoniste. Je remercie infiniment ce qu'il a fait lui et sa mère. "Je t'aime Mateo et je t'attendrai".

Après l'avoir longuement embrassé, je prends le chemin de la voiture sous la pluie. Non les intempéries ne gagneront pas ma force de volonté. J'arrive à hauteur de la rue Espada et j'appelle Mateo pour qu'il descende la grosse valise. Il me dit les larmes aux yeux "Je vais t'en coller une !" puis me fais un clin d'oeil comme signe d'adieu, comme moi je lui fais souvent. Je sais qu'il a lu ma lettre lors de mon parcours jusqu'à la voiture.

Dans l'autoroute entre Alcorcón et Madrid tôt le matin, comme par hasard mon MP3 fait écouter "Mad world" du film Donnie Darko. "Mad world", c'est sûr. Un monde complètement fou, taré, comme ce que nous venons de vivre et ce n'est pas fini ! Sur le chemin, la pancarte "Yo me quedo en casa" fait écho à mon premier jour de fugue vers mon nouveau destin pandémique.

Enfin chez moi, je rentre dans l'appartement et la quarantaine de ballons de baudruche en forme de coeur rose, rouge, violet, qu'avait gonflés Mateo pour la Saint Valentin que je m'attendais être totalement dégonflés, avaient presque entièrement gardé leur forme. Je souris devant cette constatation réconfortante.

Il est temps d'apprendre la nouvelle normalité de vie. Je me munis de gants et d'un masque pour aller à la pharmacie et au supermarché. A la pharmacie, je vois une corde séparant la vendeuse du public avec une table mise devant. Elle met les produits de gel hydroalcoolique et le paquet de masques sur la table. Quand elle retourne à son poste, alors seulement à ce moment-là, je peux m'emparer des produits. Au supermarché, c'est la grande queue qui me surprend pour rentrer dans le magasin. Je savais tout cela, mais je ne l'avais pas vécu dans ma propre chair. Les gens semblent me dévisager, mais je crois que je les dévisage encore plus par ma constatation incrédule de cette dystopie.

Le soir chez moi, j'apprends que nous sommes repassés au-dessus de la barre des 200 morts. Ce n'est pas fini, vraiment pas. Puis le silence assourdissant de la mort rôdant dans les parages. Je me couche tôt comme une grande fatigue me gagne. La fièvre monte en moi …

Lettre au coronavirus

Cher coronavirus,

Tu es rentré dans nos vies subitement pour ne plus jamais vouloir partir. Tu t'es même installé avant que nous nous en rendions compte. Tu es venu insidieusement. L'alarme était donnée depuis ton lieu de naissance en Chine, fin décembre 2019. Sûrement que tu es né en octobre ou même avant. Tu es sournois, tu nous caches ton identité. Chez moi, la première fois que j'ai paniqué, c'est lorsque j'ai vu les images des dizaines de pelleteuses se mettre en oeuvre pour construire le nouvel hôpital de Wuhan sur Facebook. Mais c'est bien trop loin tout cela, dans le temps et dans l'espace.

Tu as donc pris l'avion immédiatement. Le Nord de l'Italie, très bon choix. Tu es très vite arrivé à Madrid. Tu aimes la fête et les gens sociaux. Un de tes cent premiers sbires faisait partie de ma propre entreprise. J'ai ressenti beaucoup moins de tranquillité mais là encore je doutais de ta dangerosité. Pourtant tu es d'une malice extrême, puisqu'il te faut quatorze jours pour te faire apparaître. En deux semaines, tu passes d'un corps à quatre autres au bas mot, et ainsi de suite, si nous ne nous contrôlons pas nos effusions. Autant te dire que nous perdons ta piste à tout instant. Tu es arrivé dans tous les recoins du globe. Tu ne connais pas les frontières. Pour toi, c'est une invention du cerveau étriqué de l'homme. Il aime créer des différences. Tu agis indifféremment des personnes. En revanche tes effets sont imprévisibles : un petit rhume chez certains, une perte d'odorat des fois, une pneumonie agonisante pour d'autres etc. Tu aimes jouer à la roulette russe des symptômes. Tu es impitoyable avec les anciens, tu es magnanime avec les enfants cependant.

Tu as tout mis sens dessus dessous. Tous les repères que nous avions ont été détruits pour laisser place à une vraie dystopie. Tu nous as confinés dans l'introversion. Tu nous as imposés l'éclatement de la vie sociale pour privilégier la vie virtuelle. Tu remets en question l'ordre capitaliste si bien implanté depuis des décennies. Tu ne te laisses pas corrompre. Tu te demandes comment les hommes peuvent être aussi stupides dans leur opération suicide sur cette Terre. Tu préserves l'environnement. Tu es l'ennemi numéro un à abattre. Les gouvernements utilisent bien entendu un vocabulaire belliqueux à ton égard. Tu n'as aucune pitié et tu arrives à renverser la situation, faisant en sorte que l'homme voit son prochain comme un ennemi et toi non, de par ton pouvoir d'invisibilité. On ne te voit pas donc tu n'existes pas. Pourtant tu es omniprésent, tu es l'équivalent de Dieu sur cette Terre. Tu n'as pas mis les pays en guerre, enfin pas encore. Tu as tout ton temps pour mettre à exécution ton plan macabre. Tu rigoles. Tu n'es vraiment qu'une pourriture. Je devrais t'appeler COVID 19, cela ressemble plus à un robot dépourvu de tout sentiment.

Cependant certains ont vu en toi une opportunité. Comme moi. Tu me fais peur oui, mais ton mode opératoire d'enfermement éternel est une grande épreuve que j'ai passée haut la main. Je sais, ce n'est pas fini. C'est loin d'être le cas et peut-être que le pire arrive dans ces nouvelles conditions. Tu confrontes les gens à leur reflet durant un temps infini sans possibilité d'échapper. Tu fais réaliser aux gens ce qui est important. Tu fais apparaître la vraie famille, celle du sang, les vrais amis, ceux du coeur. Mais là encore ta mission est trouble, parce que tu sais que l'humanité est incorrigible. Tu n'es pas le méchant qu'on abat à la fin du film. Tu es le méchant éternel. Tu nous soumets à rude épreuve et nous rends fou. Tu as cru que tu allais t'amuser avec moi, moi qui ai un passé si chargé. Un parfait candidat pour l'hôpital psychiatrique. Erreur ! Au contraire, tu as été mon remède. Tu m'as fait me confronter à moi-même et j'en avais tellement besoin ! Tu es le gentil dans mon histoire, enfin le gentil dans le sens que j'aime, avec sa grande ambiguïté qui complexifie la trame. Ce n'est pas toi coronavirus versus moi. C'est toi coronavirus qui me révèles à moi-même. Tu m'as fait réaliser qui je suis avec une grande lucidité. Tu as montré clairement ma voie dans ma dualité éternelle. Je me demande qui des six autres intégrants de ma famille a choisi ce même chemin, entre mon frère et ma nièce en France, ma soeur au Pérou et mes trois cousins en Suisse et au Portugal. Tu dois déjà le savoir. J'en ai ma petite idée mais rien n'est pour toujours et qui plus est, les gens changent difficilement du tout au tout.

Désolé de te le dire mais tu m'as fait découvrir ce qui m'a toujours manqué dans mes moments de perdition, une grande passion : l'écriture. Pour toutes ces raisons, je ne peux que te dire ...

"Merci !"

Tu es étonné ? Tu ne vois pas que tu m'as libéré apparemment. Demain est un autre jour, laisse-moi le vivre pleinement.

Tout ira bien, tout ira parfaitement bien.

Merci mon Journal.

Cordialement,
Lionel Da Silva

"A Laurent, cet étranger qui me parlera au détour d'une de mes photos en Islande. Il est vite devenu mon ami virtuel et maintenant mon meilleur ami, du fait de m'avoir encouragé dans mon entreprise et lu le premier mon autobiographie romancée. Je sens que son histoire m'inspirera pour un autre roman. Fais-en le récit s'il te plaît et pourquoi pas en Norvège ? Merci Laurent !".

CRITIQUE FÜR AUTOREN A HEART FOR AUTHORS À L'ÉCOUTE DES AUTEURS MIA KAPΔIA ΓIA ΣΥΓΓ
ΑΤΑ FÖR FÖRFATTARE UN CORAZÓN POR LOS AUTORES YAZARLARIMIZA GÖNÜL VERELIM SZÍ
CUORE PER AUTORI ET HJERTE FOR FORFATTERE EEN HART VOOR SCHRIJVERS TEMOS OS AUTC
ERZÕINKÉRT SERCE DLA AUTORÓW EIN HERZ FÜR AUTOREN A HEART FOR AUTHORS À L'ÉCOU
RAÇÃO BCEЙ ДУШOЙ K ABTOPAM ETT HJÄRTA FÖR FÖRFATTARE Á LA ESCUCHA DE LOS AUTOR
AHLARIMIZA GÖNÜL VERELIM ET SZERZÕINKÉRT SERCE DLA AUTORÓW EIN HERZ FÜR
SCHRIJVERS NO CORAÇÃO BCEЙ ДУШOЙ K ABTOPAM ETT HJÄRTA FÖ

L'auteur

Victor Gomes est français d'origine portugaise,
ayant passé son enfance à Cournon d'Auvergne. Il a fait ses études à Nantes. Il est Docteur dans le génie civil et Ingénieur d'affaires
dans l'industrie. Il vit en Espagne, pays qu'il
affectionne, et voyage à travers le monde, en
grande partie pour son travail.

Il a puisé dans ses expériences personnelles, familiales et amicales, ainsi que dans les voyages
vécus à l'étranger pour écrire son journal intime
pendant les mois de confinement dus à la crise
sanitaire du coronavirus. Dans « le journal coronavirus », son nom est Lionel Rodrigues, nom
évoquant l'histoire familiale qui est dévoilée
petit à petit, au fil des pages.

Victor Gomes nous fait découvrir de quelle
façon nous sommes liés à notre environnement
malgré l'isolement et de quelle manière notre
histoire personnelle nous définit en tant qu'in-
dividu. Notre passé, présent et futur qui s'en-
tremêlent ne sont qu'une seule dimension, celle
du temps, qui nous façonne de sa manière.

La maison d'édition

Qui arrête de progresser, arrête d'être bon!

En se basant sur notre slogan, c'est notre désir de trouver de nouveaux manuscrits et de les faire publier. Depuis plusieurs décennies déjà, nous avons donné nos cœurs aux livres et nous nous engageons pour chacun de nos auteurs et chaque livre personnellement.

Nous faisons pour chaque manuscrit une relecture en quelques semaines. La relecture est gratuite et sans engagement.

Pour plus d'informations sur notre maison d'édition et nos livres, reportez-vous à notre site:

www.novumpublishing.fr